Klaus Schröder
Georg Noack (Hrsg.)

Myanmar erzählt:

25 zeitgenössische Kurzgeschichten

Klaus R. Schröder · Georg Noack (Hrsg.)

Myanmar erzählt:

25 zeitgenössische Kurzgeschichten

IMPRESSUM

Klaus R. Schröder, Georg Noack (Hrsg.)

Myanmar erzählt:
25 zeitgenössische Kurzgeschichten

erschienen im
Reise Know-How Verlag

ISBN 978-3-89662-294-5

3., aktualisierte und überarbeitete Auflage 2015

Buchgestaltung: Carsten C. Blind, Asperg
Zeichnungen: Moat Thone
Fotos: Ingrid Horstmann, München
Lektorat: Hartmut Ihnenfeldt
Druck u. Bindung: Friedrich Pustet, Regensburg

Dieses Buch ist erhältlich in jeder Buchhandlung
in Deutschland, Österreich, Schweiz, Niederlande und Belgien
Bitte informieren Sie Ihren Buchhändler über folgende Bezugsadressen:

D: PROLIT GmbH, Postfach 9, 35461 Fernwald, www.prolit.de
(sowie alle Barsortimente)
CH: AVA-Verlagsauslieferung AG, Postfach 27, 8910 Affoltern, www.ava.ch
A: Mohr Morawa Buchvertrieb GmbH,
Sulzengasse 2, 1230 Wien, www.mohrmorawa.at
NL, B: Willems Adventure, www.willemsadventure.nl

Wer im Buchhandel trotzdem kein Glück hat, bekommt
unsere Bücher auch über unsere Büchershops im Internet
unter www.reisebuch.de oder www.reise-know-how.de

Vorwort und Danksagung

Im Westen ist wenig bekannt über das größte Land auf dem südostasiatischen Festland, das wir oft noch Burma oder Birma nennen, aber das seit 1989 offiziell auch im internationalen Sprachgebrauch mit dem Namen Myanmar bezeichnet wird. Für seine Nachbarn mag das Land große strategische und wirtschaftliche Bedeutung haben; für den Westen dagegen ist sein geopolitischer Stellenwert eher gering. Jahrzehntelang hatte sich das Land selbst isoliert, und erst zu Beginn der Neunziger Jahren wurde es für Ausländer wieder zugänglich. Heute besuchen über 15.000 deutschsprachige Touristen jährlich das wunderschöne Land mit seinen herrlichen und mannigfaltigen Landschaften, seinen eindrucksvollen Kulturdenkmälern und seinen vielen verschiedenen Bevölkerungsgruppen. Myanmar ist ein Land von erstaunlicher Vielfalt und ein Land, in dem mancher Besucher den Eindruck hat, dass die Zeit stehen geblieben sei.

Unbekannt ist vielen Besuchern die Entwicklung der Kunst, besonders der Literatur der letzten Jahre. Das liegt auch daran, dass bisher wenige Schriftsteller im Ausland veröffentlichen konnten. Mit unserem Buch möchten wir 24 myanmarischen Schriftstellerinnen und Schriftstellern die Gelegenheit geben, sich und ihr Werk mit 25 Kurzgeschichten im deutschsprachigen Raum vorzustellen. Zugleich wollen wir dem literarisch interessierten deutschsprachigen Publikum einen ersten Einblick in die wundervolle, noch unentdeckte Welt der myanmarischen Literatur ermöglichen. Für den ausländischen Reisenden können die Kurzgeschichten eine nützliche und hilfreiche Einführung in die gegenwärtige Kultur des Landes bedeuten. Sie geben ihm die Möglichkeit, sich in das Leben und Denken seiner Bewohner einzufühlen, das Land mit den Augen seiner Schriftsteller zu sehen. Kunst, in diesem Fall Literatur, fördert auch das Verständnis zwischen Menschen und Völkern. Die Anthologie versteht sich darüber hinaus als ein paradigmatisches Lesebuch, das dem Leser einige unterhaltsame und anregende Lesestunden bescheren soll.

Nicht alle lebenden myanmarischen Schriftsteller konnten mit ihren Erzählungen in diesem Erzählband aufgenommen werden.

Die Herausgeber und ihr myanmarischer Freund und Berater, U Than Soe, haben sich bemüht, die Vielfalt der zeitgenössischen Literatur durch eine Mischung von Autoren und Stilarten wiederzugeben: weibliche und männliche, jüngere und ältere Schriftsteller kommen dabei zu Wort. Einige von ihnen sind hauptberuflich als Autoren tätig, andere schreiben neben ihrem eigentlichen Beruf, denn auch in Myanmar können nur wenige von der Schriftstellerei leben. Wie die Lebensläufe im Anhang zeigen, wurde auch auf geographische Verteilung Wert gelegt. Ein wichtiges Auswahlkriterium war auch der Stil einer Geschichte, weil wir die Vielfalt der Darstellungs- und Ausdrucksweisen in der zeitgenössischen Literatur aufzeigen möchten.

Die Auswahl ist uns nicht leicht gefallen. Wir hätten gerne noch weitere Autoren und Geschichten in diesem Band aufgenommen. Unser Buch erhebt jedoch nicht den Anspruch einer vollständigen Anthologie zur zeitgenössischen myanmarischen Literatur; es ist ein Lesebuch, in dem 24 lebende Autoren mit 25 Kurzgeschichten Zeugnis von einer vielfältigen und lebendigen Literatur in Myanmar geben.

Die Herausgeber bedanken sich bei allen Beteiligten, die an dieser Anthologie mitgewirkt haben. Unser besonderer Dank geht an U Than Soe, der die Gespräche mit den Schriftstellern führte und die Veröffentlichungsrechte für uns sicherstellte. Er war an der Auswahl der Autoren und Erzählungen maßgeblich beteiligt und machte uns mit dem Maler Moat Thone, der die 13 Zeichnungen für dieses Buch erstellt hat, bekannt. Auch unser Freund Sai Moon Sein hat einige interessante Geschichten vorgeschlagen. Die Verantwortung für die endgültige Auswahl der Geschichten und der Zeichnungen lag dann bei uns. Bei technischen und logistischen Problemen war uns unser Freund U Min Lwin Oo eine große Hilfe. Bedanken möchten wir uns auch bei unserem Verleger, Herrn Dr. Hans-Rudolf Grundmann, für die aktive Unterstützung und seine spontane Bereitschaft, diesen Band zu veröffentlichen, bei Herrn Hartmut Ihnenfeldt für die Korrektur der Texte, bei Frau Dr. Uta Gärtner für die Endkorrektur und bei Herrn Carsten Blind für die Buchgestaltung.

Die Übersetzung der 25 Erzählungen hat nicht nur viel Zeit in Anspruch genommen; sie war auch eine beachtliche Herausforderung an die Übersetzer, weil sie mit ihrer Arbeit eine Brücke zwischen zwei sehr unterschiedlichen Kulturen schlagen mussten. Viele Ideen und Konzepte der myanmarischen Weltsicht und Spiritualität – buddhistisch wie animistisch – lassen sich oft nur schwer übertragen, da hier der deutschen Sprache schlicht die Wörter fehlen. Sie wurden entweder sorgfältig umschrieben oder in myanmarischer Sprache belassen. Von den 25 Erzählungen hat Herr Georg Noack fünfzehn übersetzt, Herr Gunnar Peters vier, Frau Dr. Uta Gärtner drei, Frau Caroline Büchel und Herr Thomas Kienberg jeweils eine sowie eine weitere gemeinsam. Wir möchten allen Übersetzern für ihren engagierten Einsatz danken.

Besonderen Dank schulden wir Frau Dr. Gärtner, die dieses Projekt von Anfang an tatkräftig unterstützt hat. In ihrer Zeit als Dozentin für myanmarische Sprache und Kultur an der Humboldt Universität war sie für Herrn Noack nicht nur Lehrerin, sondern auch Mentorin. Auch Herrn Dr. Hans Bernd Zöllner, Lehrbeauftragter in der Abteilung für Sprachen und Kulturen Südostasiens am Asien-Afrika Institut der Universität Hamburg, gebührt Dank. Er hat Herrn Noack an die Beschäftigung mit der Kultur und Religion dieses außergewöhnlichen Landes herangeführt.

Von wesentlicher Bedeutung für die Realisierung dieser Anthologie war die unbeirrte Unterstützung und der unermüdliche Einsatz von Frau Aye Min San Noack, der Ehefrau von Georg Noack. Sie verhalf ihm zu einem tieferen und umfassenderen Verständnis der myanmarischen Sprache und Kultur. Schwer verständliche Begriffe, Redewendungen und Textstellen hat sie mit großer Geduld zu erklären gewusst. Wir danken ihr für ihre wertvolle Mitwirkung an der Entstehung dieses Buches.

Schließlich möchten wir uns bei unseren zahlreichen myanmarischen Freunden, die uns in verschiedener Weise geholfen haben, bedanken. Wir hoffen, dass wir mit dieser Veröffentlichung zum Verständnis ihres Landes und ihrer Kultur beitragen können.

Klaus R. Schröder Georg Noack

Hinweise

Im Anhang finden Sie die Kurzbiographien der Autoren, des Zeichners und der Herausgeber. Dort befindet sich auch ein Glossar mit einer Liste von myanmarischen Wörtern mit sprachlichen Erklärungen, die ein eindeutiges Verständnis sichern soll. Zur Schreibweise der geographischen Namen ist anzumerken, dass die Regierung in 1989 die „koloniale" Schreibweise mancher geographischer Namen dahingehend ändern ließ, dass sie der myanmarischen Aussprache näher kommt. So wurde aus dem mächtigen „Irrawaddy" der „Ayeyarwady". Da die neuen Namen inzwischen auch auf den Karten verwendet werden, haben wir sie für unser Buch akzeptiert.

Die Aussprache der myanmarischen Orts- und Personennamen (in lateinischer Umschrift) mag für den deutschen Leser zunächst schwierig sein. Merkt man sich aber, dass sie dem Englischen, also der englischen Aussprache, folgt, dann wird sie leichter lesbar.

Unser erster Autor heißt Aung Nay Thway. Das „ay" in seinem Namen wird wie das englische Wort „day" ausgesprochen. Das „aw" im Namen des Schriftstellers Zaw Zaw Aung entspricht etwa dem englischen „law", und das „oo" bei Khin Khin Htoo folgt dem Wort „zoo". Das „th" im Namen von Thet Htun kommt dem englischen „th" wie in „they" und „that" nahe. Zu den Konsonanten am Silbenende ist anzumerken, dass sie mit Ausnahme von "n" stumm sind, also nicht hörbar ausgesprochen werden. Die beiden „n" in Yangon werden also hörbar ausgesprochen. Für den Namen des Schriftstellers Thitsar Ni gilt dagegen, dass sowohl das „t" also auch das „r" stumm bleiben, und so wird aus ihm „Thi'-sa-ni".

Für die Umschreibung myanmarischer Wörter in lateinische Buchstaben gibt es keine verbindlichen Grundsätze. Deshalb haben wir für die Personen- und Ortnamen die jeweils übliche Schreibweise der myanmarischen Behörden übernommen. Bei anderen myanmarischen Ausdrücken, für die es eine solche „offizielle Schreibweise" nicht gibt, haben sich die Übersetzer an der phonetischen Umschrift orientiert, die die staatliche Kommission für myanmarische Sprache in ihren Wörterbüchern verwendet. Um die Ausdrücke leichter lesbar zu machen, haben wir auf phonetische Zusatzzeichen, welche die Länge und den Tonverlauf einer Silbe anzeigen, verzichtet.

Die Erzählungen sind in alphabetischer Reihenfolge entsprechend den Namen der Autorinnen und Autoren angeordnet. Alle Kurzgeschichten in diesem Band wurden bereits in Myanmar in Zeitschriften oder Büchern veröffentlicht.

Inhaltsverzeichnis

Moskitos

Aung Nay Thway

ပိုး တုံး လုံး များ

အောင်နေသွေး

Mein kleiner Laden von acht Fuß Umfang befindet sich auf der Vorderseite des Marktes, ungefähr sechs Fuß von der Mauer entfernt. Der Markt ist völlig unbedeutend, und so verläuft auch das Leben der Händler– langweilig und trostlos.

Es ist, als ob man von Sonnenaufgang bis Sonnenuntergang an einem kleinen, verfallenen Teich die Angel mit Köder auswirft, wo immer Luftblasen Fische vermuten lassen. Den Händlern, die um das bisschen Umsatz konkurrieren, verfolgt von der Sorge um die Zukunft, schaffen Zaubervorstellungen zuweilen zusätzliche Probleme. Der Broterwerb der Zauberkünstler, die ihr Geschäft betreiben, indem sie die spärlichen Kunden mit diversen Methoden um sich scharen, bereitet den Händlern einen leeren Magen.

An diesem Morgen habe ich das Pech, dass auf dem kleinen Fleck zwischen dem Marktzaun vor meinem Laden und dem Asphaltweg eine Zauberarena entsteht. Welcher Markthändler kann schon mit wessen Hilfe wagen, so eine Schau zu verhindern, wo nicht nur deren Veranstalter an sich zum Fürchten ist, sondern auch noch die Genehmigung des Gebühreneintreibers besitzt, der so verächtlich dreinschaut und sich nicht scheut, jedermann anzuschreien.

Schau mal das Äußere der beiden Leute an, die Zauberkunststücke vorführen werden. Der eine ist dunkelhäutig, kurz geraten und untersetzt, Rundrücken, konfuses Erscheinungsbild, etwas über vierzig. Kombiniert den langärmligen schwarz-weiß gestreiften Billigpullover modisch mit einem traditionellen karierten Kachin-*Longyi*. Wie er seine Ledertasche sacht abstellt, ist, als ob er der Liebsten das Gesicht mit *Thanakha* verschönt.

Der andere, dürr und lang, fahlbraun, so um die 30, Kleidung recht verschlissen, Erscheinungsbild eines Trinkers, die Haut gedunsen,

Gesicht geschwollen, ist zweifellos dessen Gehilfe. Er lässt nämlich den ausgebeulten Rucksack, den er trägt, sowie etliche ungefähr zweieinhalb bis drei Fuß lange Zinkbehälter wie seinen Feind auf die Erde knallen und schaut verdrießlich drein. Sucht in der Nähe ein Stöckchen, umreißt damit den Platz von etwa zehn Fuß Umfang, in dem sie auftreten werden, als ungleichmäßiges Quadrat. Aus dem Rucksack nimmt er ein Schlagbecken sowie kurze Metallstäbe und legt sie ab, dann öffnet er die großen Zinkbehälter.

Ach du Schreck, da sind ja Schlangen von beachtlicher Größe drin! Er lässt sie auf die Erde fallen und reizt sie mit dem Stöckchen. Aber es ist ein kühler Wintermorgen. Die armen Dinger haben in der Kälte wohl keine Lust, ihre Kappen zu blähen.

Ein paar Kinder von der Frischfischreihe des Marktes, die mit Fahrrädern unterwegs sind, bestaunen von der Straße aus, was an solchem Schauplatz Merkwürdiges geschieht. Mit ununterbrochenem Wirbel der Metallstäbe auf dem Becken, so dass es in ganz *Jambudipa* zehntausendfach widerhallt, lockt Po Thup Leute an. Kunden und umherlungernde Männer, Frauen, Kinder jeden Alters. Des Weges kommende Rad- und Rikschafahrer legen Tempo zu. Über hundert Leute sind um den Magier versammelt.

Da klatscht der Meister, auf dem Boden sitzend, laut in die Hände, und das große Becken wird still. Auch der Zank um einen guten Platz verstummt. Und die jungen Burschen, die wie im Dunkel abendlicher Video-Veranstaltungen auf ihre Chance bei den Mädchen lauern, bremsen sich. Erst als das verehrte Publikum mucksmäuschenstill geworden ist, entledigt sich der Herr seiner warmen Umhüllung und erhebt sich urplötzlich.

„Verehrtes Publikum! Ich, Aung Shwe San von den Bergen, erweise Ihnen meine Hochachtung. Damit alle gut sehen können, bitte ich die Vorderen höflichst, sich zu setzen. Was ich vorausschicken möchte, ist, dass die meisten Leute in unserem Land, von dem wir alle leben, Bauern sind, unsere Ernährer. Indem ich Mutter Erde berühre, gelobe ich, dass ich diese Zauberkunststücke vorführe aus dem tiefen Wunsch, diesen unseren Wohltätern zu danken."

Nach dieser sonderbaren Begrüßung hebt der Meister Staub auf und wirft ihn gen Himmel gleich dem Rauch, den man bei berühmten Shows sich ausbreiten lässt. Und Po Thup erzeugt passend dazu mit Becken und Klöppeln einen gedehnten Dauerklang. Die Zuschauer scheinen sich von dem Staub nicht gestört zu fühlen. Offenbar ist aus der Eröffnungsrede des Meisters nur ins Ohr gedrungen, dass er unbedingt Dank abstatten wolle, und man ist nun voller Erwartung verschiedenster Art.

„Also, schaut her! Da sind die Kerle, die euch immer quälen. Das hier ist eine Königskobra, das eine Schreckviper, das eine zinnoberrote Kettenschlange. Schaut her, schaut her!"

Quatsch! Um Eindruck zu schinden, nennt er Namen, wie sie ihm einfallen. Die Schlangen hinterlassen verschwommene Dreckspuren auf seinem nur von einem kurzen ärmellosen Westchen bedeckten Oberkörper. Verschlungene, lustlose Schlangen.

Aber das Erscheinungsbild des Meisters, der o-beinig würdevoll daherschreitet, die Schlangen um seinen schmächtigen, kleinen Körper mit dem Rundrücken gewunden, hätte selbst den großen Zauberkünstler David Copperfield dazu gebracht, sich hinzusetzen und zu weinen. Seinetwegen schreien die meisten Mädchen angstvoll auf, wenn er in die Nähe kommt. Männer, die ihre Chance wittern, ziehen eine Schau ab, indem sie vorgeben, sich nicht zu fürchten oder zu ekeln.

Als er meint, genug Runden absolviert zu haben, gebietet er seinem Gehilfen Po Thup, der auf seinem Instrument eine Stimmung des Abscheus erzeugt, mit lautem Ruf und Handzeichen Stop.

„Meine Damen und Herren Ernährer! Wer wagt, die Garantie zu übernehmen, dass man nicht am Biss einer dieser Schlangen stirbt? Überlegt doch mal, was passiert, wenn man nicht rechtzeitig zum Krankenhaus, zum Medizinstützpunkt kommt und Gegengift spritzen kann! Deshalb …"

Dem Publikum scheint nicht der Gedanke zu kommen, dass der wortgewaltige Zauberer, der eben die Schlangen von seinem Körper nimmt, eine Moskitofangmaschine ist.

Die Wenigen, die gegangen sind, weil ihnen vom Recken des Halses, vom Stehen auf den Zehen die Glieder schmerzen oder weil sie sich nicht durchdrängeln konnten, haben noch Glück. Für die übrigen rechnet sich der Herr bestimmt aus, ob sie sich zu Moskitos machen und dann als Pulver zermahlen schlucken lassen.

Überzeugt, dass keiner dabei ist, der nicht infiziert und in ein Moskito verwandelt werden kann, streut er verbales Lockfutter aus:

„Also, der Mensch ist doch nur mit seinem Sein zufrieden, wenn er Tag für Tag Bildung, Güter, buddhistisches Verdienst erwerben kann. Wenn er aber diese drei Sachen kriegt, ist er ein wahrer Mensch von Jambudipa. Heute hat sich für euch gefügt, mich zu treffen. Macht euch gefasst auf die Freude, von nun an wahre Menschen zu sein."

Kopfüber stürzen sich die menschlichen Moskito-Larven ins trübe Wasser dieses Köders. Dann wachsen ihnen Flügel, und sie werden ganz zu Moskitos.

„Jetzt werde ich was sagen, was zeigen für eure Bildung. Hört alle gut zu, schaut her! Es geht um Shin Nagareinda und Shin Pamauk aus alter Zeit. Die beiden Mönche stammten aus dem gleichen Dorf, wurden zur gleichen Zeit Novizen, lernten im Kloster der Hauptstadt lesen und studierten die buddhistischen Schriften. Bei jedem Wettstreit in heiliger Literatur schnitt Shin Nagareinda besser ab als Shin Pamauk, der noch nicht auf dem Weg zur Erlösung war. Wie sollte er das ertragen?! „Wir werden uns in weltlichem Wissen messen", schlug er vor."

Wohl, weil er fürchtete, dass es mit der Bildung nicht klappt. – Die Hörer sind gebannt, kein Lidschlag, kein Ohrzucken. Unter ihnen sind bestimmt welche, die zu faul zum Lernen sind, die Schule schwänzen. Beim Kartenspiel hebt einer ab, einer mischt, einer teilt aus; der Herr aber spinnt den Faden weiter, um die Kraft der Moskitofangmaschine zu steigern. Und sein Gehilfe intoniert auf dem Becken, nicht eben einschmeichelnd, die Klangfolge „Manipulation".

Wer eigentlich noch was zu erledigen hat, bleibt, wenn auch mit schlechtem Gewissen. Ein paar Kerle, die stets auf der Lauer liegen, rücken unauffällig an die Mädchen heran und warten darauf, dass sie abgelenkt sind.

„Dabei wies der Herausforderer Shin Pamauk so etwas wie den leeren Zinkzylinder vor, den ich in der Hand halte. Damals mag dazu ein Essenkorb oder so gedient haben. Er wird etwas gesagt haben wie: „Darin werde ich ein Tier kreieren, hältst du mit?" An seiner Statt zeige ich das. Schaut her! Zwinkert nicht, schließt nicht die Augen. Hier ist das Ding, schaut, nichts ist drin, ganz leer, nicht wahr? He, Meister des Beckens, lade mit einem Tusch die ein, um die es geht!"

Sowie der Meister den Auftrag erteilt, diese gewisse Melodie zu spielen, schlägt Po Thup mit solcher Wucht los, dass das Messing-Becken zerspringen möchte, als ob er endlich Gelegenheit erhalten hätte, seine ganze Kraft zu zeigen.

„Stop! Seht mal, meine Damen und Herren, was ist das? Was für ein Tier?"

Tatsächlich! In dem großen Zinkzylinder, der eben noch ganz leer vorgeführt wurde, befindet sich jetzt eine Schlange von beachtlicher Größe. Die Kappe ist gebläht, ihr ist wohl nicht mehr kalt.

„So, was glaubt ihr, womit wird Shin Nagareinda, der fähiger ist als Shin Pamauk, diesen besiegt haben? Mein liebes Publikum, denkt nach!"

Während die Zuschauerschaft in Bewegung gerät und Namen raunt wie „See-Elefant, Drache, Garuda", die die Schlange besiegen könnten, kommt sie der Moskitofangmaschine immer näher. Der Zauberer tut ahnungslos, räuspert sich, klatscht drei-vier Mal laut in die Hände, damit Ruhe eintritt, und setzt seine Rede fort:

„Hier ist wie eben ein langer Behälter, leer, gar nichts ist drin. Ich werde gleich alles erklären. Das ist schwierigere, tiefgründigere Magie als schlichte Zaubertricks. Unter den Zuschauern sind sie – Scharlatane, Hexen, Anhänger der Schwarzen Magie, Weiber mit dem bösen Blick, die zu Adlern werden, wenn sie sich ihren *Htamein* wickeln … An Stelle der edlen Herren, die zu *Wei'zas* geworden sind, fordere ich sie alle heraus. Haltet gegenüber denen, die auf ihren Sandalen hocken und die Haare offen tragen, wie bei Anhängerinnen der Schwarzen Kunst üblich, nicht hinterm Berge, seid geradeheraus!"

Aufgestachelt von den Anspielungen des Zauberkünstlers schauen die Leute die Frauen, die mit offenen Haaren auf ihren Sandalen hocken, scheel an. Am liebsten würden sie sie rauswerfen, weil ihretwegen das Erlangen von Wissen erschwert, verzögert werden kann, schlucken aber ihren Zorn hinunter und wenden sich ab. Rein zufällig in diese Zaubervorstellung geraten, sind die so Angeschwärzten unversehens zu Beleidigern der Erlöser geworden und bedauern sehr, gekommen zu sein. Aber aus Angst, es könnte statt besser noch schlimmer werden, wenn sie jetzt gehen, schauen sie demütig und ergeben weiter zu.

„He, Herr des Beckens, mäßige dich!" schnauzt der Meister seinen Gehilfen an und öffnet den Zylinder. „Was ist das, was für ein großes Tier?"

„Eh, oh, oh, ein Frosch, eine Riesenkröte, klein ist die nicht!", ertönt schrill die Stimme eines Klosterschülers, der ganz vorn sitzt. Er ist so voller Staunen, dass er das Essensammeln vergessen hat. So wie er sind auch andere verblüfft. Dass noch vor kurzem infolge der Einflüsterungen des Herrn unter den Zuschauern Zwist geherrscht hatte, ist vergessen.

„Als nun Shin Nagareinda den Frosch erscheinen ließ, lachte Shin Pamauk. Im Leben ist der Frosch der Schlange unterlegen. Aber ..."

Die Menge wendet sich Schlange und Frosch zu. Ängstlich wartet sie, was wohl nach dem „Aber" kommt, das der Magier in der Schwebe gelassen hat.

Oje, die Schlange, die anfangs ihre Kappe aufgebläht hatte, liegt nun zusammengerollt da. Und auch der Riesenfrosch sitzt unbeweglich wie eine Statue. Der Herr ergreift Schlange und Frosch, steckt sie flink in den langen Zylinder, verschließt ihn, murmelt dabei Zauberformeln wie „Ohn ba nya kwi kwa" und öffnet ihn dann wieder. Nichts ist drin.

In der Zauberkunst ist das nichts Besonderes. Ungewöhnlich aber die Worte des Meisters:

„Auf diese Weise hat Shin Nagareinda die Natur auf den Kopf gestellt. Indem er den Frosch die Schlange schlucken ließ, hat er nicht nur gewonnen, sondern zugleich auch Shin Pamauk, der so gern zaubern wollte, in die Schranken verwiesen. Das habt ihr, erlauchtes Publikum, mit eigenen Augen gesehen."

Das ist ein wahres Wunder. Schwierig. Das Publikum ist benommen, weiß nicht mehr, warum was passiert ist, eben Moskitos, die gleich der Moskitofangmaschine geopfert werden. Wertlose Moskitos, die in Töpfen mit Mango-, Tamarinden-, Limettenmarinade versinken und ertrinken.

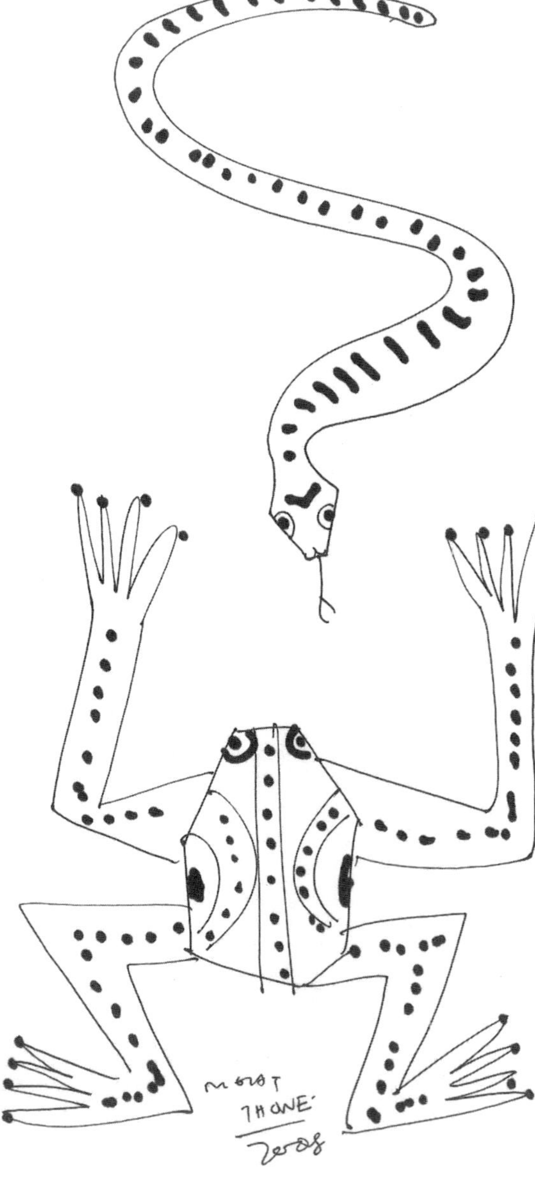

Dieser Ablauf ist um ein Vielfaches schlimmer als die Sachen in jeder Zauberrunde, die anfangs fast real erscheinen und dann unwirklich werden, von der Art, wo man nicht mehr weiß, wie man es erklären soll.

Wenn sie nun zugeben, dass sie nicht gesehen haben, was sie nicht sehen sollten, schmäht der Herr sie als unwissend. Lassen wir das. Ich bin sein Publikum. Bleibt mir nur, mich still zu verhalten und so mein Einverständnis zu signalisieren. Es ist ja nicht mein Fleisch, das herausgerissen wird. Wer wird es schon wagemutig mit ihm aufnehmen?

Diesem banalen, gar zu unverschämten Mann scheint die Verunsicherung der Zuschauer nichts auszumachen. Mit ernsthafter Miene fährt er fort:

„Verehrtes Publikum! Weil ich nicht nur gesagt, sondern praktisch bewiesen habe, dass ich mir diese magischen Künste von Shin Pamauk und Shin Nagareinda für euch Wohltäter angeeignet habe, werdet ihr es verstehen und mir glauben. Jetzt führe ich etwas im Rahmen dieser Künste vor, was euch von Nutzen sein wird. Nämlich werde ich diese Tatsache, dass widernatürlich der Frosch die Schlange verschlingt, identisch als Figur gestalten, und ihr braucht erstens keinerlei Schlange mehr zu fürchten. Dem Besitzer dieser Figur wagt keine Schlange nahe zu kommen, um ihn zu beißen. Zweitens …"

Der Zauberkünstler wendet sich den jugendlichen Zuschauern zu mit dem Gehabe eines Retters:

„Für die jungen Burschen und die alten Junggesellen auf Freiersfüßen ist diese Zauberdroge. Du gehst ihr nach, sie läuft weg. Tragt diese Figur bei euch. Wenn die Weggelaufene in eure Nähe kommt, wird sie euch herzlich begrüßen, verlasst euch drauf!"

Den blutleeren, bleichen Moskitojünglingen klopft das Herz, jauchzend blicken sie den eben noch abschätzig beäugten Zauberkünstler mit grenzenloser Bewunderung an. Die jungen Mädchen erröten, ihre Mienen sind gespannt.

„Diese Figur habe ich aus Thi'kane'-Holz hergestellt. Sie vermag zweierlei: Schlangen bannen und Liebe herbeizaubern, und jeder kriegt das, was auf ihn zutrifft. Also, Gehilfe, verteile sie. Gib sie nur denen, die sie wirklich haben wollen."

Vergessen. Die eben erlittene Qual ist vergessen. Wirklich dämliche Moskitos. Jetzt gibt es was umsonst. Nachgedacht wird gar nicht mehr. Unkontrolliertes Grapschen. Unter den Zugriffen von allen Seiten ringt Po Thup um Atem.

„Genug, es langt! Der Obermeister hat aufgetragen, diesem Dorf nur 85 Stück zu überlassen. Das Maß ist voll."

Mit diesem Ruf rettet ihn sein Herr. Sonst hätte Po Thup in dieser Veranstaltung wohl vor Erschöpfung sein Leben ausgehaucht.

Die Figuren sind fingernagelgroß. Wie der Frosch die Schlange schluckt, ist nicht deutlich zu erkennen. Aber die Leute, die sie bekommen haben, sind überglücklich, ohne zu wissen, dass sie Moskitos geworden sind. Diejenigen wiederum, die nichts gekriegt haben, schelten sich schwerfällig, hoffen auf die nächste Gelegenheit und begreifen nicht, dass sie noch keine Moskitos sind.

„Es bleibt noch was zu sagen. Die Figuren gebe ich euch umsonst. Aber ich muss das Thi'kane'-Holz in den Bergen beschaffen, für über 1000 Kyat kaufen, habe Ausgaben für den Schnitzerlohn, um euch, liebe Leute, barmherzig zu helfen.

Wie ich zu Beginn gesagt habe, heißt Menschsein, tagtäglich Wissen, Besitz, spirituelles Verdienst zu erwerben. Jetzt habt ihr fast alles Wissen erhalten. Und 85 glückliche Leute haben Besitz erworben. Was ihr noch braucht, ist das Verdienst. Dieses Verdienst werde ich euch verschaffen. Es hängt mit den beiden Mönchen zusammen, die mit dem Wissen und Eigentum, das ihr erhalten habt, in Verbindung stehen. Hier sind vervielfältigte Abbilder dieser beiden Mönche. Die Verehrung verehrungswürdiger Personen ist Segen, ist Verdienst. Also, das muss ich euch ja nicht erst erklären. Besonders denjenigen, die eben wie gewünscht die Figuren in Besitz genommen haben, möchte ich ans Herz legen: Nur wenn ihr zu diesen Bildern morgens beim Aufstehen, abends beim Zubettgehen betet, wird sich die Wunderkraft der Figuren, die ihr immer bei euch tragt, entfalten. Seid nicht ungläubig! Also, Gehilfe, verkaufe denen, die eben die Thi'kane'-Figuren erhalten haben, diese Bilder. Eins kostet genau 25 Kyat."

Gefangen, gefesselt. Wie da rauskommen? Zögerlich kaufen vier, fünf, zehn ausgewachsene Moskitos. Sie sehen aber nicht sehr glücklich aus.

Hallo, wer ist denn das? Rikschafahrer Ya Pa! Als ob eine Anophelesmücke, eine Tigermücke erscheint. Kühn betritt er das Reich des Zauberkünstlers. Während dieser sitzt und sinnt, wie viel saure Moskitos er wohl heute schlucken kann und ob die Rechnung aufgeht, emsig Bilder ausgibt und einsteckt, schrecken die Schritte Ya Pas ihn auf.

Die Moskitos, die keine Figur ergattert haben, weil sie zu langsam waren, und somit vom Kauf entlastet sind, verlassen lärmend die Vorstellung. Die scheinheiligen Mücken, die so tun, als hätten sie keine Figur abbekommen, noch kein Bild gekauft und kein Verdienst erworben haben, wagen nicht laut zu lachen. Die echten Sauermücken aber, die 25 Kyat ausgegeben haben, sind nun nach den Worten des Zauberkünstlers wahre Menschen von *Jambudipa* geworden, und obwohl sie im Innern kochen, geben sie sich gelassen.

„Hallo Chef, was gibt's?"

„Ich habe keine der Figuren bekommen, die Sie verteilt haben. Aber ich möchte die Bilder der beiden Erlöser kaufen und mit ihrer Verehrung Verdienst erwerben."

Ha, toll! Ist das eine Anopeheles-Mücke mit malariavernebeltem Gehirn? Das ist eine gute Gelegenheit. Solche Mücken mit Weltverstand sucht die Maschine. Auf ins Finale!

„Seht ihr! Das ist keiner, der wie ihr die Figur umsonst erhalten hat. Sondern einer, der bewusst nach Verdienst strebt, weil er die Bilder der Erlöser gesehen hat und sie zutiefst verehrt. Hier, mein Lieber, eine Figur, zwei Verse, nimm sie umsonst. Die Bilder aber erwirb gegen Geld. In Ordnung? Also, hört und seht, 350 Einnahme, also nur 14 Leute. Wo sind die 61, nein, 71 anderen? Ich habe euch mit Barmherzigkeit und unter Mühen Wissen, Besitz gegeben, euch mit Gewalt ins Himmelreich gehoben. Zu kalt, sagt ihr, und möchtet runterspringen. Möchtet ihr kein Verdienst mehr erwerben? Sogar ein Unbeteiligter, der gar keine Chance hatte, hat die Bilder gekauft. Schämt ihr euch denn nicht? Seid ihr nicht ehrlich? He, Bursche, verteile, mach's genau!"

Eben eine Moskitofangmaschine. Tourt hoch. Mit steigender Anziehungskraft entrichten 20-30 fast ausgereifte Moskitos ihren Obolus unter krampfartigen Zuckungen.

„Kurz vor Ende der Vorstellung möchte ich euch noch etwas auf den Weg geben. Diejenigen, die Figur und Bilder erhalten haben, sollen voll Vertrauen sein, wie ich schon sagte. Ihr seid jetzt vollwertige Menschen, werdet nicht nur der Schlangen Herr, sondern aller giftigen Lebewesen. Die Magie schützt euern Körper und sichert das Liebesglück.

Denkt aber dran: Geht nie unter einer Leine hindurch, auf der *Htameins* hängen! Schultert nicht den Sarg anderer Leute, abgesehen von eigenen Familienangehörigen! In Ordnung … Das war's eigentlich. Drückebergern aber wird der ganze Körper jucken, sobald sie zu Hause sind. Genau sieben Tage lang werden sie jede Nacht den Albtraum haben, von einer Kobra oder anderen Schlange gebissen zu werden. Und was passiert danach? Erspart mir, das zu sagen!

Wenn ihr wollt, glaubt nur, dass es leere Drohungen sind. Wisst, dass ihr nicht davonkommt, selbst wenn ihr die Figur unterwegs wegwerft. Soweit dazu."

Wie auch immer, letztendlich gibt es zwei Moskitoarten: diejenige, die sich in die Moskitofangmaschine locken lässt und gefressen wird, und die, die, in der Nähe geblieben, versucht dem Bann zu entkommen, als ihr das bewusst wird, und mehr oder minder Schaden genommen hat.

Was mich betrifft – während ich nach Ende der Vorstellung grüble, dass Markthändler lebenslang solchen Sachen ausgesetzt sind, öffne ich meine Geldschatulle, für die ich noch nichts verkauft hatte. Auf dem kleinen Spiegel darin erblickte ich überall kurze Schnurrbarthaare und ein Moskito.

Der Notfall

Gyo Zaw

အရေးပေါ် လူနာ

ဂျိုဇော်

1

Wie immer stapelte sie zehn Ziegelsteine aufeinander und setzte sie auf ihren Kopf. Dann drückte sie ihre gebeugten Knie durch und stand auf.

„Oh Buddha, Buddha!"

Mit der rechten Hand drückte sie sich am Ziegelstapel ab um hochzukommen. Mit der linken Hand balancierte sie die Ziegelsteine auf ihrem Kopf aus, damit sie nicht herunterfielen. Noch wagte sie nicht, die zugekniffenen Augen wieder zu öffnen. Die Füße leicht auseinandergestellt, machte sie ihren Körper ganz gerade.

Aus ihrem Bauch stieg ein heftiges Gefühl von Übelkeit auf. Keine Ahnung, wo der viele Speichel herkam. Sie musste ihn mit Gewalt energisch runterschlucken. Wenn sie jetzt ausspuckte, würde sie sich übergeben müssen.

„He, Htay Htay, was ist denn?" hörte sie ihren Mann Taik Maung fragen, der in einiger Entfernung Zement anrührte.

„Ach, gar nichts. Mir war nur gerade kurz ein bisschen schwindelig."

Die ersten Schritte waren noch sehr unsicher und schwankend. Sie biss auf ihre Unterlippe und nahm alle Kraft zusammen.

„... jetzt geht es ja noch. Das ist ja erst das Erdgeschoss des Hauses. Wenn wir später alles über die Leiter weiter nach oben tragen müssen, wird es erst richtig schwierig."

Erst jetzt fiel ihr ein, dass sie das Tonikum von ihrer Schwiegermutter noch nicht eingenommen hatte. Sie würde es später in der Mittagspause schlucken. Zusammen mit der Medizin erinnerte sie sich auch an die „Predigt", die ihr ihre Schwiegermutter heute Morgen gehalten hatte:

„Ach was macht das schon, dass du im dritten Monat schwanger bist. Mach doch nicht so ein Theater. Ich habe mein Leben lang auf dem Bau gearbeitet. Habe mich immer nur nach der Geburt kurz ausgeruht. Dein Mann zum Beispiel, der ist auf der Baustelle geboren, wo ich damals gearbeitet habe. Darum habe ich den ja auch Taik Maung genannt wie Taik, „Ziegelbau". Da, nimm diese Medizin hier mit. Wenn es dir schwindlig wird, nimmst du sie ein. Und wenn dir übel wird, bloß nicht ausspucken. Schluck's runter, sonst musst du noch kotzen. Es gibt ja nur acht Kyat am Tag, da können wir uns nicht leisten, auch nur einen Tageslohn zu verlieren. Wenn dann dein Bauch dick wird und du oben auf die Leiter musst, dann werden wir noch genug Ausfälle haben…."

Unrecht hatte sie da nicht. Sie hatten zwar bis jetzt noch keine Kinder, aber trotzdem genug Familie zu versorgen. Von Taik Maungs Seite waren da sein alter Vater, seine alte Mutter und seine von der Hüfte abwärts gelähmte kleine Schwester. Von ihrer Seite waren da eine kleine Schwester und ein kleiner Bruder. Alle zusammengenommen waren sie also zu siebt. Und von diesen sieben Menschen verdienten nur ihr Mann und sie etwas Geld. Alle anderen waren von ihnen abhängig.

Die alten Leute konnten nur noch leichte Arbeiten bewältigen. Und auch die arme behinderte Schwester von Taik Maung konnte nicht anders, als ihnen zur Last fallen. Um alles, was zu Hause an Arbeit anfiel, musste sich ihre halbwüchsige Schwester kümmern. Ihr kleiner Bruder war selten zu Hause und nur der Form halber in die offizielle Liste der Haushaltsmitglieder aufgenommen worden. Er arbeitete Tag und Nacht als Lehrling in einem Friseurladen in der Stadt für ein kleines Entgelt. Er konnte zwar keine müde *Pya* zum Haushalt beitragen, fiel ihnen aber auch nicht mehr zur Last. Nur manchmal kam er nach Hause, um Taschengeld zu erbitten. Das ging ja noch.

Taik Maung bekam am Tag zehn Kyat, sie acht. Achtzehn Kyat zusammen waren gerade genug, um Reis für die Familie zu kaufen. Wenn sie einen Tag nicht arbeiten konnte, etwa weil sie in den Regen kam und krank wurde, war für nichts vorgesorgt. Ein Tag Arbeit brachte genau einen Tag lang einen satten Bauch.

Es war wie ein Boot, das gegen die Strömung den Fluss hinauf gerudert werden musste. Sieben Leute saßen darin, aber nur zwei ruderten. Und wenn von diesen beiden einer einen Schlag aussetzen würde? Das Boot würde sofort abtreiben.

2

Sie war auf einen Weg geraten, der sie nicht wirklich interessierte. Aber da sie ihn schon länger beschritten hatte, war es auch nicht mehr möglich umzukehren. „Wer taucht, tauche bis auf den Grund, wer Ausdauer hat, kommt auch ganz oben an." Also musste Htet Htet wohl wie in dem Sprichwort durchhalten, bis sie am Ziel war.

Htet Htet seufzte tief, während sie den Schädel aus ihrer Hand auf den Tisch legte. Vom Tisch aus grinste sie die knapp fünfzehn Zentimeter dicke Anatomie von Gray an. Und die kleineren Anatomiebücher von Grant, Gardner, Cunningham und so weiter schienen gemeinsam mit ihren Vorlesungsmitschriften dazu zu applaudieren.

Als sie die zehnte Klasse als Allerbeste mit mehreren Auszeichnungen abschloss, hatte sie nicht gewusst, dass sie sich jetzt dafür den Kopf so zermartern müsste. Sie hatte nur die Ärzte in ihren schönen weißen Kitteln, die mit elegant umgehängtem Stethoskop und weißen Schnürschuhen so erhaben in den Stationen auf und ab schritten, vor Augen gehabt.

Jetzt aber kamen sie sich vor wie Geier, weil sie sich das ganze Jahr über im Seziersaal mit nach Formalin stinkenden Leichen befassen mussten.

Ob an der medizinischen Hochschule das zweite Jahr das anstrengendste war? Also der Kopf und Halsbereich, bei dem sie jetzt gerade waren? Den ganzen großen Schädel, von den Augen- und Nasenhöhlen bis hin zu den nicht weniger als 40-60 Öffnungen, durch die die haarfeinen Nerven und Blutgefäße verlaufen, ihre Namen, Verläufe und Verbindungen musste sie bis ins Detail kennen und erläutern können.

„Ach…". Zum zweiten Mal entfuhr ihr ein langer, tiefer Seufzer. Sie nahm den Schädel wieder in die Hand.

„Htet Htet Schätzchen".

Ihre Mutter drückte die Tür auf und kam herein. Hinter ihr drang das Gelächter der Familie ins Zimmer. Sie sahen nebenan fern und amüsierten sich über etwas. Das werden wohl Zargana und seine Comedyleute von der Moe Nat Thuzar Show sein, die da ihr Können unter Beweis stellen.

„Hier, trink mal einen heißen Horlicks-Malztrunk und iss etwas. Ich habe dir ein Ei weich gekocht, wie du es gerne magst."

Ihre Mutter wusste nicht, wo sie das Tablett abstellen sollte. Auf dem Tisch lagen chaotisch viele Bücher und Knochen durcheinander. Und Htet Htets Haare sahen genauso chaotisch aus, weil sie sie beim angestrengten Nachdenken kräftig gerauft hatte.

„Ach Mama, das mag ich jetzt nicht essen. Ich will nur eine Dose Cola."

„Aber Töchterchen, der Onkel hat es dir doch auch gesagt, dass du etwas Vernünftiges essen sollst, damit du genug Energie hast. (Der „Onkel" war Htet Htets leiblicher Onkel und gleichzeitig auch der Arzt der Familie.)

Sie zog einen Stuhl heran und stellte das Tablett darauf ab. Dann strich sie mit der Hand über Htet Htets zerzausten Kopf.

„Schätzchen, seit Tagen schon isst du nicht mehr vernünftig und schläfst auch nicht genug. Wie lange geht das denn schon? Du wirst am Ende noch krank werden. Nun iss schon, bitte."

„Hhm-hhm. Ich will jetzt nichts essen. Sonst wird es mir noch übel. Am Nachmittag habe ich schon eine „Mauriya Min" genommen."

„Dann trink aber wenigstens den Horlicks, damit du zu Kräften kommst. Komm, sei ein braves Mädchen, trink schon", murmelte ihre Mutter, während sie hinter Htet Htet stand und über ihre weißen, zarten Oberarme strich. Als sie sich umdrehte, um wieder aus dem Zimmer zu gehen, umfasste Htet Htet von hinten die Taille ihrer Mutter und schob sich hinter ihr mit aus dem Zimmer.

„He, was ist denn los?"

„Ich will nur eben mit über Zargana und seine Leute lachen."

Die Mutter sah sie schief an. Htet Htet steckte ihr die Zunge heraus.

3

„He, wir machen Mittagspause."

Weil sie gerufen worden war, setzte sie sich zu den anderen. Appetit hatte sie überhaupt keinen. Sie hatte sich geronnenes Ziegenblut richtig scharf mit viel Chili gekocht und mitgebracht. Wenn es so etwas gab, aß sie normalerweise, ohne auch nur zwischendurch vom Teller aufzusehen. Aber jetzt hatte sie schon seit längerem keinen Appetit. Wenn andere schwanger waren, wurde ihnen auch übel, sie mussten sich übergeben oder hatten keinen Appetit, aber das dauerte höchstens drei, vier Wochen. Sie mochte von Anfang an, noch bevor ihre Regel ausgeblieben war, bis jetzt in den dritten Monat, nicht richtig essen.

„Iss nur, Htein. Hartgekochte Eier in Öl gebraten, die magst du doch so gerne", hörte sie San Ma in der Nähe zu ihrem Mann sagen. Htay Htay warf ihr einen ärgerlichen Blick zu. Es hätte ja gereicht, wenn sie das leise zu ihrem Mann gesagt hätte. Aber San Ma musste ja so schreien, damit auch alle hörten, was sie für ihren Mann gekocht hatte. Angeben wollte sie. Weil ihr Mann als Maurer mit der Kelle in der Hand arbeiten musste, hielt sich das noch in Grenzen. Wenn sie einen Ziegelfabrikanten abgekriegt hätte, wäre sie schon völlig abgehoben.

Wann wohl Taik Maung mal Maurer werden würde? Es sah aus, als ob er den Rest seines Lebens als Hilfsarbeiter verbringen würde.

„Htay Htay, aus deiner Reisdose ist ja noch nicht mal ein einziger Löffel gegessen!" Taik Maung, der sich pausenlos tomatengroße Reisklumpen in den Mund schob, war frustriert wegen der lustlos in ihrem Essen stochernden Htay Htay.

„Genug, ich kriege überhaupt nichts runter", antwortete Htay Htay, stellte ihre Reisdose vor Taik Maung hin und stand auf.

„Mensch, iss was! Woher sollst du sonst zu Kräften kommen? Möchtest du *Samoosas* essen? Ich laufe schnell und kauf dir welche."

„Lass nur, ich bekomme wirklich gar nichts runter. Bloß die Medizin werde ich noch schlucken."

Taik Maung sah Htay Htay kopfschüttelnd und besorgt an, während er nach ihrer Reisdose griff.

4

Für die große Prüfung würde sie sich noch ausruhen. Bei der schriftlichen Prüfung blamierte man sich nicht, auch wenn man nicht antworten konnte. Am peinlichsten wäre es ihr, wenn sie vor den prüfenden Lehrern herumstottern müsste, um schließlich unter Tränen: „Äh…äh… ich weiß es nicht mehr, Herr Lehrer" herauszubringen.

Deshalb las sie die ganze Nacht, lernte auswendig. Der Schädel in ihrer Hand drehte sich um und um, und auch ihr Kopf tat das.

Das Tablett mit Horlicks, Kräckern und dem Ei stand unangerührt da, wie ihre Mutter es abgestellt hatte. Sie setzte versuchsweise die Tasse mit dem kalten Horlicks, auf dem sich eine Haut gebildet hatte, an die Lippen. Schlagartig wurde ihr übel. Oh nein. – Sie stand auf, und kippte ihn aus dem Fenster. Wenn Mama fragen würde – klar hatte sie den getrunken. Auch einen Kräcker nahm sie und warf ihn so weit wie möglich aus dem Fenster. Damit es besser aussah.

Als ihre Mutter wieder ins Zimmer kam, ergriff Htet Htet die Initiative.

„Mama, der Horlicks war aber auch ein dickflüssiger Schleim."

„Na, nur so kommst du doch zu Kräften."

Htet Htets Mutter betrachtete die leere Tasse und den Teller, auf dem ein Kräcker fehlte, und war zufrieden.

„Nun mach aber wenigstens noch ein Nickerchen, mein Schatz."

Htet Htet versuchte sich hinzulegen, konnte aber nicht einschlafen.

Je näher der Morgen rückte, desto mehr glühte es in ihrem Kopf.

Sie überlegte, zur Ablenkung ihre Freundin Mi Tu anzurufen. Sie würde ihr die Witze erzählen, die Zargana am Abend im Fernsehen erzählt hatte, und mit Mi Tu zusammen darüber lachen. Mi Tu konnte so herzhaft lachen. Und da sie auch lernen musste, hatte sie bestimmt nicht ferngesehen, da war sich Htet Htet sicher. Aber wenn Mi Tu schliefe, würde sie sie ja wecken, dachte Htet Htet weiter und rief nicht an.

Die ganze Nacht, bis es morgens hell wurde, sah sie sich wieder und wieder ihren Lernstoff an. Aber es war, als ob man mit einem Korb Wasser schöpfen würde – es blieb nichts davon übrig.

Als sie sich morgens fertig machte, um zur Hochschule zu gehen, brannten ihre Augen vor Müdigkeit, und ihr Kopf war wie benebelt.

5

Obwohl seit dem großen Feuer schon über zwei Jahre vergangen waren, war die verbrannte Erde noch nicht wieder von Pflanzen und Gebäuden beschattet. Es gab keine Bäume, keine Blumen. Einige wild zusammengebaute Häuser und einige, die noch in Bau waren, sahen weniger aus wie solide Wohnhäuser denn wie eine Ansammlung von Grüften auf dem Friedhof.

Die Zeit nach dem Mittagessen, wenn von oben die Sonne brannte und die Erde glühend heiß war, fürchtete Htay Htay am meisten. Nur gut, dass sie jetzt keine Ziegel mehr schleppen musste. Nur noch Mörtel. Die Ziegel waren inzwischen in der Sonne so heiß geworden, dass es zischte und Dampf aufstieg, wenn man Wasser darauf goss.

„Htay Htay, geh schon!"

Ihr Mann hatte ihr merklich weniger Mörtel in die Schüssel getan. Htay Htay war nicht wohl dabei. Hatte nicht vorhin schon Maurer Htein so seltsam geguckt, als ob er sagen wollte: „Warum ist denn die nicht voll?".

„Mach voll!"

„Ist doch voll. Lass' gut sein."

Taik Maung tat seine Frau Leid. Unter den kritischen Blicken von San Ma setzte sie die Mörtelschüssel auf ihren Kopf.

„He, Taik Maung. In meiner Reisdose ist auch ein Löffel", sagte San Ma.

„Ja, und?", fragte Taik Maung, der in seiner Schlichtheit den spöttischen Ton von San Ma nicht mitgekriegt hatte.

„Na, füll doch Htay Htay das nächste Mal den Mörtel mit dem Löffel in ihre Schüssel."

Ruckartig blieb Htay Htay stehen und sah San Ma an.

„Oh…ist mir schwindlig…!"

Htay Htay wusste nicht, wie ihr geschah. Plötzlich war ihr ganz schwindlig und schwarz vor Augen. Die Umrisse von Taik Maung und San Ma verschwammen, wurden wieder klar und verschwammen wieder. Der Boden unter ihren Füßen begann sich zu drehen und wellenförmig zu heben und zu senken. Obwohl sie mit aller

Kraft versuchte, den Brechreiz zu unterdrücken, erbrach sie plötzlich bittere Flüssigkeit.

„Hah, Htay Htay …" hörte sie noch Taik Maung erstaunt rufen.

Dann spürte sie gar nichts mehr.

6

Htet Htet sah den fortwährend mit dem Kopf schüttelnden Lehrer beschämt an und stand auf.

Die ganze Zeit hatte sie wechselweise mit Sätzen wie „Gerade das habe ich nicht gelesen, Herr Lehrer", „Oh, Entschuldigung, das habe ich vergessen" oder „Ich komme nicht mehr darauf, Herr Lehrer" antworten müssen, während ihr die Tränen über die Wangen liefen.

„Dieses Mal bist du mit Sicherheit durchgefallen." Htet Htets bleiches Gesicht wurde rot vor Scham. „Bald ist die große Prüfung. Lernst du denn gar nicht, Mädchen?"

Diese letzte Frage des Lehrers hallte in ihren Ohren nach, bis sie den Raum verlassen hatte. Sie wand ihr tränenfeuchtes Taschentuch um ihre Hand und ging in Richtung des Autos der Familie, das sie abholte.

„He du! Alles OK?" Als sie Mi Tus Frage hörte, konnte sie nicht mehr an sich halten, und die Tränen flossen in Strömen.

„He, das ist ja eine tolle Vorstellung, wie Moe Moe Myint Aung, die letztes Jahr den Filmpreis gekriegt hat".

„Quatsch! Die heult doch bloß kräftig, damit die Prüfer beide Augen zudrücken und sie bestehen lassen", hörte sie, wie einige andere Studenten sich über sie lustig machten.

Htet Htet blieb mitten im Schritt stehen und sah herüber.

„Oh… Mama …ist mir schwindlig…"

Htet Htet wusste nicht, wie ihr geschah. Ihr wurde schwindlig und schwarz vor Augen. Die Umrisse der Studenten und Studentinnen verschwammen vor ihren Augen. Die Medizinische Hochschule fing an sich zu drehen, stand plötzlich Kopf und begann wegzuschwimmen.

„He, Htet Htet" hörte sie zuletzt noch Mi Tus schrille Stimme.

7

Auf der Station lief der junge Arzt im Praktikum geschäftig hin und her. An normalen Tagen gab es nicht so viel Arbeit. Heute aber nahmen sie neue Patienten auf. Die unterschiedlichsten Arten von Patienten mit den unterschiedlichsten Krankheiten kamen einer nach dem anderen neu auf die Station. Es wollte gar kein Ende mehr nehmen.

Bei jedem Patienten, der neu auf der Station ankam, musste man zunächst die Krankheitsgeschichte erfragen und notieren, dann die üblichen Untersuchungen durchführen und den Befund in dem Formular eintragen. Dies legte man dann dem Assistenzarzt vor und notierte seine Therapieanweisungen. Dann musste er diese wiederum den Krankenschwestern erklären und den Patienten notwendige Spritzen geben. So war er die ganze Zeit über reichlich beschäftigt.

Noch anstrengender wurde es, wenn zwischendurch Notfälle eingeliefert wurden. Dann musste er den Longyi kürzer binden, sich die Ärmel des Arztkittels hochkrempeln und laufen, bis er schweißgebadet war. Darum hoffte er inständig, dass keine Notfälle kommen würden. Und weil dieser Wunsch schon den ganzen Vormittag über in Erfüllung gegangen war, freute er sich. Nachmittags aber kam mit einer Notfallpatientin namens Htay Htay plötzlich der Stress über ihn und den Assistenzarzt. Während sie auf dem Bau gearbeitet hatte, war ihr schwindlig geworden, sie hatte Blut gespuckt und war dann ohnmächtig umgefallen, hörte er. Außerdem war sie noch im dritten Monat schwanger. Als sie auf der Station ankam, war sie immer noch nicht wieder bei Bewusstsein.

Er musste sofort alle bei solchen Notfällen üblichen Untersuchungen durchführen, Die Blutbank informieren, falls eine Bluttransfusion nötig wäre. Noch mal Glück gehabt. Nachdem er ihr eine Spritze gegeben hatte, kam sie wieder zu Bewusstsein. Jetzt konnte er sie untersuchen und über ihr Befinden befragen. Curry aus geronnenem Ziegenblut hatte sie gegessen, Kräutermedizin genommen und Tamarindensaft getrunken. Das, was sie erbrochen hatte, war also gar nicht unbedingt ihr Blut. Auch ihr Baby schien unverletzt zu sein.

Auffällig blutleer, bleich und kraftlos wirkte sie aber. Um ein Blutbild zu erhalten, nahm er ihr etwas Blut ab und gab Anweisungen, es am nächsten Tag ins Labor zu bringen. Vorläufig diagnostizierte er Blutarmut.

Kaum dass Htay Htay ihr Bewusstsein wieder gewonnen hatte, ging der Stress weiter, als eine Medizinstudentin namens Htet Htet eingeliefert wurde.

Sie hatte eine Prüfung abgelegt, war aus dem Prüfungsraum herausgekommen und ohnmächtig geworden. Auch sie war noch nicht wieder bei Bewusstsein, als sie auf der Station ankam. Die Dozenten und Studenten der Medizin, die sie begleiteten, waren in Aufregung und brachten die Ärzte der Station noch mehr ins Schwitzen. Nachdem er sie auf ein Bett gelegt und ihr eine Spritze gegeben hatte, kam sie wieder zu Bewusstsein.

Als er sie befragte und untersuchte, fand er heraus, dass sie ohnmächtig geworden war, weil einige Blutbestandteile nicht in ausreichender Menge vorhanden waren. Die Studentin war blass und dünn wie eine frisch gehäutete Schabe. Die Prüfungen waren noch nicht abgeschlossen. Offensichtlich hatte sie zu viel gelernt, ohne genug zu essen und zu schlafen. Bei Studentinnen kam das vor. Um auch von ihr ein Blutbild zu erhalten, nahm er ihr Blut ab und gab die Anweisung, es morgen ans Labor zu schicken.

Tatsächlich wäre er am liebsten weggelaufen, als Htet Htet und Htay Htay eingeliefert wurden. Aber er hatte noch einmal Glück: Für heute blieb es bei diesen beiden Notfällen.

8

Es stimmt, ein Krankenhaus ist ein Haus, in dem sich alles Unschöne und Furchtbare zu versammeln pflegt. Aber man kann in diesem Haus auch die Bilder der Spuren betrachten, die der Lauf der Welt an den Menschen zurücklässt.

Seit er als Arzt im Praktikum Dienst tat, interessierte er sich für Menschen. Mit der Zeit konnte er gut erkennen, ob ein Mensch wohlhabend oder mittellos, beliebt oder eher einsam war. Und er war dann gespannt darauf, was er noch herausfinden konnte, um das Bild, das er sich von jemandem gemacht hatte, zu vervollständigen. Am interessantesten war für ihn die Besuchszeit, wenn das Krankenhaus für Gäste der Patienten geöffnet wurde. Die Besucher – farblos oder leuchtend bunt – und ihre Stimmen – leise flüsternd oder laut und durchdringend – konnte er dann gut und ausgiebig studieren.

Jetzt bewegte er sich mit einem Stapel Laborergebnissen in der Hand zwischen all diesen farblosen und leuchtenden, leise flüsternden und durchdringend lauten Menschen.

Nachmittags, wenn Besuchszeit war, kamen auch die Ergebnisse aus dem Labor, und er ging damit zu den Patienten, um sie in die am Fußende ihres Bettes befestigten Mappen zu legen. Wenn abends und am nächsten Morgen die Ärzte zur Visite kamen, war in den Mappen bereits alles enthalten, was sie wissen mussten.

Die Laborergebnisse der bleichen Medizinstudentin in Bett eins boten Anlass zur Freude. Ihr Blutwert war nur hinter dem Komma ein wenig zu niedrig. Also war sie nicht ernsthaft krank und musste nur gut essen und sich ausruhen.

Als er an ihrem umlagerten Bett ankam, fragten die Besucher eifrig: „Ist sie denn sehr anämisch, Herr Doktor?". – „Oh, nur *within normal limits*", antwortete er und drückte ihnen das Blatt mit den Ergebnissen in die Hand.

„Wirklich? Und ich hatte schon meinen Oberarm freigelegt, um ihr Blut zu spenden …" scherzte einer der Studenten, der am Kopfende des Bettes saß. Ein Gelächter brach unter den anderen Studenten aus. Htet Htet kniff ihn in den Arm. Die allgemeine Fröhlichkeit übertrug sich auch auf sein Gesicht und hielt sich dort noch bei den nächsten Patienten. Bett für Bett ging er weiter. An Bett dreizehn dann Htay Htay. Oh, richtig, die schwangere Bauarbeiterin. Er zog das Blatt mit ihren Blutwerten heraus. Sie lagen weit unterhalb des zulässigen Minimums. Keine Ahnung, was für Behandlung der Oberarzt morgen bei seiner Visite anordnen würde.

„Herr Doktor, ich hätte da eine Frage…"

Er blickte von der Mappe auf, in die er gerade das Blatt mit den Laborergebnissen hineingelegt hatte, und sah die kleine Bauarbeiterin an.

„Ja, frag nur", forderte er sie freundlich auf.

„Oh, eigentlich ja nichts Wichtiges", begann sie schüchtern. „Annami oder Annimi oder so… ist das eine schlimme Krankheit?"

Er war erstaunt. Die Patientin wusste also, was sie hatte. Ob sie sich deshalb sorgte? Am besten, er würde ihr alles genau erklären.

„Anämie heißt, das. Warum fragst du?"

„Och, na ja, die kleine Medizinstudentin von Bett eins… ich habe zufällig gehört, dass sie diese Krankheit hat. Und jetzt sitzen die ganze Zeit so viele Leute um sie herum. Die kann einem richtig Leid tun, nicht wahr Herr Doktor. Die ist dann wohl wirklich, was man so einen Notfall nennt, oder?"

Wieder war er verblüfft – so sehr, dass er nicht mehr wusste, was er noch sagen sollte:

„Äh, also, ein Notfall, das ist …"

Der zu viel wollte

Hpe Myint

ဖြစ်ချင်လွန်းသူ

ဖေမြင့်

Als ich ihm vor über zwanzig Jahren zum ersten Mal begegnete, war ich sechzehn, die Schulabschlussprüfungen waren gerade beendet, und es waren Ferien. Er war zwanzig Jahre alt, dabei nicht männlich oder kräftig, machte nichts her und hatte auch nicht die Art von Körperbau, die den Frauen gefällt. Er war recht klein, hatte die Haare kurz geschoren, und seine Figur wirkte etwas schwächlicher als die der meisten anderen.

Kurz gesagt, er hatte die typische Erscheinung eines Schülers in einem buddhistischen Kloster. Tatsächlich war er das auch. Aber mit zwanzig war er natürlich kein gewöhnlicher Klosterschüler, sondern hatte unter den Schülern seines Klosters eine führende Position erreicht.

Obwohl Klosterschüler, erwies er sich nicht als so schlicht wie die meisten anderen, sondern war sehr an Allgemeinbildung und Lektüre interessiert. Jeden Nachmittag ging er zum Leseraum des Nachrichtenbüros, um Zeitung zu lesen. Ich wohnte in demselben Viertel, wo sein Kloster war. Und da ich auch jeden Abend Zeitung lesen ging, lernte ich Hla Htun kennen. Aber nie diskutierten wir miteinander über die Inhalte. Das mag daran gelegen haben, dass ich, der ich mich mit Hilfe meines kleinen Collins-Wörterbuches bemühte, die englischsprachigen Zeitungen „The Nation" und „Guardian" zu verstehen, den Klosterschüler Hla Htun, der nur auf die myanmarischen Zeitungen angewiesen war, nicht als ebenbürtigen Diskussionspartner wahrgenommen hatte.

Wie dem auch sei, dennoch freundete ich mich mit Hla Htun an. Er interessierte mich. Ich erfuhr, was seine Pflichten als ältester der Schüler seines Klosters und was seine Vorrechte und Vollmachten gegenüber den anderen Klosterschülern waren. Er erzählte mir von der im Umgang mit dem Abt, den Mönchen und den Novizen notwendigen Etikette.

Im Kloster kam er gut zurecht und vertrug sich mit allen, die dort lebten. Nur mit einem, dem alten Novizen Thawbita, verstand er sich nicht so gut. Dieser war ungefähr sechzig Jahre alt und seit vierzig Jahren Novize. Vorher hatte er schon als Schüler lange im Kloster gewohnt. Aber weil sein Verstand zu dumpf war, konnte er bis heute nicht einmal die bei einem Wasseropfer zu rezitierenden Verse auswendig und würde wohl den Rest seines Lebens nur Novize bleiben.

Hla Htun erzählte mir, warum er sich nicht mit dem Novizen verstand:

„Jeden Abend nach der Andacht flehe ich, dass ich das Los des Prinzen Siddhatta teilen möchte. Das kam einmal in der Predigt unseres Abtes vor: Als Prinz Siddhatta jung war, genoss er sein Leben nicht nur mit seiner Gemahlin Yasodhara Devi, sondern auch mit zahlreichen Konkubinen in den Ramma, Subha und Suramma genannten Gemächern des königlichen Harems. Erst später erblickte er die vier Zeichen – einen Alten, einen Kranken, einen Toten und einen Asketen, gelangte zur Einsicht, zog aus dem Palast in den Wald, um ein Buddha zu werden, und erreichte schließlich das *Nibbana*. Wir Buddhisten sollen das *Nibbana* anstreben, stimmt's? Aber wie könnten wir sofort ins *Nibbana* gelangen, während wir noch auf einer niedrigen Stufe der spirituellen Entwicklung sind? Wir müssen uns ja noch über viele Leben hinweg vervollkommnen! Denk' daran, wie Prinz Siddharta, der zukünftige Buddha, über zahlreiche Existenzen die Reife erlangte. Die großen letzen zehn *Jatakas*, ja alle 550 *Jatakas* erzählen doch davon. Als Mensch war er König, und wurde er als Tier geboren, dann war er König der Tiere. Ist das nicht beneidenswert? Deshalb bete ich auch jeden Abend: „Oh, Herr Buddha, lass mich auch als Prinz Siddhatta in den Gemächern Ramma, Subha und Suramma, umgeben von all den Hofdamen, wiedergeboren werden!" Man kann sich doch auch als einfacher Mann Buddhaschaft wünschen, nicht wahr?"

„Natürlich!"

„Aber das passt diesem alten Novizen nicht. Er denkt, ich will ihm den Rang ablaufen. Er möchte im Götterhimmel wiedergeboren werden. Klar will der auch wie üblich ins *Nibbana*. Aber weil da ja gar nichts ist, will er da noch nicht sofort hin, obwohl man natürlich dafür beten muss. Im Götterhimmel aber gibt es viel Luxus, und leicht ist das auch nicht, als Gott wiedergeboren zu werden. Ein Menschenleben ist wie ein Tag im Götterhimmel. Und besonders Sakka, der König der Götter – was für Freuden genießt der mit fünfhundert Göttinnen an seiner Seite. Bei der Abendandacht betet der Novize deshalb: „Oh Herr Buddha, lass mich erst wieder und wieder als Gott Sakka wiedergeboren werden, bevor ich den Weg ins *Nibbana* beschreite". Ich bitte eben um das, was mir gefällt, und er um das, was ihm gefällt. Was ist schon dabei? Seit die jüngeren Klosterschüler ihn aber damit geneckt haben, dass ja ein Buddha viel höher steht als ein Gott, ist er wütend und spricht nicht mehr mit mir. Alles, was ich unternehme, versucht er zu sabotieren. Und alles und jedes geht er gleich dem Abt petzen. Aber weil ich für den Abt immer alles zu seiner größten Zufriedenheit erledige, kommen wir gut miteinander aus. Wenn das nicht so wäre, könnte ich wohl nicht mehr im Kloster leben."

Ich bestand die Abschlussprüfung und studierte Medizin. Als ich in den Semesterferien nach Hause fuhr, traf ich Hla Htun nicht mehr. Freunde, die ich fragte, sagten auch: „Ja richtig. Den haben wir auch schon lange nicht mehr gesehen." Ein Jahr später traf ich ihn während der Ferien wieder. Aber er sah nicht mehr so aus wie früher. Hatte Pomade in den Haaren, dass es nur so glänzte. Und eine Armbanduhr hatte er um.

„Mensch Hla Htun, ziemlich lange nicht gesehen. Wo lebst du denn jetzt? Sieht aus, als ob du etwas Ordentliches arbeitest."

„Ja, genau. Ich bin Lehrer im Dorf Hngettaw am Oberlauf des Hsatthay Flusses."

Lehrer. Soweit ich wusste, hatte Hla Htun die staatliche Schule nur bis zur fünften Klasse besucht, und die hat er nicht einmal bestanden. Wie konnte er also Lehrer sein? Damals musste man mindestens die siebte Klasse bestanden haben, um Grundschullehrer zu werden.

„Wie hast du das denn angestellt?", fragte ich ihn geradeheraus. Mit ihm konnte ich immer so direkt und offen reden.

„Die Regierung hat mich nicht eingestellt. Ich mache das selbstständig", meinte er fröhlich.

„Als du nach Yangon zur Universität gegangen bist, habe ich auch viel nachgedacht, wenn ich im Nachrichtenbüro Zeitungen gelesen habe. Darin stand oft, dass gebildete Leute gebraucht werden, die aufs Land gehen, damit sich die ländlichen Regionen entwickeln können. Das hat mich interessiert. Und ein Leben lang im Kloster bleiben wollte ich auch nicht. Also bin ich nach Hngettaw gegangen. Da gibt es einen älteren Onkel zweiten Grades von mir. Als Kind war ich einmal dort. In dem Dorf existiert keine Schule. Ein Kloster gibt es in Letpan-pin, einem Dorf in der Nähe. Aber ein Ort mit Schule ist ziemlich weit weg. Da muss man lange durch den Dschungel und über die Berge laufen. Als ich mich entschloss, in Hngettaw Entwicklung zu betreiben, hat der Abt unseres Klosters noch: „Na, ob das wohl gut geht?", zu mir gesagt. Als ich antwortete: „Das wird es, Ehrwürden . Ich werde dieses Dorf in religiöser und sozialer Sicht auf den richtigen Weg führen", meinte er: „Du hast ja große Pläne. Wenn's gut geht, alle Achtung! Und wenn nicht, komm' halt zurück ins Kloster!", und gab mir noch zehn Kyat mit. Der Mönch U Sumana hat mir seine große Sonnenbrille geschenkt. Die hatte ich mir oft von ihm geliehen. Und vom Nachrichtenbüro habe ich mir noch eine alte Zeitung erbeten. Als ich in die Nähe des Dorfes kam, traf ich drei Mädchen, die dabei waren, aus einem Bach Wasser zu schöpfen. Etwa neun oder zehn Jahre waren die alt. Als sie mich mit der Sonnenbrille sahen, haben sie gleich losgeschrien: „Da kommt ein Mann mit ausgestochenen Augen!", haben ihre Wasserkrüge fallen lassen und sind weggelaufen. Die Kinder aus diesem Dorf waren ja noch nie in der Stadt oder einem anderen Dorf gewesen."

„Ziemlich abgelegenes Dorf, was?"

„Ja, ziemlich. Als ich dort ankam, habe ich nach dem Haus meines Onkels gefragt und bin zu ihm gegangen. Einen Hut hatte ich auf, die Sonnenbrille im Gesicht, eine Tasche umhängen und eine zusammengerollte Zeitung in der Hand. Als dann die Dorfältesten alle im Haus meines Onkels versammelt waren, erhielt ich den Ehrenplatz an der *Kopfseite* des Hauses, breitete meine Zeitung aus, zeigte ihnen die Bilder und las den Text vor. Und da jetzt Dorfentwicklung zu betreiben sei, erklärte ich ihnen, würde ich eine Schule hier im Dorf eröffnen. Das gefiel ihnen allen. Im Dorf gab es vier, fünf alte Leute, die etwas lesen konnten. Und das auch nur, weil sie es als Kind in einem Kloster gelernt hatten. Aber da das schon lange her war, erinnerten sie sich nicht einmal mehr genau an die Reihenfolge des Alphabetes. Auch ihre Augen waren trüb geworden. Und der Dorfälteste konnte nicht mal die Schlagzeilen der Zeitung mehr entziffern. Dass ich eine Schule eröffnen wollte und alle Kinder lesen lernen würden, freute sie. „Aber einem Lehrer müssen wir ja auch ein Gehalt zahlen", meinte der Dorfälteste. „Ach was, wenn ich genug für Essen und eine Unterkunft habe, reicht das schon".

„Nein, so geht das doch nicht! Wie viel Gehalt bekommt denn ein Lehrer in der Stadt?"

Als ich „126 Kyat im Monat" sagte, waren sie erschrocken. Nein, soviel brauchten sie mir nicht zu bezahlen. Wir einigten uns schließlich auf einen Kyat pro Tag, also 365 Kyat im Jahr. Zwei Tabakbauern versprachen, dass sie mir zusätzlich je einen Korb Tabakblätter zum Rauchen bringen würden, und mein Onkel meinte, ich könnte gerne immer bei ihm essen. Später habe ich dann jeweils in dem Haus mitgegessen, an dem ich gerade vorbeikam. Im Dorf gibt es, wenn die Ernte von den Feldern in den Bergen eingebracht ist, über sechzig Haushalte; zu der Zeit, wenn auf den Bergfeldern gearbeitet wird, wohnen aber nur vierzehn oder fünfzehn Familien im Dorf, weil die anderen sich auf ihren Bergfeldern Hütten errichten und dort oben bleiben. Als ich ankam, war die Ernte in den Bergen vorbei, alle waren im Dorf und hatten viel freie Zeit. Das Dorf war also voller Menschen. Und nach drei, vier Tagen bauten alle zusammen eine Schule. Natürlich nicht so, wie die Grundschulen hier aussehen. Bambuspfeiler wurden in die Erde gerammt, der Boden mit groben Bambusmatten ausgelegt und das Dach mit Bambus gedeckt. Das dauerte nur zwei Tage. Das wurde sowohl meine Schule als auch mein Wohnhaus. Zum Schlafen hatten sie mir ein Zimmerchen abgeteilt. So wohne ich in der Schule und esse mal hier und mal dort im Dorf. Im ersten Jahr kamen alle in die Vorschulklasse. Ich hatte eines der Bücher dabei, mit denen in der Schule das Alphabet gelehrt wird. Eine Schiefertafel und Griffel ließen die Dorfältesten mir von jemandem aus der Stadt mitbringen. Letztes Jahr gab es nur die Vorschulklasse, dieses Jahr eine Vorschulklasse und eine erste Klasse und bald, wenn die Schulferien vorbei sind, wird noch eine zweite Klasse dazukommen."

„Wenn du jetzt hier bist, macht also die Schule zu, richtig?" – „Ja, genau. Wir machen gerade zwei Monate Sommerferien. Es ist alles wie in den staatlichen Schulen: Zu Thadingyu', dem Lichterfest im Oktober, gibt es zehn Tage Ferien, im Dezember auch zehn Tage, jetzt im Sommer zwei Monate und während des Tasaundain-Monats findet auch eine Zeremonie zur Ehrung der Lehrer statt."

„Ha, da müssen sie ja dich ehren... ."

„Genau. Ich bin eben ihr Lehrer. Und da muss ich ihnen ja beibringen, wie man seine Lehrer ehrt. Vor lauter Geschenken , die sie mir bringen, kann ich mich in der Schule kaum noch bewegen."

„Also lebst du so wie früher im Kloster."

„Richtig. Jetzt gibt es im Dorf auch ein Kloster. Das habe ich auch veranlasst. „Ihr seid doch alle Buddhisten, das ganze Dorf", habe ich gesagt. „Zwar ist das Kloster im nächsten Dorf nicht so weit weg, aber ist es nicht besser, wenn euer Dorf sein eigenes Kloster hat?"

„Ja, aber woher sollen wir denn einen Mönch nehmen?", fragten sie.

„Kümmert ihr euch nur darum, dass ein Kloster gebaut und genügend Essen, Betel und, was ein Mönch sonst noch braucht, gespendet wird. Für den Mönch sorge ich dann schon", sagte ich, fuhr in die Stadt und berichtete dem Abt meines alten Klosters davon. Der wies den Mönch U Indasara aus dem Kyunchaungkloster an, ins Dorf zu ziehen und kümmerte sich um alles, was es für ein buddhistisches Mönchskloster braucht."

„Du bist ja ein Segen für das Dorf. Wenn es mehr solche Menschen wie dich gäbe, wäre eine schnelle ländliche Entwicklung sicher", sagte ich anerkennend voller Freude über sein Engagement.

„Hauptmann Htun Naung von der Armee hat das auch gemeint. 'Lobenswert', hat er gesagt."

„Tatsächlich? Wann hast du den denn kennen gelernt?"

„Er war wegen einer militärischen Operation mit Soldaten in unserem Dorf. Da hat er alle zusammengerufen und eine Rede gehalten. Welche Regierung denn in Myanmar regiert, hat er gefragt. Von den Leuten im Dorf wusste keiner eine Antwort. Also sollte der Dorfälteste antworten, sagte der Hauptmann und fragte den Dorfvorsteher. Der sagte, es sei General Ne Wins Regierung. Es stimme schon, dass General Ne Win die Regierung anführt, aber er habe nach dem Namen der Regierung gefragt. „Na, Herr Lehrer erzählen Sie mal…?" Als ich antwortete: ‚Der „Revolutionäre Rat", gefiel ihm das: „Was der Lehrer sagt, ist richtig!"lobte er.

„Übrigens, ich habe gehört, dass es in der Gegend Ihres Dorfes Rebellen und so gibt. Sind Sie denen schon mal begegnet?"

„Ha, natürlich war ich denen schon begegnet. Aber mir tun sie nichts. Du kennst doch Maung Hpyu, der auch Schüler in meinem Kloster war, oder? Der ist bei den Rebellen mit dabei. Weil die Rebellen wissen, dass wir gut befreundet sind, belästigen sie mich nicht. Und wenn sie im Dorf mal wieder Schutzgelder einsammeln, brauche ich auch nichts zu bezahlen."

„Na, dann bist du ja wirklich einflussreich in der Gegend."

Danach bin ich nur noch gelegentlich nach Hause gekommen und kaum mehr in die Stadt. Und wenn doch, traf ich Hla Htun nicht ein einziges Mal. Aber ich erkundigte ich mich bei seinen Verwandten nach ihm. Ich erfuhr, dass er nicht nur im Dorf Hngettaw, sondern in der ganzen Gegend um den Oberlauf des Hsatthay zu einer respektierten, einflussreichen Persönlichkeit geworden war. Er habe im Dorf geheiratet und sei zu einigem Landbesitz gekommen, hieß es. An der Handelskooperative einer ganzen Gruppe von Dörfern sei er auch beteiligt. Und im Dorfrat sei er auch, sagte man mir.

Einer meiner Freunde erzählte: „Dein Bekannter Hla Htun ist nicht mehr derselbe wie früher. Er ist immer fein angezogen, mit Aktentasche und Zigarette und sieht gar nicht mehr so blass, bescheiden und schlicht aus wie damals als Klosterschüler. Angefangen von der Art zu reden, alles hat sich verändert an ihm. Als ich ihn einmal getroffen habe, habe ich ihn gefragt, ob er denn das Kloster vergessen habe. Nein, vergessen habe er das nicht. Aber er würde jetzt das machen, sagte er, und deutete mit einer Geste seiner Hand das Herunterkippen eines Schnapses an. Und weil der Abt das erfahren habe, hätte er furchtbar mit ihm geschimpft. Deshalb gehe er dem

Abt jetzt aus dem Weg, sagte er. Wie er das im Dorf handhabt, weiß ich nicht. Aber wenn er in die Stadt kommt, hat er schon morgens eine Schnapsfahne."

„Ja, nachdem er jetzt eine wichtige Persönlichkeit ist, wird er wohl auch imitieren, was wichtige Leute so machen. Ich sehe ihn aber immer noch als den Klosterschüler. Und er ist nicht zu unterschätzen. Schließlich hat er damals darum gebetet, einmal wie Prinz Siddharta zu werden."

Erst nachdem ich Hla Htun fünfzehn Jahre nicht mehr gesehen hatte, begegnete ich ihm wieder. Der Ort, an dem ich ihn traf, war das Kreiskrankenhaus. Nachdem ich Assistenzarzt geworden war, hatte man mich nacheinander in zwei verschiedene Orte versetzt. Erst danach kehrte ich in meinen Heimatort zurück. Etwa drei Monate nachdem ich dort wieder angekommen war, begegnete ich Hla Htun. Er kam als Patient ins Krankenhaus.

Er war am ganzen Körper gelb. Gelbsucht. Es ging ihm das dritte Mal so. Und jedes Mal hatte er Fieber und Schmerzen, konnte nicht essen und nicht trinken, schrie vor Schmerz und übergab sich ständig, so dass er völlig kraftlos war. Spindeldürr war er geworden.

Ich, der ich selbst Gefallen an der Vorstellung gefunden hatte, dass mein Freund Hla Htun, wie mir berichtet worden war, in feiner Kleidung, mit Aktentasche, Schnäpschen trinkend und mit Duya-Zigarette zwischen den Fingern in der Stadt an wichtigen Sitzungen teilnahm, war ziemlich unglücklich, ihn so am ganzen Körper gelb, krank, abgemagert und einem alten Mann ähnlich zu sehen.

Als er mich sah, sagte er zugleich freudig und traurig: „Herr Doktor, retten Sie mich!",

- „Lass das ‚Herr Doktor', wir sind doch unter uns. Und die Krankheit, die du da hast, ist keine, wo du „rette mich!" schreien müsstest. In ein paar Tagen wird das schon wieder besser". Und in freundschaftlich neckendem Tonfall: „Nur weil du jetzt zu den respektablen Persönlichkeiten im Dorf gehörst, brauchst du ja nicht allen Schnaps, den du zu fassen kriegst, alleine auszutrinken! Deshalb ist deine Leber so angegriffen und diese Krankheit erwischt dich immer wieder."

2008

Tränen liefen über sein Gesicht. „Das mache ich jetzt nicht mehr, Doktor. Ich betreibe doch nur noch Landwirtschaft." Ich erwiderte nichts.

Als ich am nächsten Tag ins Krankenhaus kam und in das Zimmer Hla Htuns hineinsah, bemerkte ich eine junge Frau, die an seinem Bett saß und ihm die Füße massierte, und ein Mädchen, das ihm eine Zitronenlimonade zubereitete.

Eine Krankenschwester, die im Vorbeigehen bemerkte, wie ich die drei ansah, blieb stehen und sagte zu mir: „Herr Doktor, weil der Patient vom Land kommt, hält sich das zum Glück noch in Grenzen. Rechts eine Frau und links eine. Mit beiden wohnt er im gleichen Haus zusammen, sagt er."

Als ich meine Visite machte und zu Hla Htuns Bett kam, ihn nach seinem Befinden gefragt und untersucht hatte, erinnerte ich mich plötzlich an früher. Ich musste lachen und fragte ihn: „Hla Htun, erinnerst du dich daran, wie du darum gebetet hast, in den Gemächern Ramma, Subha und Suramma von Hofdamen umgeben zu sein?"

„Natürlich erinnere ich mich daran, Doktor. Weil ich mich zu sehr bemüht habe, Prinz Siddharta ähnlich zu werden, habe ich ja meine Arbeit als Lehrer verloren", sagte Hla Htun mit schmerzlicher Mine. Seine beiden Frauen in der Nähe aber lächelten.

Traum auf einer Hängebrücke

Ju

ကြိုးတံတားပေါ်ကအိပ်မက်

ဂျူး

Ich träume oft. Und in jedem Traum verweile ich immer wieder an ein und derselben Stelle. Immer sind dort viele Gebäude, viele Hügel, viele Bäume und viele Gesichter. Diese Träume, die meine Seele so liebt, machen mich oft sehr glücklich, aber sie hinterlassen auch ein Gefühl von Sehnsucht.

In der letzten Nacht träumte ich auch wieder, dass ich an diesen weit entfernten, vertrauten Ort gelangte. Dieser Ort aus meinen Träumen ist eine kleine Stadt, die ich sehr vermisse.

Weil meine kleine Stadt auch die Stadt meines Liebsten ist, höre ich den Klang seiner Gitarre, wenn ich von ihr träume.

In Wirklichkeit spielte er Gitarre an der Straßenecke bei seinem Haus, auf der Hollywood-Schaukel im Garten oder auf einem Stuhl im Wohnzimmer, in meinem Traum aber sitzt er immer auf einer sacht schwingenden Schaukel. Und jedes Mal ist es Sai Hti Hsains Lied vom verschwundenen *Nibbana.*, das er spielte.

Der Grund, weshalb ich mich in ihn verliebt hatte – in ihn, der nur gelegentlich mit mir sprach und dabei fast immer ein ernstes Gesicht machte, der, wenn er mich kommen sah, ohne mir etwas anzubieten in aller Ruhe weiter aß, der, ohne es vor mir zu verbergen, bäuchlings auf dem mit Matten ausgelegten Estrichboden lag und die Liebesbriefe seiner drei, vier Freundinnen beantwortete und mir niemals etwas vormachte – dieser Grund war ein recht belangloses Ereignis. Das Erstaunliche daran war nur, dass ich dabei die ganze Zeit auf einem Turm stand, der keine Treppe hatte. Wenn er seine Hand ausstreckte, konnte ich nicht zu ihm gelangen, und er konnte auch nicht zu mir kommen. Wir starrten uns nur gegenseitig sehnsuchtsvoll an. So etwas erlebt man wohl selten.

Weil mein Liebster ein einfacher junger Mann ist, sind seine Füße immer schmutzig und staubig vom Laufen. Als ich einmal leise „Oh, deine Füße ...!“ gemurmelt hatte, schämte er sich keineswegs und sagte lachend: „Bin eben ein armer Schlucker!“

Weil er begeistert Zigaretten rauchte, begann ich, den Geruch von Zigarettenrauch zu lieben. Der Zigarettenrauch aus meinen Träumen duftet aber noch besser.

Immer wieder hört man Gerüchte, unsere Beziehung, die sich still und leise über acht Jahre hingezogen hatte, ohne dass jemand so recht wusste, worin sie eigentlich bestand, habe sich jetzt in Bitterkeit verwandelt. Für uns beide ist das wohl die Wahrheit. Für die Dauer unser beider Leben wird er die See lieben müssen. Und mich hassen.

Wir werden es dabei belassen müssen, unser *Kamma* zu verfluchen.

Bevor er mich hasste, hatte er mir einmal Champakblüten mitgebracht, damit ich sie mir ins Haar stecken konnte. Als ich, die gerne vorgab, unnahbar zu sein, sie statt dessen aber auf dem Hausaltar dem Buddha opferte – hat er da gelächelt oder eher enttäuscht ausgesehen? Ich erinnere mich nicht mehr genau. Sicher ist aber auf alle Fälle, dass ich mir noch nie Blumen in die Haare gesteckt habe.

Als wir jung und noch nicht befreundet waren, wohnten wir in derselben kleinen Stadt. Gerade als wir uns näher gekommen waren, zogen wir beide fort. Als wir, ohne uns verabredet zu haben, beide zur gleichen Zeit zu Besuch in unsere Stadt kamen, waren wir glücklich. Oft war das im Oktober zur Zeit des Lichterfestes oder im April zum Wasserfest.

Den Verlauf unserer Treffen erlebte ich wie einen Stummfilm.

Als unsere erst unbemerkt einander fernen Lebensbereiche wirklich weit weg waren, hatte ich keine Gelegenheit, nachträglich meine Sehnsucht in Worte zu kleiden, und wir trafen uns nur im Traum.

Khin Wan, der von einem Hügel aus in einen Brunnen sah und *„Oh, Hnin*!“ rief, war wesentlich besser dran als ich. Ich hatte nicht einmal den Mut *„Ko Ko!“* zu rufen und schrieb nur schüchtern seinen Namen auf die Sandbank am Ufer des Flusses. Obwohl alle, die mich gut kannten, mir wohl im Stillen vorwarfen, ich sei kraftlos wie ein Halm, der im Wind schwankt, murmelten die Muschelschalen und Wellen an der Sandbank am Fluss meiner gutmütigen Stadt freundlich dazu.

Mein Liebster, den ich wohl nicht wiedersehen werde, und der, selbst wenn ich ihn wiedersähe, mich kaum so anlachen würde wie damals, hat zwanzig Jahre lang in dieser Stadt gelebt.

Wer in der Schule die Geographie Myanmars gelernt hat, wird dabei wenigstens den Namen meiner Stadt schon einmal gehört haben. Auf Karten, die das Vorkommen von Bodenschätzen anzeigen, ist an ihrer Stelle ein Symbol für die Förderung von Erdöl zu sehen. Sie ist sonst nur als ein kleiner schwarzer Punkt am Ostufer des Ayeyarwady eingezeichnet.

Auf einer Streckenkarte der myanmarischen Eisenbahn ist meine Stadt nicht enthalten. Sie hat nur Auto- und Wasserstraßen. Und sie liegt an der Schnellstraße Nummer zwei von Yangon nach Mandalay.

Welche Merkmale muss ein Ort wohl aufweisen, damit er als Stadt gilt? Einige Leute würde meine Stadt eher als ein langgezogenes Dorf bezeichnen. Wahrscheinlich, weil sie nur sehr schmal in ihrer Ausdehnung ist, aber in die Länge gezogen.

Wie auch immer, wir, die wir von dort kommen, bezeichnen unseren Ort, in dem sich das Büro des Township Council und jetzt auch ein neu eröffnetes College befinden, liebevoll als Stadt.

Dreißig Prozent Sandboden, in den man bis zu den Knöcheln einsinkt, dreißig Prozent Kakteen und dorniges Htanaungestrüpp, dreißig Prozent gewöhnlich mit Pferdemist und Stroh bedeckte harte Roterdeklumpen in allen Größen und zehn Prozent Staub, den der Wind herbeiträgt – all das vermischt bildet die zwischen Berge und Täler gewundene Fläche, auf der unsere Stadt entstand.

Straßen, die ansteigen, abfallen und sich durch zahllose Kurven und Kehren winden, sind eines ihrer besonderen Kennzeichen. Mal angenommen, ein Reisender kommt nachts schlafend in einem Bus durch die Stadt. Wenn der Fahrer bis in den ersten Gang herunterschalten muss, damit sich der Bus laut quietschend und keuchend die Steigungen emporwinden kann, dann braucht dieser Reisende nicht einmal die Augen aufzumachen, um zu wissen, dass er durch unsere obermyanmarische Kleinstadt fährt.

Wenn die Scheinwerfer des Busses dann die schiefen Hütten bei den Ölfeldern beleuchten, empfinden die Reisenden möglicherweise

Mitleid. Wenn die Scheinwerfer auf das steile Gefälle und den Abgrund unter der eisernen Brücke fallen, werden die Reisenden unversehens den Buddha anrufen.

Wenn ich in europäischen Filmen nächtliche Szenen sehe, in denen der kühle Nebel aufsteigt, so dass die Straßenlaternen nur noch blass und verschwommen zu erkennen sind, muss ich oft an meine weit entfernte Stadt denken. Was in diesen Filmen der Nebel ist, das ist in meiner Stadt der Staub in der Luft. So staubig wie es im Sommer ist, so kalt und klamm wird es dort im Winter. In der Schule habe ich gelernt, dass die Jahresniederschläge bei uns immer unter tausend Millimeter bleiben. Aber wenn es dann einmal regnet, dann eine ganze Woche ohne Unterbrechung.

Haben Sie schon mal erlebt, dass man auf der Hauptstraße, in der Mitte einer Stadt, durch einen Fluss fahren muss? Doch, so was gibt es. In unserer Stadt kommt das vor, in der Regenzeit. Manchmal fließt dann soviel Wasser auf der Straße, dass die Betelstände und Garküchen am Straßenrand und sogar einige Häuser vom Wasser unterhöhlt werden, zusammenbrechen und davonschwimmen.

Wie in anderen Städten auch, sind in meiner Stadt die *Le'pe'yei-hsains* immer voller Leute. Die jungen Dichter treffen sich in den *Le'pe'yei-hsains*, um sich zu unterhalten. Freunde, die einige Zeit getrennt waren, treffen sich im *Le'pe'yei-hsain* wieder. Studentinnen und Studenten vom College verabreden sich im *Le'pe'yei-hsain*. Die Händler treffen sich im *Le'pe'yei-hsain,* um über Preise zu verhandeln. Manche von ihnen sind gut geeignet, in aller Ruhe dazusitzen. In anderen aber kann man wegen ihrer Lage, weil in der Umgebung zuviel Bewegung und Lärm ist oder weil mit den Windböen immer wieder Sand, Staub oder herabfallende Tamarindenblätter in den Tee geweht werden, nur kurz Platz nehmen, schnell einen Tee trinken und wieder gehen. Dorthin kommen Leute, die es nach dem Tee eines bestimmten *Le'pe'yei-hsain* verlangt, die unterwegs schnell einen Tee trinken wollen oder die auf dem Weg zur Arbeit sind und keine Zeit haben.

Da nun der viele Staub und Sand charakteristisch für die Stadt ist, können die Restaurants und Garküchen, die *Moun-hinga-* , Salate- und Snackstände ihre Waren mit dünnen Tüchern abdecken oder in

Glaskästen packen, soviel sie wollen – etwas Sand und Staub ist trotzdem immer darin. Die Verkäufer tun stets so, also ob sie das nicht bemerkten und bereiteten das Bestellte zu, während die daran gewöhnten Kunden ebenfalls essen, ohne sich daran zu stören.

Manchmal kommt jemand auf einem Pferd durch die Stadt geritten. Sicher entspricht diese Fortbewegung dessen Gegebenheiten, doch die Leute finden es sonderbar, starren solch einen Reiter an und geben ihre Kommentare ab.

Die Droschkenkutscher etwa sagen etwas wie: „Ha, was für ein prächtiges Pferd!" Die Kinder klatschten in die Hände und rufen: „Ein Cowboy, ein Cowboy!", und die leicht zu erschreckenden älteren Damen: „Huch! Na so was! Der wird am Ende noch mit einem Auto zusammenstoßen!" Die jungen Mädchen hingegen halten die Hände vor den Mund und kichern leise.

Aber was die Leute auch machen – wie ein Cowboydarsteller im Film achtet der Reiter nicht im Geringsten darauf und trabt unbewegten Gesichts weiter. Ja, so etwas passiert manchmal in unserer Stadt.

Wenn man zu weit davon entfernt ist, wird auch ein Gegenstand mit klaren Umrissen vor unserem Auge unscharf. Analog dazu wird auch ein kräftiges Herzklopfen, das lange zurückliegt, leise und schwach. An einem Nachmittag, an dem wir zusammen gesessen und uns unterhalten hatten, sagte er plötzlich: „Was ist? Hast du keine Lust dich zu unterhalten? Langweile ich dich? Dann gehe ich eben ...!", stand auf und ging fort. Daran erinnere ich mich zwar noch gut, aber ob mir die Unterhaltung damals wirklich langweilig geworden war oder ob ich das nur vorgegeben hatte, daran kann ich mich nicht mehr erinnern. Aber wenn ich mich jetzt mit ihm unterhalten könnte, gäbe ich nicht vor, gelangweilt zu sein.

Obwohl wir uns mit vergifteten Blicken angesehen hatten, wenn wir uns begegneten, betrachten wir einander in meinen Träumen mit angenehmen Gefühlen. Auch deshalb liebe ich meine Träume. In der realen Welt sind unsere Augen voneinander getrennt, unsere Schritte sind weit auseinander gegangen, und unsere Herzen lösen sich voneinander, denke ich.

Jedes Jahr, wenn an einem von feuchtem Nebel verhüllten Dezembermorgen wieder der Geburtstag meines Liebsten gekommen ist, bitte ich darum, dass es ein glücklicher Tag für ihn wird. Wer kann schon sagen, ob ihm nicht, während ich so für ihn bitte, jemand einen Kuss zum Geburtstag gibt?

Wie die Zeiten sich auch ändern… unsere kleine Stadt, in der wir zwanzig Jahre lang beide gewohnt haben und erwachsen geworden sind, hofft, dass wir zwei, ihre Kinder, die ans nördliche und ans südliche Ende von Myanmar verschlagen wurden, wieder auf ihrem Boden miteinander reden und miteinander lachen können. Die schlichte, ehrliche Stadt, die wir beide so lieben.

Obwohl der wichtigste Wirtschaftszweig unserer Stadt der Handel ist und die größte Gruppe der dort lebenden Menschen die Erdölarbeiter sind, weiß ich kaum etwas über Erdöl. Mir ist bekannt, dass man Holzhäuser damit anstreicht, um sie abzudichten. Dass die Leute damit Fußböden polieren, damit sie glänzen. Dass es ein äußerst wertvoller Brennstoff ist. Und ich erinnere mich, dass, wenn keines erhältlich war, um damit abends Licht zu machen, wir teure Kerzen kaufen und in viereckige Glaslaternen stellen mussten, um sie vor dem Wind zu schützen.

Obwohl ich also nicht viel über das Öl weiß, erinnere ich mich doch gut an die Ölarbeiter. Nachmittags, wenn sie von der Arbeit zurückkamen, konnte man eine große Gruppe von Schutzhelmen durch die Straßen unserer Stadt wandern sehen. Wenn man von der oberen Straße aus darauf blickte, konnte man nur erkennen, dass sich glänzende Helme bewegen. Erst wenn sie langsam näher kamen, sah man auch Gesichter, dann Hälse und schließlich Körper.

Was den Anschein erweckte, als ob blaue Arbeitsoveralls unter dem Metallschimmer vor und zurückwogten, waren in Wirklichkeit zu ihrer Schicht gehende und von der Arbeit heimkehrende Arbeiter. Zur Zeit des Schichtwechsels sammelte das ganze Blau sich dann auf langen Lastwagen mit dem Emblem der Erdölwerke, ohne Verdeck und Seitenplanken, um in die Stadt gefahren zu werden.

Obwohl in meinen Träumen von der Stadt neben meinem Liebsten auch ihre Gesichter vorkommen, sind sie nie sehr deutlich.

Ich erinnere mich nur noch daran, dass im Traum die glänzenden Metallhelme sich alle an einem Ort sammeln, in den sie sich hineindrängen. Und dieser Ort ist eine Grube.

Manchmal waren meine Familie und ich wieder in der Zeit von Thakhin Bo Hla Gyi, der die Erdölarbeiter in den Streik gegen die britischen Kolonialherren geführt hatte. In einer kleinen, krummen Hütte saßen wir dicht um ein Feuer gedrängt, weil es so kalt war. Meine kleinen Schwestern lernten im Schein des Herdfeuers. Sicher würde meine häufig an Husten leidende Mutter wie ich nachts zwischendurch aufwachen. Wenn ich nachts aufwachte, war immer ihr Husten zu hören, nahe bei mir, oder weiter weg.

Wenn ich aus der Ferne meine Mutter herbeisehnte, war mir, als ob ich das Feuerzeug ein-zweimal klicken hörte. Dann erschien mir das Bild meiner betagten Mutter, wie sie auf dem Bauch liegend, auf die Ellbogen gestützt, eine Zigarre der Marke „May Hla Shin" paffte.

Mutter, die immer, wenn ihre Kinder sie baten, nicht so viel zu rauchen, heiter mit „Ja, ja…" zuzustimmen pflegte, wird bestimmt über mich, ihre viele Meilen entfernte Tochter, nachdenken, während sie nachts den gedämpften Geräuschen der Stadt lauscht.

Einige Städte sinken nachts still in tiefen Schlaf. Aber unsere Stadt ist auch nachts mit leisen Geräuschen immer in sachter Bewegung. Man hört die Geräusche der Maschinen, der Fahrzeuge, die Gerätschaften und Ersatzteile transportieren, der Lastwagen, die zur Zeit des Schichtwechsels die Arbeiter nach Hause bringen, die Stimmen der auf den Bohrtürmen arbeitenden Arbeiter, die sich gegenseitig etwas zurufen, die Geräusche der Förderpumpen an den Ölquellen, man hört das Klappern der Webstühle aus der Textilfabrik oder die Geräusche der Generatoren aus dem städtischen Elektrizitätswerk, die Maschinen der Reparaturwerkstätten, Rufen und Laufen aus den verschiedenen Sperrbezirken, oder manchmal auch vom Ufer des Ayeyarwady her die Signalhörner abfahrender Öltanker.

Obwohl wir Einwohner der Stadt schlimme Nachrichten von der Explosion einer Ölquelle oder über von den Bohrtürmen gestürzte Arbeiter oft zu hören bekamen, waren wir jedesmal untröstlich betroffen, wenn jemand sein Leben verloren hatte.

Eine weitere Art von Grauen hing mit den Autos zusammen.

Während es in anderen Städten weit öfter zu Zusammenstößen zwischen zwei Autos oder mit Personen kommt, sind in unserer Stadt Fälle, in denen ein Fahrzeug abstürzt und sich überschlägt, sehr häufig. Wie es auf abschüssiger Strecke vorkommt, dass einem Wagen die Bremsen versagen und er den vor ihm liegenden Abhang herunterstürzt, passiert es ebenso oft, dass der Motor an der Steigung ausgeht und das Fahrzeug rückwärts in den Abgrund rollt. Oder sie prallen an einer der steilen Kurven auf und überschlagen sich seitlich. Wo auch immer sie abstürzen – was hinterher geborgen wird, kann man nicht einmal mehr Fahrzeug nennen – Räder, Karosserie, alles auseinandergerissen. Die Brücke, die die beiden gegenüberliegenden Abhänge miteinander verbindet, ist Teil der Hauptstraßen der Stadt. Das Tal unter der Brücke ist gefüllt mit kleinen Häusern. Eines Tages – es mag vielleicht fünf Jahre her sein – saß in einem dieser Häuser eine Familie am Esstisch. Ein Fahrzeug rollte zurück und stürzte ab. Was für ein grauenhaftes, schreckliches Ereignis wie in einem Alptraum: Die ganze Familie wurde von dem herabstürzenden Auto erschlagen und bis zur Unkenntlichkeit zermalmt. Unvorstellbar. Wenn man sieht, wie heute die Leute wieder sorglos in ihren Häuschen unter der Brücke leben, können einem schon Zweifel kommen. Die Kraft, vor der Gefahr die Augen fest zu verschließen, scheint eine besondere Eigenschaft der Menschen aus dieser Stadt zu sein.

So, wie sie die Gefahr zu ignorieren pflegen, nehmen sie auch Verwunderliches gelassen auf sich.

Geduldig fahren wir mit den klapperigen alten Bussen, die innerhalb der Erdölstadt verkehren. Obwohl wir uns in diese Busse hineinquetschen müssen wie die Ölsardinen, so dass man nicht einmal mehr richtig atmen kann und hinterher ganz geschafft ist, verdirbt uns das nicht die Laune. Leute, die dich an dicht stehen oder auf Säcken mit Reis oder Chili hocken, können plaudernd den Lärm des Motors und der gegeneinander klappernden Karosserieteile ohne weiteres ignorieren. Wie müde Grashüpfer kommen die nur stoßweise zu bremsenden Busse quietschend oft noch vor der eigentlichen Haltestelle zum Stehen und setzen sich auch beim Anfahren nur träge wieder in Bewegung. Die Jungen, die hinten auf dem Trittbrett fahren, sind daran gewöhnt und rufen dem Fahrer „Fahr los, Meister!" zu, wenn alle aus- und eingestiegen sind, winken im Vorbeifahren Bekannten zu oder rufen ihre Namen, wenn sie keine Hand freihaben.

Die Mädchen und Schülerinnen aus unserer Stadt kleiden sich nach hiesiger Tradition schlicht und anständig. Da sieht man bunte Polohemden mit Schriftzügen darauf – wie in den Magazinen. Man sieht weite Blusen, geschneidert aus dem weichen, dünnen Stoff, wie er auch in den Großstädten modern ist. Wenn man aus den an die Wände geklebten Plakaten auf den in einer Stadt beliebten Kleidungsstil schließen kann, ist unsere Stadt schlicht und altmodisch. Denn da hängen immer noch die alten Plakate mit den Gesichtern thailändischer Filmschauspielerinnen. Einige Phoebe-Cates-Poster kann man hier und dort auch sehen. Aber unsere Stadt kennt keine Nastassja Kinski und auch keine Isabella Rosselini.

Die Jugendlichen aus unserer Stadt mögen – wie die meisten myanmarischen Jugendlichen – am liebsten oberflächliche Actionfilme, bei denen man nicht viel nachdenken muss.

Wenn das Mya Sein Yaung Kino, das oft ausländische Filme zeigt, chinesische Kung Fu Filme, japanische Karatefilme, indische Bollywoodfilme oder einen James Bond bringt, drängen sich die Leute danach, und es reicht nicht, dass wie üblich am Abend zwei Vorstellungen gegeben werden. Selbst bei vier Vorstellungen am Tag können solche Filme über viele Tage und Wochen laufen, und der Kinosaal ist immer noch voll.

Filme wie „Julia" oder „Am Wendepunkt" wurden dagegen zur ein-zwei Tagen gezeigt und dann abgesetzt.

Wenn man am Musikladen vorbei geht, hört man immer dieselben alten Lieder. Lieder wie *„Le'thi sou'ma la? Le'wa pyan ma la?"* oder *„Pyan pei to ma sin hsa ne…pyan pei to"* – als ich das letzte Mal dort hingefahren bin, konnte mir selbst meine dreijährige kleine Nichte schon diese Lieder vorsingen.

Ich weiß nicht warum, aber ich träume immer wieder von dieser schlichten, ergrauten, eigentlich langweiligen Kleinstadt.

Manchmal begegne ich im Traum vertrauten Gesichtern, aber kenne die Menschen nicht, und manchmal muss ich jemand anlächeln, der mich herzlich grüßt, obwohl es mir vorkommt, als ob ich sein Gesicht noch nie gesehen hätte.

Wenn die Geräusche und Schatten der Stadt mich sanft entführen, gelange ich im Traum wieder in diese Stadt, die ich vermisse.

Einmal …

Mein Vater kniet vor dem Hausaltar, das rote Buch mit der Thiri Mingala Sutta in der Hand, und rezitiert den buddhistischen Text. Mutter hat eine Kopfkissenhülle über ihren Stickrahmen gespannt, um kleine Blüten hineinzusticken, und meine jüngeren Schwestern schreiben mir einen Brief.

„Liebe Schwester Win, wenn du uns das nächste Mal besuchst, bring uns bitte das Buch ‚Eine Nacht im Sommer' mit, ja?", schrieben sie.

Die Häuser in meinem Traum sehen aus wie vor zwanzig Jahren. Auf der sandigen Fläche in der Mitte der Stadt gibt es einen Flohmarkt und abends einen Nachtmarkt. Ein kleines Mädchen in einem roten Kleid zieht seine Mutter an der Hand zu den Süßigkeitenständen hin und zeigt mit dem Finger auf verschiedene Leckereien, um die es seine Mutter anbettelt. Die Kinder, die dort rutschen und auf der Wippe spielen, sind meine Geschwister und ich.

Die Samstagspagode am Südwestende der Stadt sieht so aus wie früher. Von klein auf bin ich oft zu dieser nahe unserem Haus gelegenen Pagode hinaufgestiegen, weil es so schön war von dort oben aus über die ganze Stadt hinweg zu sehen. Wenn der Wasserstand anstieg, waren beim Anleger am Ufer unterhalb der Pagode viele Motorkähne, kleine Boote, Arbeiter, die die Kähne be- und entluden sowie einige Reisende zu sehen. Als Kind freute ich mich, ihre Gesichter zu sehen, auch wenn ich sie nicht kannte.

Als in meinen Traum der Geruch der hübschen Niemblüten eindringen, die damals, als ich Schülerin war, so geduftet hatten, war ich immer noch wie benebelt. Das Schulgebäude ist noch nicht, wie heute, aus Ziegeln, sondern aus Holzbalken und Bambusmatten gebaut und verströmt einen intensiven Holzgeruch. Dieser Klassenraum ist der der Klasse 9G, an die ich oft zurückdenke. In meiner ganzen Schulzeit war das Jahr in dieser Klasse die schönste Zeit. In meinem Traum gilt unser Raum auch wieder als „Klassenzimmer der unartigen Jugend". In Wirklichkeit besteht die Schuld unserer Klasse wohl darin, dass sie zu fröhlich ist. Schule schwänzen, den Klassenraum während des Unterrichts heimlich durch ein Fenster verlassen, auf die Niembäume in der Umgebung klettern, heimlich während des Unterrichtes essen und dass die ganze Klasse regelmäßig vergisst, die Mathematikaufgaben zu machen – das sind die fröhlichen Ungezogenheiten, deren die Neuntklässler sich schuldig machen. Die Frische dieses unschuldigen Alters, in dem wir gar keine Zeit hatten, gegenseitig auf unsere Bildung, Besitztümer, Eltern oder unsere Kleidung neidisch zu sein, weil wir zu sehr damit beschäftigt waren, von den Lehrern unbemerkt Liedtexte voneinander abzuschreiben oder heimlich Süßigkeiten zu essen, vermisse ich heute.

Die liebenswerten Neuntklässler von damals sind heute vielleicht gar nicht mehr in der Stadt.

Nur in meinem Traum funkeln die silbern angestrichenen Metallkessel auf unserem Berg. Die durcheinander über die Berge verlaufenden Ölpipelines und die eindrucksvoll hohen Bohrtürme sind auch ständig Teil meiner Träume.

Das protzig am Südrand der Stadt liegende große Gebäude ist das College, das ich nicht mehr besuchen konnte.

Meine Familie und die anderen Menschen in der Stadt gehen ihren gewohnten Tätigkeiten nach wie an einem ganz normalen Tag.

Nach kurzer Zeit trägt mich mein Traum an einen anderen Ort. Dort liegt der Geruch nachts duftender Blüten in der Luft. Während ich höre, wie eine Gitarre gestimmt wird, trifft mich eine Welle von Klängen. Woher wohl…? Woher kommen diese Klänge…?

Zuerst höre ich leise und undeutlich einzeln angeschlagene Saiten, scheinbar von weit entfernt. Dann höre ich die lauter und deutlicher werdende Melodie eines Liedes. Diese Töne sind nicht die gleichen wie in früheren Träumen. Es ist ein anderes Lied.

Wer kann das sein?

Im schwachen Mondlicht sehe ich eine Hollywood-Schaukel. Und der, der darauf sitzt und Gitarre spielt – das ist er, nicht wahr?

Er ist auch hier … Vielleicht ist er auch im Traum zurück in unsere Stadt gekommen.

Ohne dass meine Fußsohlen den Boden berühren, schwebe ich auf ihn zu.

„Dass ich dich verpasse … wenn ich von dir getrennt bin … so weit entfernt…"

„Oh…".

Als ob er meinen schmerzerfüllten Laut gehört hätte, bricht er mitten im Lied ab und starrt in die dunkle Leere. Sein im Licht des Mondes und der Straßenlaternen von den Strähnen seiner zerzausten Haare beschattetes Gesicht wirkt, als ob ihm nicht zum Lächeln zumute wäre. Ein Gesicht, als ob er am liebsten alles kurz und klein schlagen würde.

Ob sein Gesicht meinetwegen so aussieht?

Wegen des Ausdrucks von Bitterkeit auf seinem Gesicht werde ich wie ein Stück Abfall von dort fortgeweht und wache erschrocken auf.

Immer wieder sehe ich einen Schatten von Gelb. Des nachts in den Träumen … Tagsüber, unter meinen Blicken … Diese Farbe könnte die seiner Champakblüten sein, aber auch die der Rosen vor unserem Haus.

Von der Stadt, nach der ich Sehnsucht habe, weht ein Hauch von Gelb noch deutlicher herüber als die Gesamtheit der verschiedenen Gerüche.

Hässliche

Khin Khin Htoo

ပုံဆိုးမ

ခင်ခင်ထူး

Wie und warum meine Familie getrennt wurde, weiß ich nicht. Was ich weiß, ist, dass ich verdammt hungrig bin. Ich habe solchen Hunger, dass ich überall nach Essbarem suche. Aber auf der Hauptstraße, auf der ich gerade bin, fährt nur ein Auto nach dem anderen vorbei und zu essen gibt es nichts. Wenn ich mich nicht unbemerkt in eines der Häuser hineinstehle, werde ich nie etwas zu essen bekommen. An dieser Straße sind die meisten Häuser große Villen. Und da sie alle fest verschlossen sind, ist es für mich nicht einfach, hinein zu kommen. Aber während ich noch darüber frustriert bin, sehe ich, wie das Tor von einem Grundstück, aus dem ein Wagen herausgefahren kommt, offen steht. Ich laufe, drücke mich an die mit Metallspitzen bestückte Grundstücksmauer und sehe mich hastig um. Da niemand weiter in Sicht ist, laufe ich mutig auf das Grundstück, seitlich um das Haus herum und will gerade leisen Fußes zum Hintereingang, als …

„Wau … wau…"

Oh nein. Was habe ich mich erschrocken! So ein Herzklopfen… Als ich mich umsehe, wo das Bellen herkommt, sehe ich einen riesigen Hund. Mit gesträubtem Fell macht er Anstalten, sich wie ein Tiger auf mich zu stürzen und mich zu zerreißen. Aber er kann nicht. Anders als ich ist er nämlich nicht frei. Als ich erschrocken zum Ausgang laufen will, verliere ich die Orientierung.

„Blacky, warum bellst du denn so? Komm schon!" Mit diesen Worten taucht ein Junge auf.

„Oh, wo kommt der Hund denn her? Ein diebisches Vieh, he!" ruft er und sie verjagen mich. Ich finde das Tor wieder und nehme die Beine in die Hand. Der große Hund und sein lautes Gebell bleiben zurück. Vor lauter Schreck weiß ich nicht mal mehr, was eigentlich aus meinem Hunger geworden ist. Noch mal gut gegangen, weil der großen Hund angebunden war. Wäre er das nicht gewesen, hätte der mich gepackt und mir stückweise das Fleisch von den Rippen gebissen.

Als ich auf der anderen Straßenseite angekommen bin, höre ich, wie das Tor geschlossen wird, und jemand sagt: „Deshalb sollst du immer gleich zumachen, damit solche streunenden Köter hier nicht hereinkommen."

Als ich weit genug weg bin, setze ich mich in den Schatten eines Baumes und ruhe aus. So ein Hunger! Hier sitzen bleiben geht noch nicht. Ich sehe mir die Häuser in dieser Straße an – alles von Mauern fest umschlossene Anwesen. Unmöglich, da reinzukommen. Enttäuscht gehe ich geradeaus weiter.

Ha... na sieh mal an! Ein Restaurant! Da drinnen sind Leute, die essen und trinken. Warum ich nicht gleich daran gedacht habe, zu so einem Laden zu gehen...! Dass ich in das Anwesen von so reichen Leuten eingedrungen bin, hat doch nur dazu geführt, dass ich hinterher noch erschöpfter war. Nicht mal den Geruch von etwas Essbarem habe ich da abgekriegt. Während ich vor dem Restaurant auf und ab laufe, fange ich vor Freude an, mit dem Schwanz zu wedeln. Aber kein Schwein beachtet mich. Sie essen, trinken und lachen. Dass niemand mich bemerkt, ist ja vielleicht auch gar nicht schlecht. Heimlich schleiche ich mich in das Restaurant hinein. Oh... wie das duftet! Schwaden von herrlichen Gerüchen dringen in meine Nase. Das stillt schon beinahe den Hunger. Jetzt, da ich weiß, dass sie mich nicht beachten, laufe ich in den hinteren Teil des Gebäudes. Komme, was wolle.

Na, so was! In diesem Korb sind ja richtig viele Essensreste! Vor lauter Appetit läuft mir der Speichel schon in Fäden aus der Schnauze. Als ich mit den Vorderpfoten auf den Korb springe und endlich so richtig reinhauen will...

„He, Köter! So was Dreistes! Was wir für uns gesammelt haben, kommst du jetzt klauen, oder was?"

Der Junge, der im Restaurant arbeitet, kommt mit einem Knüppel in der Hand. Ich renne, was das Zeug hält. Trotzdem erwischt er mich einmal auf dem Rücken, einmal am Hintern. Neben dem

Hungergefühl habe ich jetzt auch noch Schmerzen und möchte schon verzweifeln.

Aber ich mache mich wieder auf den Weg. Jetzt bleibe ich nicht auf der Hauptstraße, sondern biege in die Seitengassen ab. Die Häuser hier sind klein und dicht aneinander gedrängt. Viele Gerüche liegen in der Luft. Vielleicht ist es, weil ich schon zu hungrig bin oder weil die Gerüche so verlockend sind – ich entschließe mich, in die Häuser zu schleichen und soviel Essensreste zu fressen, wie ich finden kann.

Entschuldigen Sie bitte – ich bin einfach zu hungrig… also schnell hinein in eines der Häuser und immer dem Geruch nach bis in die Küche. Auf die Hinterpfoten stellen und den Deckel des Kochtopfes mit der Nase wegdrücken, bis er runterfällt. Ich denke nicht mehr lange nach und schlinge hinunter, soviel ich kann.

Während es mir gerade so richtig gut schmeckt, höre ich jemanden schreien.

„Hah! Da frisst ein Köter von unserem Curry! Hau drauf! Macht schnell, einer macht da zu, der andere dort! Lasst ihn nicht entkommen!“, rufen sie und gehen auf mich los. Knüppel und Ziegelsteinbrocken sausen wie Hagel auf mich herab. Ausweichen ist überhaupt nicht möglich. Als ein Stück Ziegelstein mitten auf meine Stirn trifft, fließt nach allen Seiten das Blut herunter. Tut das weh! Laut jaulend kann ich schließlich flüchten.

Keine Ahnung, zwischen welchen zwei Rippen das bisschen, das ich gefressen habe, klemmt. Vor lauter Schmerz fangen mir die Tränen an über die Schnauze zu laufen.

„Ach, mir gelingt es nicht mal mehr, meinen leeren Bauch zu füllen! An der einen Stelle wird man geprügelt, an der anderen beworfen – schlimm ist das“, denke ich und muss weinen. Weil meine Wunden so wehtun, ist mir sogar der Hunger vergangen. Mit schleppenden Schritten trotte ich weiter. Plötzlich umringt mich eine Gruppe von Feinden. Ein ganzes Rudel von knurrenden und die Zähne fletschenden Hunden folgt mir. Ich strenge mich an, schneller zu laufen. Vor mir taucht noch eine zweite Gruppe Hunde auf. Wo soll ich denn jetzt hin? Ich muss weglaufen, sonst könnte es hier und jetzt vorbei sein mit mir, wenn die von allen Seiten an mir zerren und sich festbeißen.

„Lauf! lauf!", feuere ich mich selber an und renne, so schnell ich kann. Aber ich werde sie nicht los. Von allen Seiten beißen sie nach mir. Ich jaule so laut ich kann, aber wehren kann ich mich nicht. Weil ich zu sehr jaulen muss, verwandelt sich meine Stimme in ein schrilles Quietschen.

„He, Hunde! Ah, alle beißen diese Kleine da. Weg da! Haut ab! Haut ab!"

Vielen, vielen Dank. Dem Menschen, der all die anderen Hunde verjagt hat, möchte ich wirklich danken. Diese Hunde, die mir gegenüber ihre Übermacht ausgenutzt haben, haben doch glatt übersehen, dass es da jemanden gibt, der noch mächtiger ist als sie. Na, das sind aber auch wirklich Hunde! Jetzt ist ein Mensch auf meiner Seite. Vertrauensvoll sehe ich zu ihm auf.

„Hau ab! Und hör auf zu jaulen. Ich kann's nicht mehr hören."

Oh ... Menschen sind seltsam – mal so und mal so. Eben hat er mir noch geholfen, jetzt verjagt er mich. Schwankend muss ich davonlaufen. Das ist besser so. Wäre unangenehm, wenn der mir noch einen Tritt verpasst. Also muss ich wieder weiterlaufen. In meinen Bauch habe ich auch noch nichts Vernünftiges hineinbekommen. Der ganze Körper schmerzt. Von meiner Stirn tropft noch immer Blut. Und langsam wird es schon dunkel. Obwohl ich großen Hunger habe, traue ich mich nicht mehr, irgendwo hineinzugehen, um etwas zu essen zu suchen. Und völlig erschöpft bin ich auch. Unter einer Straßenlaterne rolle ich mich zusammen. Nur gut, dass die Laterne keinen Strom hat. So sieht mich wenigstens keiner so schnell.

Aber es dauert nicht lange, da kommt ein Betrunkener. Aus Angst, er könnte auf mich treten, wenn er näher kommt, tue ich, als ob ich nach ihm schnappe.

„Hah ... Hund! Da!" Er nimmt einen Stein und wirft nach mir. Aber ich habe Glück. Weil er betrunken ist, trifft er nicht. Wäre er nüchtern gewesen, hätte ich sicher den Stein an die Brust bekommen.

Während ich langsam weiterlaufe, komme ich auf einen großen Damm. Oben halte ich kurz an, sehe Menschen und Hunde und flüchte mich schnell in eine Grube am Fuß des Dammes. Dass ich dort ein paar nicht eingezäunte Häuser sehe, macht mir wieder etwas Mut. Inzwischen ist es auch schon ziemlich dunkel geworden.

Wenn ich ehrlich sein soll, bin ich zwar hungrig, aber fressen möchte ich doch lieber nicht. Wenn ich etwas fresse und dafür dann noch mehr Schläge abbekäme, könnte ich das jetzt nicht mehr aushalten. Deshalb schleiche ich mich in eine ziemlich abgelegene kleine Hütte und krieche unter ein Bett. Weil die Kinder dort laut sind, bekommt keiner etwas davon mit. Sie würden mich auch gar nicht bemerken, denn sie sind gerade dabei, auf einem Holzfeuer ihr Abendessen zuzubereiten.

Erschöpft wie ich bin, schlafe ich unter dem Bett gleich ein. Aber wegen des Klapperns von Schüsseln und Löffeln wache ich wieder auf. Oh... da neben den Kindern liegen Reisklumpen und Knochen auf dem Boden. Da spüre ich meinen Hunger wieder. Aber ich traue mich nicht heraus. Die Angst, geschlagen zu werden, ist größer als der Wunsch zu fressen. Also bleibe ich still zusammengerollt unter dem Bett liegen. Und weil mir alle Glieder schmerzen, möchte ich mich auch nicht mehr bewegen. Gerade als ich meinen Kopf wieder auf den Boden sinken lasse, fällt ein Knochen nicht weit von mir auf den Boden. Was soll ich sagen – ich kann natürlich nicht anders als ihn mir zu schnappen.

„He, guck mal da! Ein Hündchen!"

„Komm, komm! Hier, hier nimm!" Die Kinder rufen mich heran und legen Reisklumpen vor mich hin auf die Erde, wo sie sitzen. Ich traue mich nicht recht zu fressen.

„Oh, die blutet ja." Die Kinder sammeln sich um mich und besehen meine Wunde.

„Die arme. Wer hat sie denn bloß so geprügelt?"

„Ja, genau. Papa, Papa! Hier ist eine kleine Hündin, Sie blutet!", ruft eines der Kinder und ein Erwachsener kommt in meine Nähe. Als ich vor lauter Angst gerade aufspringen und weglaufen will, berührt er meinen Kopf. Mitleidig wischt er mir mit einem feuchten Tuch das Blut ab.

„Sieh mal. Wer prügelt denn einen Hund so?! Das sind doch Unmenschen!"

Die Kinder häufen Reis aus der Schüssel vor mir auf. Ich traue mich nicht zu fressen und sehe zu dem Erwachsenen hoch.

„Friss nur, friss. Du hast bestimmt Hunger, oder?"

Ah … träume ich? Das ist doch nicht möglich. Ein Mensch, der Mitleid hat mit mir, die ich den ganzen Tag lang nur weglaufen musste? So was gibt es doch nicht. Ich bin traurig, so traurig, dass ich nicht einmal mehr fressen mag. Ich flüchte wieder unter das Bett.

„Die Arme, mag nicht einmal mehr fressen."

Vor meinem inneren Auge sehe ich große Villen, Restaurants und große Hunde die sich als Herren der Straße aufspielen wollten. Und dann, die Menschen, die ich getroffen habe, die Familie, die Mitleid mit mir hat. „Menschen sind schon ziemlich verschieden, was?", geht es mir noch durch den Kopf.

Am nächsten Morgen kommen die Kinder und streicheln mich. Vielleicht, weil ich die ganze Nacht ruhig durchgeschlafen habe? Weil ich mich sicherer fühle? Ich bin frisch und erholt. Ich schlappere das Abgießwasser vom Reis, das sie mir geben, bis ich richtig satt bin.

„Papa, wir behalten sie doch, oder?"

„Na, wenn sie will, kann sie ja bleiben. Reiswasser haben wir genug."

Bin ich glücklich! Das sind meine ersten Herrchen. Ich lecke sie mit der Zunge, reibe meinen Kopf an ihnen, wedele mit dem Schwanz, hocke mich vor ihnen hin und mache „Männchen".

„Ist die nicht lieb? Aber hässlich ist sie."

Ja, hässlich bin ich wirklich. An manchen Stellen fällt mir das kurze, struppige Fell von der Räude aus. Unregelmäßig schwarz und weiß gefleckt bin ich. Meine Ohren sind kurz und mein Gesicht sieht rund und geschwollen aus. Nein, hübsch anzusehen bin ich nicht.

„Papa, lass uns ihr einen Namen geben."

„Na, so ein hässlicher Hund – nennt sie doch „Hässliche" …. Hahaha… ".

Sieh mal an. So ein Glück… diebisches Vieh, streunender Köter rufen die Menschen hinter mir her, und jetzt nennt Herrchen mich „Hässliche".

„Hässliche."

Ich freue mich so sehr! Das ist wirklich toll. Ich habe ein Herrchen. Einen eigenen Namen. Und einen eigenen Fressnapf. Ich brauche nicht mehr hier und da Essen zu stehlen, um durchzukommen. Nein, ich stehle nie mehr.

Ihre Siedlung unterhalb des Dammes ist nicht umzäunt oder von irgendetwas begrenzt. Ich kann frei laufen, wohin ich will, und jemanden, der mich angreifen würde, gibt es auch nicht. Die Hunde beißen sich nicht gegenseitig. Wir halten alle zusammen, ohne Unterschiede. Und aus dem Topf welches Hundes auch immer man frisst – niemand knurrt einen an, wirft etwas nach einem oder schlägt einen. Ich bin ja schon zufrieden, wenn ich Reiswasser trinken kann, bis mein Bauch voll und satt ist.

Die Familie meines Herrchens habe ich inzwischen sehr lieb gewonnen und sie vertrauen mir. Ich gehe mit und passe dort auf, wo Herrchens Kinder spielen oder baden gehen. Die Kinder hängen auch sehr an mir.

„Hässliche! Hässliche!" Als ich mein Herrchen rufen höre, renne ich zu ihm. Herrchen fasst in seine Schultertasche und holt etwas heraus … oh, Rinderknochen!

„Friss schon, Hässliche. Die habe ich auf dem Markt für dich eingesammelt."

Herrchen und seine Familie, die es so gut meinen mit mir, werde ich mit meinem Leben verteidigen, gelobe ich mir still, während ich die Rinderknochen fresse.

Aber, in Wirklichkeit gibt es doch so viele Dinge, an denen ich überhaupt nichts ändern kann. Wenn Herrchens Familie keinen Reis mehr hat und die Kinder vor Hunger weinen, kann ich überhaupt nichts dagegen machen. An den Tagen, wo ich selbst kein Reiswasser zu trinken bekomme, tut mir Herrchens Familie Leid, und ich bin traurig. Und, während ich so traurig bin, kommt unerwartet etwas, das mir das Herz bricht: Herrchens Familie muss umziehen. Die Häuser der Siedlung, wo sie wohnen, werden abgerissen.

Herrchen, werdet ihr mich mitnehmen? Bitte, lasst mich nicht zurück. Obwohl ich mich an Herrchens Beinen reibe, kann er mir keine Aufmerksamkeit widmen. Er arbeitet verbissen, um alles zu schaffen, was er tun muss. Ich mache mir solche Sorgen. Aufgeregt laufe ich hin und her. Niemand scheint mich zu beachten.

Oh… Ein großer Lastwagen kommt, um die Sachen von Herrchens Familie aufzuladen. Die Erwachsenen laden Dinge auf den Lastwagen und schleppen alles heran. Ich drücke mich an die Kinder, die mich umarmen. Hemmungslos lecke ihre Hände, Füße und Wangen ab.

„Kinder, steigt auf den Laster! Oh, Hässliche…"

Herrchen hat mich bemerkt. Ich gehe hin, hocke mich vor ihn und mache Männchen. Lecke seine Füße mit der Zunge ab. Kratze mit meinen Vorderpfoten an Herrchens Bein. Natürlich sage ich ihm damit „Nimm mich mit, Herrchen"!

Aber Herrchen sieht nur mit gehetzten Blicken zu seinen Kindern herüber.

„Papa, nehmen wir Hässliche nicht mit?"

Herrchen atmet tief ein und seufzt. „Oh, Hässliche. Wir wissen doch selber noch nicht, wo wir bleiben sollen. Wenn wir etwas gefunden haben, kommen wir dich auch holen. Lauf nicht weg von hier, hörst du?"

Sie werden mich also hier zurücklassen. Werden mich nicht mitnehmen. Ich weiche nicht von seiner Seite und kratze mit den Pfoten an Herrchens Beinen. Als er auf den Lastwagen klettert, kann ich ihm nicht folgen. Der Wagen fährt ab. Ich renne hinterher.

„Hässliche, bleib hier. Die Hunde aus der Siedlung da vorne werden dich noch beißen!"

Wegen der vom Lastwagen heruntergerufenen Worte meines Herrchens bleibe ich stehen. Ach, Herrchen kümmert es also, dass die Hunde in der nächsten Siedlung mich beißen könnten. Traurig und missmutig stehe ich da. Gerade noch rechtzeitig springe ich zur Seite, um einem anderen Lastwagen auszuweichen, der vorbeifährt. Auf dem Wagen fahren die Herrchen von Aung Net.

Ob Aung Net mitgefahren ist? Oder auch zurückgelassen wurde? Um das zu erfahren, renne ich zurück zu unserer Siedlung. Aung Net, Toe Pwa, Waing Lone … sie alle sind zurückgelassen worden, sie alle laufen wie ich auf der leeren Fläche herum.

Um mich herum gibt es nur noch Hunde mit dem gleichen Schicksal, Ratten, die aus ihren Löchern heraussehen und sich gleich wieder zurückziehen, und die große, weite Fläche, auf der nichts mehr ist. Wann mein Herrchen mich wohl holen kommt?

Ein Sitzplatz

Lai Twin Thar Saw Chit

နေရာလေးတစ်နေရာ

လယ်တွင်းသားစောချစ်

Die Bahn kam. Maung Kyaw schloss das Buch, in dem er gelesen hatte, und steckte es in die Tasche. Er musste jeden Tag von Mingaladon mit der Stadtringbahn in die Innenstadt zur Arbeit fahren. Meistens musste er morgens und abends in der Bahn stehen.

Heute aber hatte er sich besonders angestrengt: Da man am Hauptbahnhof kaum einen Sitzplatz bekam, war er bis zur entfernteren Station „Pagodenstraße" gelaufen, wo die Bahn noch vor dem Hauptbahnhof hielt.

Der Zug fuhr ein. Maung Kyaw wartete nicht auf dem Bahnsteig, wo die meisten Leute einsteigen wollten. Dort kam man nur schwer durch das Geschiebe der Ein- und Aussteigenden hindurch, und es dauerte zu lange, bis man im Zug war. Und wenn er zu spät in das Innere des Zuges gelangte, würde er auch keinen Platz mehr bekommen. Deshalb wartete er auf der anderen Seite des Gleises, wo es keinen Bahnsteig gab. Einige andere hatten die gleiche Idee gehabt. Aber so viele wie auf der Bahnsteigseite warteten hier nicht.

Um seine Chancen zu verbessern, wagte er sich vor, griff, noch bevor der Zug gehalten hatte, nach der Geländerstange des Einstiegs und schwang sich hinauf. Als der Zug zum Stehen kam, war er schon oben. Die anderen begannen erst jetzt zu drängeln und sich in den Zug hineinzuzwängen. Mit seinen Augen suchte er hastig das Abteil nach einem freien Sitzplatz ab. Es waren genau so viele Menschen wie Sitzplätze im Zug. Er war der einzige, der stand. Zwar waren viele ausgestiegen, aber dafür hatten sich die Leute, die vorher gestanden hatten, noch vor ihm auf die freiwerdenden Plätze gesetzt.

Verdammt... So ein Mist. Wenn nur ein Platz übrig geblieben wäre, könnte ich jetzt einen sitzen.

Bald waren auch andere Leute in den Zug eingestiegen. Es waren viele geworden, die wie Maung Kyaw stehen mussten. Sie waren seine Konkurrenz. Er musste es schaffen, vor ihnen einen der Sitzplätze zu ergattern, die am Hauptbahnhof freiwerden würden. Das Gute war, dass viele Leute aufstehen und aussteigen würden, das Schlechte aber , dass es auch viele waren, die nur darauf warteten, einen Sitzplatz zu erobern. Wie auch immer, er war guter Hoffnung, am Hauptbahnhof einen Platz zu bekommen.

Er wollte unbedingt einen Sitzplatz. Wenn er einen Sitzplatz hätte … könnte er weiter in seinem Buch lesen, …könnte die am Fenster die vorbeihuschende Landschaft betrachten … könnte die anderen Passagiere studieren.

Von links würde die sinkende Sonne hereinscheinen. Rechts wäre also besser. Maung Kyaw stellte sich auf die rechte Seite des Waggons. Der Zug fuhr jetzt sehr schnell. Bald würden sie den Hauptbahnhof erreichen.

In der Nähe standen zwei alte Leute. Wenn der Zug durch die Kurven fuhr, stützte die Großmutter den schwankenden Großvater. Es war ein richtig netter Anblick. Aber nicht für Maung Kyaw: Wenn er hier stehen blieb, würde es ungehörig sein, sich einen Sitzplatz zu erkämpfen. Er würde den alten Leuten den Vorrang geben müssen. Er ging also an eine andere Stelle.

Kurz darauf standen zwei Leute auf, um am Hauptbahnhof auszusteigen. Die Großmutter und der Großvater hatten jetzt Sitzplätze. Einen Moment freute er sich für sie. Hier und dort stand jemand auf, um auszusteigen. Die jeweils in der Nähe stehenden Leute bekamen dann einen Platz. Aber von den Sitzplätzen in der Nähe von Maung Kyaw stand niemand auf. Maung Kyaw seufzte.

Als der Zug im Hauptbahnhof hielt, stiegen unzählige Leute in den Waggon ein und jeder suchte mit umherschweifenden Blicken, ob es nicht noch irgendwo einen freien Platz gäbe. Maung Kyaw fand es zum Lachen. Wo doch selbst er, der extra eine Station früher als diese Leute eingestiegen war, stehen musste. Der Waggon füllte sich, und es wurde immer enger. Jetzt gab es nur noch wenig Hoffnung auf einen Sitzplatz. In seiner Nähe entschuldigte sich ein Mädchen und setzte sich noch mit auf einen Zweierplatz. – Oh, …

Mädchen eben, die machen so was.

Maung Kyaw betrachtete die eng aneinander gezwängt sitzenden Mädchen. Hübsch waren sie. Könnten Sekretärinnen sein. Aber davon, dass er hübsche Sekretärinnen betrachtete, würde er auch keinen Sitzplatz bekommen. Wenn er dort stehen bliebe, wäre es hoffnungslos. Dort saßen sie zu dritt auf einem Platz. Er musste woanders hingehen. Langsam bewegte er sich durch den Waggon und stellte sich an eine andere Stelle. Jetzt war er auf der linken Zugseite, in der Nähe von zwei Dreierplätzen. Wenn von den sechs Leuten einer aufstehen würde, bekäme er einen Platz.

Als sie die Station Ma Hlwa Koun erreichten … „Ha! So ein Mist!"

In der Nähe der Stelle, wo er zuletzt gestanden hatte, waren zwei Leute ausgestiegen. Nicht nur die zu dritt auf einem Platz sitzenden Mädchen hatten jede einen Sitz bekommen, sondern auch ein anderer Mann, der in der Nähe gestanden hatte. Maung Kyaw war den falschen Plätzen nachgejagt.

Na ja, dann würde er eben an der Stelle stehen bleiben, wo er jetzt stand, und einfach darauf warten, dass ein Platz frei würde. Wenn er mal nach hier, mal nach dort ging, würde er nie einen Platz bekommen.

Ein, zwei, drei Stationen…

„Verdammt…!", murrte er im Geiste. An anderen Stellen standen Leute auf, und in der Nähe der frei werdenden Plätze stehende Menschen konnten sich setzen. Die sechs Leute auf den Sitzen in Maung Kyaws Nähe aber bewegten sich nicht von Fleck. Zwei von ihnen lasen in aller Ruhe.

Zwei Kinder, die bei der letzten Station zugestiegen waren, stellten sich neben ihn. Sie trugen grüne *Longyis* und weiße Hemden und schienen Geschwister auf dem Heimweg von der Schule zu sein. Ihre Haut war hell und ihre Gestalten kräftig. Der Junge war vielleicht zwölf, das Mädchen etwa zehn Jahre alt. Er schien sich um seine kleine Schwester zu kümmern und hielt sie an der Hand. Sie streckte ihm ein offenes Päckchen eingelegte Jujuben entgegen, als ob sie fragen wollte: „Willst du noch eine?". Er schüttelte den Kopf.

Maung Kyaw sah die beiden Kinder an und empfand spontan Zuneigung. Aber dafür war nicht der richtige Zeitpunkt. Schließlich wollte er einen Sitzplatz erobern. Und wenn jetzt in der Nähe jemand aufstehen würde, wäre es nicht gut, den Kindern den Platz wegzuschnappen. Er schob sich auf die rechte Seite des Zuges zurück, in die Nähe eines Zweierplatzes.

Als sie den Bahnhof von Kan-Pe erreichten …

„Oh nein …!" Das traf ihn schwer: Von den sechs Leuten, die sich vorhin kein bisschen vom Fleck gerührt hatten, waren drei aufgestanden und außer den beiden Kindern hatte auch ein anderer Mann einen Sitzplatz bekommen. Jetzt wollte er aber auch nicht mehr wieder auf die andere Seite zurückgehen. Jedes Mal, wenn er sich an eine andere Stelle begeben hatte, war es falsch gewesen.

„Ob ich nun noch einen Platz bekomme oder nicht – ich bleibe jetzt einfach an dieser Stelle".

Er blieb still stehen.

Bei der Station Yei-Ku stieg noch einer von den sechs Leuten aus, bei denen er vorhin gestanden hatte. Ein junger Mann, der gerade in der letzten Station zugestiegen war, setzte sich dort. „Hm, hat der ein Glück", dachte Maung Kyaw.

Die Leute, vor denen er jetzt stand, rührten sich nicht, als ob sie versteinert wären und Maung Kyaws Beine wurden müde vom Stillstehen. Wie schön wäre es, sich jetzt auf einen Sitzplatz fallen zu lassen.

Der Zug fuhr weiter.

Von weiter hinten hörte er das Wiehern eines Pferdes, den Ruf des Kuckucks und Gewehrschüsse. Auch Lachen war zu hören. Das war der Junge, der alle möglichen Geräusche imitierte und dafür Geld einsammelte. Maung Kyaw kannte ihn, hatte ihn schon oft in der Stadtringbahn gesehen. Er war ein guter Darsteller, hatte Sinn für Humor konnte ganz seriös die Menschen zum Lachen bringen.

Während Maung Kyaw sich umsah, kam plötzlich einer der Fahrgäste auf einem Platz in der Nähe in Bewegung.

„Was ist denn die nächste Station?", fragte der Mann, der sich bewegt hatte.

„Kyau' Yei-Twin", antwortete Maung Kyaw erfreut und voller Optimismus. Da drängte sich ein etwa fünfzigjähriger Mann in die Nähe.

Der Sitzende, der gefragt hatte, stand auf. Während Maung Kyaw ihm den Weg freigab, quetschte der Fünfzigjährige sich mit Gewalt vorbei und setzte sich auf den freien Platz. Maung Kyaw sah wütend zu ihm hinüber. Das ging aber nun wirklich zu weit.

Maung Kyaw hätte sich auch gerne hingesetzt. Aber sich anlegen wollte er nicht. Gierig sein macht einen schlechten Eindruck.

Er sah sich um. Der Junge, der die Geräusche imitiert hatte, war nicht mehr da. Während er sich um einen Sitzplatz bemühte, hatte er nicht mehr auf die Geräusche und das Gelächter geachtet.

Da Maung Kyaw nicht mehr neben diesem dreisten Menschen stehen wollte, ging er weiter nach hinten. Hier war er jetzt der einzige, der noch stand. Niemand war da, der ihm einen freiwerdenden Platz wegschnappen würde. Drei Stationen musste er noch fahren. In der Zwischenzeit würde bestimmt noch einer der in seiner Umgebung Sitzenden aufstehen. Und wenn er sich dann setzen könnte – sei es für eine Station oder auch nur eine kurzen Augenblick – das wäre ein Genuss.

In Kyau' Yei-Twin stand niemand auf. – „Hm, ... ob die ihr ganzes Leben im Zug verbringen wollen?" Maung Kyaw sah die Sitzenden an und war unzufrieden.

Erst in Wei-Bagi stieg dann einer aus.

Maung Kyaw hatte endlich einen Sitzplatz. Zufrieden lächelte er. Er stellte seine Tasche, die er in der Hand hielt, auf den Schoß und lehnte sich entspannt zurück. Als der Zug anfuhr, wehte ihm die Luft durch das Fenster entgegen. Sein schweißnasser Körper genoss die Kühle.

Tat das gut...

Sie ließen die grünen Bäume neben den Gleisen hinter sich zurück und überquerten die Brücke über den Bach, der die Bezirke Nord Okkalapa und Mingaladon voneinander trennte. Dann sah er Qualm, der aus einem hohen Schornstein aufstieg. Oh, der Yei-Wei Friedhof... Das war der Schornstein des Krematoriums. Dahinter lag die Station Mingaladon, wo Maung Kyaw aussteigen musste.

„Hhm." Maung Kyaw seufzte und stand auf. Wo er sich doch gerade erst hingesetzt hatte...

Die Bahn fuhr in den Bahnhof von Mingaladon ein. Maung Kyaw trennte sich von seinem Sitzplatz und stieg aus.

Die Stadtringbahn aber dreht weiter ihre Runden.

Maung Maung Thans Geschäftsidee

Ma Sandar

ကိုမောင်မောင်သန်း၏ စီးပွားရေး စီမံကိန်း

မစန္ဒာ

„Was hältst du eigentlich von Maung Maung Than?

Als Ma Lay so fragte, war Htway Htway um eine Antwort verlegen. Sie legte das Buch, das sie gerade las, sacht beiseite, blickte zu Ma Lay hinüber und versuchte, in ihren Augen zu lesen, was sie im Innern dachte.

„Er gefällt dir wohl, was?"

„Hm, direkt gefallen nicht", antwortete Ma Lay unbestimmt, während sie die duftenden Rosen in der Porzellanvase auf dem Tisch unverwandt betrachtete.

„Ha, ha, das sagst du nur, weil er dir gefällt. Wäre das nicht so, würdest du doch wohl: ‚So ein Quatsch!' sagen. Stimmt's?"

Als Htway Htway, wie es ihre Art war, so herausplatzte, schien Ma Lay verlegen zu werden. Verstohlen warf sie Htway Htway einen schrägen Blick zu und lächelte.

Von diesem Zeitpunkt an war Htway Htway klar, dass Ma Lay Maung Maung Thans Antrag akzeptieren würde.

Obgleich leibliche Schwestern, war Ma Lay viel, viel schöner als Htway Htway. Dem Vater ähnlich war Htway Htways Haut dunkel und ihre Figur stämmig. Nicht nur waren die Linien ihres Gesichtes hart, auch ihre Stimme klang scharf. Von Natur aus durchaus nicht hässlich, war einfach ihre Schönheit nicht erblüht. Ma Lay aber, die nach der Mutter kam, hatte weiße Haut, und ihre Körperhaltung war grazil. Ihr Gesicht war sanft und lieblich. Mit ihrer ruhigen Stimme vermochte sie es, sich in das Ohr des anderen zu schmeicheln, wenn sie sprach.

„Nur ein einziges berauschendes Liebesbriefchen würde ich mir mal wünschen", lachte Htway Htway, während zur gleichen Zeit

Bewerber reihenweise um Ma Lays Liebe warben. Nicht nur die jungen Männer, auch Htway Htways Freundinnen pflegten zu sagen: „Wenn ich nur ein Mann wäre, würde ich um sie werben, sie zu bekommen".

„Maung Maung Thans Liebe werde ich annehmen."

Als Ma Lay das sagte, war Htway Htway nicht überrascht. Dennoch stieg ein besorgter Gedanke in ihr auf : „ Ob das wohl gut gehen wird?"

So wie Ma Lay viel schöner war als Htway Htway, so waren auch ihre Lebensziele weit höher gesteckt. Htway Htway war ein Mensch, dem ein Buch, eine Matte, ein Kopfkissen und eine gemütliche Ecke genügten, um ihr Leben als vollkommen anzusehen. Ma Lay aber sagte stets: „Das Morgen muss vollkommener sein als das Heute. Besser als mein eigenes Leben muss das meiner Söhne und Töchter sein."

Maung Maung Than war Arzt. Tüchtig oder nicht, das wusste Htway Htway nicht sicher, ehrlich aber war er. Dass Ehrlichkeit und Reichtum selten Hand in Hand kommen, müsste Ma Lay genauso gut wissen wie sie, dachte Htway Htway. Außerdem war Maung Maung Than zwar Arzt, aber keiner der reichen Familien. Nicht ein Arzt mit Luxusauto, wie er in manchen Liebesromanen vorkommt, sondern ein ‚Arzt von der Bushaltestelle'. Bis er einen eigenen großen Wagen fahren könnte, würde es auch noch ziemlich lange Zeit dauern, da er der älteste von zahlreichen Geschwistern war.

„Maung Maung Than ist nicht reich, obwohl er Arzt ist, nicht wahr?"

Als Htway Htway so sprach, lächelte Ma Lay.

„Seine familiäre Situation und seine finanzielle Lage sind mir bekannt, Htway Htway. Dafür, dass es wirtschaftlich aufwärts geht lässt sich sorgen."

Solche Worte von Ma Lay zu hören, überraschte Htway Htway, hatte sie doch gedacht, dass Ma Lay sich eher von ihrem Verstand leiten ließe als von ihren Gefühlen.

„Liebe aber lässt sich nicht erzwingen, Htway Htway."

Ma Lay lächelte verschämt. In ihren Wangen stieg ein rosenroter Schimmer auf, und ihre sanften Augen strahlten lebhaft. Vom Widerschein der Liebe überhaucht, war Ma Lays Gesicht noch schöner als sonst.

„Ma Lay, sei mir nicht böse, ich dachte, du hättest ein kleines Herz und einen großen Verstand."

Als Htway Htway sprach, als ob sie sich entschuldige, kniff Ma Lay ihr liebevoll in die Wange und lachte herzhaft.

„Versuche mein Herz und meinen Verstand jeweils auf eine Waagschale zu legen; der Zeiger der Waage wird sich nach keiner Seite neigen, weißt du? Mein Verstand und Herz nehmen sich nichts. Größe und Gewicht beider sind ausgeglichen."

Ma Lay scherzte. Htway Htway aber war beruhigt, als sie über Ma Lays zukünftiges Leben nachdachte. Da sie der nicht erzwingbaren Liebe Vorrang gab, glaubte Htway Htway, würde sie es schaffen, so zu handeln, dass sich auch ihre wirtschaftliche Situation verbesserte. Wenn Ma Lay und Maung Maung Thans gemeinsames Leben auch nicht schon morgen von Wohlstand gesegnet sein wird, würden sie übermorgen gewiss hohen Lebensstandard haben und reich werden wie erhofft.

„Geduld werde ich schon haben müssen. Wie könnte auch sofort alles sein, wie ich es gerne hätte. Ich werde ihn natürlich drängen müssen, sich mit einem solchen Leben nicht zufrieden zu geben und sich mehr anzustrengen."

Angesichts der frohgemuten Ma Lay wurde Htway Htway vergnügt. Gewaltige Bewunderung für die Macht der Liebe, die vermag, einen Menschen noch schöner, noch heiterer, noch fröhlicher zu machen, stieg in ihr auf.

In den nächsten Tagen kam Maung Maung Than häufiger zu Besuch. Ma Lay ging nicht mit ihm aus. Sie pflegten unter dem großen Bougainvillienstrauch vor dem Haus zu sitzen und sich zu unterhalten.

Mutter aber wollte die beiden nicht zu zweit allein lassen und schickte deshalb Htway Htway los:

„He, Htway Htway. Geh und halte dich in der Nähe deiner älteren Schwester auf."

„Lass sie sich doch in Ruhe unterhalten, Mutter. Wenn ich mich störend einmischen gehe, wie kann das gut sein? "

„Tochter! Noch hat er nicht, wie es sich für einen Sohn aus gutem Hause gehört, um ihre Hand angehalten, verlobt sind die beiden auch noch nicht. Wie sollte ich sie sich selbst überlassen? Ein Mädchen muss seinen Wert kennen."

Als Mutter so sprach, musste Htway Htway lächeln. Mutter legte einen hohen Maßstab an den Wert eines Mädchens. Zahlreiche Mädchen von heute messen ihren Wert nur mit kurzem Maßstab . Darüber, dass manche Mädchen und manche Romane der jetzigen Zeit bemüht sind, den hohen Maßstab aus Mutters Zeit auf halbe Länge zu brechen, wollte sie nicht mehr lang und breit auslassen.

Wie auch immer, wenn Ma Lay und Maung Maung Than sich unterhielten, brachte Htway Htway mal Kaffeetassen, mal grünen Tee, mal servierte sie *Le'pe'* und störte, Mutters Wunsch entsprechend, die beiden.

„Wasser fließt nach unten, Maung Maung Than. Man muss ständig gegen den Strom schwimmen. Wenn man nur ein wenig rastet, bleibt man nicht etwa auf der Stelle stehen. Man treibt mit dem Strom flussabwärts."

„Ob ich das so sehe , weil ich nicht reich bin, weiß ich nicht. Jedenfalls möchte ich, dass meine Kinder sehr wohlhabend sind, wenn ihre Zeit gekommen ist. Möchte sie in ein rundum vollkommenes Leben entlassen."

„Wenn du in guter Lage eine eigene Praxis eröffnen könntest, das wäre gut, nicht wahr?"

Was Ma Lay mit sanfter Stimme sprach, bekam Htway Htway zur Hälfte mit. Und Maung Maung Than nickte heftig mit dem Kopf.

„Ja", dachte Htway Htway, „Ma Lay bringt Felsbrocken dazu, sich in Bewegung zu setzen", und ein Lächeln huschte über ihre Lippen. Sie gewinnt Maung Maung Than, der sich in im fließenden Wasser ruhig treiben lassen möchte, dafür, gegen die Strömung anschwimmen zu wollen.

„Du hast große Lebensziele, Ma Lay. Ich aber kann keine so tiefgründigen Überlegungen anstellen. Nein, kann nicht, ist nicht wahr. Vielleicht will ich auch nicht. Ich habe viele Geschwister. Da ihre Ausbildung noch nicht beendet ist, wird ständig Geld gebraucht. Alles, was ich in der Praxis verdiene, plus mein Gehalt verschwindet

2008

Kyat für Kyat, sobald ich es Mutter gebe", sagte Maung Maung Than manchmal resigniert.

„Es ist ja nicht so, dass die Lage immer so bleiben wird, Maung Maung Than. Wie ich gesagt habe, wenn wir gegen die Strömung anschwimmen, werden wir uns befreien. Für ein neues Leben und die Kinder muss man sich natürlich anstrengen."

„Manchmal kommt mir die verrückte Idee, wie gut es wäre, einen großen Geldbrunnen zu besitzen. Weil ich soviel Geld, wie ich brauche, aus diesem Brunnen herausnehmen und verwenden möchte. Das Geld, das meine Familie ausgibt, ist nämlich weit mehr, als ich verdienen kann."

„Du setzt deiner Kraft selbst Grenzen, Maung Than. Vielleicht könntest du viel erfolgreicher sein, weißt du?!"

Htway Htway hatte die Ohren gespitzt und gelauscht, was Ma Lay und Maung Maung Than redeten. Soviel sie hörte, nicht gerade Grund, Herzklopfen zu bekommen. Der stets recht melancholische, verzagte Maung Maung Than war nicht so attraktiv wie die Charaktere aus den Liebesgeschichten, die Htway Htway gelesen hatte. Nicht wirklich jemand, der einen zufrieden und glücklich machte. Noch schlichter, als Htway Htway gedacht hatte, schien er zu sein. Ob Ma Lay gerade diese Schlichtheit liebte, wusste sie nicht. „Zu schlicht ist einfältig, zu einfältig dumm", sagt man, dachte Htway Htway spitz.

„Willst du nicht einen weiteren Abschluss machen, Maung Maung Than?"

„Dann muss ich wieder studieren, auswendig lernen. Das möchte ich nicht mehr."

„Mensch, lern doch! Wenn du einen Abschluss als Facharzt hast, wirst du viel angesehener sein als ein einfacher Arzt."

„Aber es ist auch nicht einfach, so einen Abschluss zu bekommen, Ma Lay. Ich kenne nur das einfache Leben, in Ruhe. So was kriegt nur fertig, wer schnell und clever ist."

„Wenn das so ist, wirst du dein ganzes Leben bloß ein einfacher Arzt sein. Nur mit einem zusätzlichen Abschluss kannst du in einer Stadt wie Yangon Karriere machen. Die Leute werden in deine Praxis kommen wollen. Oder du wirst wie die berühmten Ärzte in dieser oder jener Praxis je eine Stunde arbeiten, hast dann den ‚Geldbrunnen', den du dir wünschst."

„Um diesen ‚Geldbrunnen' bei der Hand zuhaben , müsste man vorab in einen solchen investieren, Ma Lay."

„Ach du, soviel doch nun auch wieder nicht."

Da Ma Lay keine Ruhe gab, studierte Maung Maung Than erneut.

„ Ihr seid nicht mehr jung, Ma Lay. Übers Heiraten habt ihr noch nicht ein einziges Wort gesprochen. Eure Gespräche waren nicht mal ein bisschen leidenschaftlich.", sagte Htway Htway, die nicht mehr an sich halten konnte. Ma Lay lachte…

„Wer guten *Le'pe'* essen möchte, muss dem *Palaung* Zeit lassen, langsam auf den Berg zu steigen, Htway Htway."

„Hm, wie gut sein *Le'pe'* sein wird, weißt du aber nicht. Und frag nicht, ob es dauert, den Hang zu erklimmen. Wenn er oben ankommt, ist er alt, und es bleibt nur noch das Sterben", dachte Htway Htway ungeduldig. Ob es wohl kindisch war, so zu denken? Wenn das Heiratsalter gekommen ist, sich zügig zusammentun, sich dem, was da kommen würde, mutig stellen, Schwierigkeiten überwinden – so sollte das Leben sein, dachte Htway Htway. Nur so könne es Spaß machen….

„Das Finanzielle ist wichtig, Schwesterchen. Wenn die wirtschaftliche Situation noch nicht vollkommen ist, muss man sie eben erst verbessern, ehe man zusammenlebt."

„Dann gründet doch ein Unternehmen."

„Oh, als Arzt, was soll er schon machen, außer Patienten zu behandeln."

Ma Lay hatte, wie sie sagte, Geduld. Sie verbot Maung Maung Than, sie zu oft zu besuchen, da sie fürchtete, es könnte ihn vom Lernen abhalten.

„Wie wahr. Man muss sich im Leben hohe Ziele setzen. Für die eigenen Nachkommen Mühe in Kauf nehmen, Strapazen ertragen… Gegen den Strom zu schwimmen, ist zwar anstrengend, aber auch vergnüglich .", sagte Maung Maung Than. Und er teilte freudestrahlend mit, dass er die Prüfungsfragen hatte beantworten können.

Aber als die Liste der Prüfungsergebnisse veröffentlicht wurde, war sein Name nicht darauf verzeichnet.

„Gib nicht auf, versuche es halt nächstes Jahr noch einmal. Nur eine kurze Anstrengung, es ist ja nicht so, dass es ein Leben lang so weitergehen würde", ermunterte Ma Lay ihn und schickte den erschöpften, mutlosen Maung Maung Than wieder lernen.

Wie von Ma Lay gewünscht , wurden Maung Maung Thans Besuche selten. Und wenn er kam, hatte Htway Htway keine Freude mehr daran, weil er seiner Art entsprechend, ziemlich still war.

„ Du hast völlig recht, Ma Lay. Die eigenen Anstrengungen und Entscheidungen sind nicht nur für einen selbst, sondern auch für die Kinder und Enkel von riesiger Bedeutung."

Wenn Maung Maung Than so sprach, freute sich Ma Lay.

„Natürlich, Maung Maung Than. Genau das sage ich doch immer", pflichtete sie ihm herzlich bei.

„Ein Mensch, der so denkt, solche Einsichten hat, wird schließlich ständig weiter planen, wie sich das eigene Leben zu verbessern lässt, Schwesterchen", hatte Ma Lay Htway Htway noch leise zugeflüstert. Jetzt aber war Maung Maung Than schon lange nicht mehr zu Besuch gekommen.

„Weil er so beschäftigt ist, denke ich" erklärte sie sich selber, reckte aber jedes Mal den Hals, wenn sie Schritte hörte, und sah verstohlen zum Gartentor hin.

Aber – Maung Maung Than kam nicht. Nur die Neuigkeiten, welche die Leute über ihn zu berichten wussten, kamen an.

„Maung Maung Than, ist in einem ‚SE' mitgefahren."

„Ich habe gehört, er werde sich bald mit der Tochter reicher Leute verloben".

„ Die hat aber auch gar nichts mit Ma Lay gemeinsam. Dunkelhäutig und sehr dick soll sie sein. Aber behängt mit Unmengen von Diamanten und Gold."

„Dieser Kerl...! Wenn er es wagt herzukommen, ersteche ich ihn mit dem Messer ...", drohte Htway Htway, als sie dieses Gerede hörte.

„Noch mal Glück gehabt", sagte Mutter. „Weil mein Töchterchen nicht Hand in Hand mit ihm überall durch die Gegend gelaufen ist, natürlich."

Ma Lay, ohne ein Wort zu sagen, lächelte schmerzvoll und sah still vor sich hin.

Bald darauf kam ein langer Brief von Maung Maung Than. Ma Lay ließ Htway Htway ihn vorlesen. Während sie seine Entschuldigungen und Erklärungen las, wurde sie immer zorniger. Einen Absatz aber würde sie nie vergessen:

„Du musst an die Kinder und Enkel denken. Für sie hast du Verantwortung, sagtest du immer wieder, Ma Lay, und dieser Gedanke hat sich in meinem Herzen festgesetzt. Ich werde es ehrlich und klar sagen, Ma Lay. Ich liebe sie nicht, und dass auch ihr Äußeres nicht besonders liebreizend ist, wirst du gehört haben. Aber ich habe mich entschieden, sie zu heiraten, Ma Lay. Weißt du warum? Gerade für das Wohl meiner Kinder, meiner Enkel. Sie sollen in einem rundum vollkommenen Leben aufwachsen. Wirst du sagen, ich wäre im Unrecht, Ma Lay?

Meinen Abschluss bezahlen, eine eigene Praxis für mich in der Shwe Bontha Street zu eröffnen, alles das kann ihre Familie. Außerdem kann ich natürlich, wie bisher, meine ganzen Einkünfte meiner Mutter geben.

Nun, wirst du noch immer sagen, ich wäre auf dem falschen Weg, Ma Lay? Tatsächlich warst Du es, die diese Gedanken und Einsichten angeregt hat. Das Leben von morgen muss vollkommener, höherwertiger sein als das von heute. Sagst Du, ich folge um eines besseren Lebens, um des Lebensstandards willen einer Abkürzung? Abkürzung ist Erleichterung, genau das ist wahr. Dich aber werde ich immer vermissen.

Als sie diesen Absatz gelesen hatte, blickte Ma Lay mit tränenfeuchten Augen zu Htway Htway hinüber – und lächelte.

„Er hat für sein Leben ein Geschäft gemacht, denke ich", sagte sie dann leise.

Sein Horoskop

Ma Wint (Myit Nge)

သူ့ဇာတာ

မဝင့် (မြစ်ငယ်)

Aung Thein glaubte nicht an Horoskope. Dazu kam, dass er noch weniger davon hielt, weil sein Schwiegervater Ba San, mit dem er sich nicht verstand, Astrologe war. Auch Ba San, der Aung Thein seine Tochter zur Frau geben und sein Schwiegervater hatte werden müssen, konnte ihn nicht ausstehen. Dennoch … Als er das Horoskop seines Schwiegersohnes erstellte, fand er Anzeichen dafür, dass es ihm sehr gut gehen würde.

„Aung Thein, dieser Kerl taugt aber auch zu nichts! Seinem Horoskop zufolge müsste er steinreich sein. Deshalb kommt der ja auch zurecht, obwohl er stinkfaul ist. Hat es immer noch besser als seine Eltern…"

Aung Thein ertrug es zwar still, dass sein Schwiegervater immer wieder über ihn sagte, er sei zu nichts nütze, sei faul und könnte eigentlich reich sein, aber zufrieden war er damit ganz und gar nicht.

„Natürlich will dein Vater mir erzählen, dass ich nach dem Horoskop eigentlich reich sein müsste. Nur wenn ich, der ich für euren Unterhalt sorgen soll, reich bin, geht es euch angeblich gut." Immerwenn er wütend auf seinen Schwiegervater war, bekam seine Frau Tin Mi es ab.

„Was, ich bin besser dran als meine Eltern? Da beleidigt der doch extra noch meine Familie! Für die Bauern galt immer noch, dass, wer Land besitzt, auch genug zu essen hat. Arm waren wir noch nie, merkt euch das!"

Aung Theins Wortschwall wurde schließlich von der geduldig zuhörenden Tin Mi mit einem „Lass' gut sein!", beendet. Obwohl er um seiner Frau willen aufhörte zu schimpfen, hatte sich seine Wut noch nicht gelegt. Tatsächlich hielt Aung Thein nichts davon, sich in Träumereien zu ergehen. „Wenn es nichts zu essen gibt, dann hungern wir eben", war sein aus praktischer Erfahrung abgeleitetes Motto.

Eine praktisch noch nie erprobte Ausnahme gab es allerdings. Und diese Ausnahme wurde von einem Säbel bezeugt, der dekorativ unter dem Altar seines Hauses aufgehängt war.

„Mit diesem Säbel hat mein Großvater gekämpft, damals, als wir die indischen Geldverleiher fertig gemacht haben. Man könnte sage, dass mit ihm die Geschichte der Bauernbewegung anfing." Wenn er über den Säbel sprach, war er voller Stolz.

„Und zu Vaters Zeit ist er dann eine Waffe des antifaschistischen Kampfes gegen die Japaner geworden."

Die Geschichte des Säbels kannte schon das ganze Dorf. Jedem einzelnen Dorfbewohner hatte Aung Thein sie selbst erzählt.

Tatsächlich war der Säbel wohl auch mit an der Verstimmung zwischen ihm und seinem Schwiegervater schuld. Ba San hatte sich in der Zeit des Kampfes gegen die Japaner mal als Wahrsager, mal als Heilkundiger ein angenehmes Leben gemacht, als ob ihn das alles nichts anginge. Wenn Aung Thein immer wieder enthusiastisch von dem Säbel, seinem Vater und dem Kampf gegen die Japaner erzählte, empfand Ba San das so, als ob ihn Aung Thein damit provozieren wollte.

Deshalb war es wohl auch nicht verwunderlich, dass er mit der Zeit anfing, Aung Thein zu hassen.

Wenn es nach ihm gegangen wäre, hätte er Aung Thein beim Horoskoperstellen gerne mal richtig zugesetzt. Das Dumme war nur, dass dessen Horoskop so verdammt gut ausfiel. Wenn er dem werten Herrn Schwiegersohn das so direkt sagen würde, dann könnte ihm das letztendlich noch zu Kopfe steigen. So kam dabei nur ein verhaltenes „Glück gehabt"-Horoskop heraus, das zwar nicht falsch war, Aung Thein aber auch keinen Grund gab, damit anzugeben.

Einen so klaren Traum wie letzte Nacht hatte Aung Thein sein Leben lang noch nie geträumt. Auch nachdem er aufgewacht war, hatte er seinen Traum noch wie ein Video, Bild für Bild klar vor Augen.

Im Traum war sein Haus aus Ziegeln. Die Straßen im Dorf waren asphaltiert wie in der Stadt und glänzten schwarz. Und seinen Jüngsten fuhren sie während der Prozession anlässlich seiner Novizenweihe wie in der Stadt mit einem großen, weißen Cabriolet und goldenen Schirm durchs Dorf. Das war schön!

Obwohl Aung Thein nicht an Horoskope glaubte, dachte er doch, dass Träume wohl Bedeutung haben könnten. Während er an seinen Traum dachte, strahlte er übers ganze Gesicht, so dass Tin Mi schimpfte, er sei wohl jetzt völlig verrückt geworden.

Da er fürchtete, das Glücksgefühl würde vergehen, wenn er mit Tin Mi darüber diskutierte, ging er beschwingten Schrittes ins Dorf. Wenn er Leute träfe, denen er von seinem Traum erzählen könnte, würde er ihnen im *Le'pe'yei-hsain* an der Autostraße am Ende des Dorfes einen Tee ausgeben, damit sie ihm in Ruhe zuhörten. Oh, da war ja schon Htun Thaung… Aung Thein freute sich.

„Mensch, Aung Thein! Gehst du nicht im Dorfbüro die Ausgleichszahlung für dein Land abholen?"

Als er Aung Theins verdutztes Gesicht sah, fuhr Htun Thaung fort:

„He, was stehst du denn so neben dir? Weil sie die Stadt erweitern, kannst du dir das Geld für deine Felder abholen."

Aung Thein ging mit taumelnden Schritten in das Dorfbüro. „Das ist die Gebühr für das Antragsformular und die „Spende" für das Büro, die müssen wir abziehen, viertausend gibt es für jeden Morgen Land, ….", rechnete ihm der Bearbeiter vor. Er reagierte wie ein Schlafwandler. Als er zu Hause ankam und Tin Mi das Bündel Geldscheine gab, sagte er schleppend: „Ist das jetzt ein Traum?"

„Nein! Was du heute Morgen erzählt hast, war einer, das hier ist keiner."

Keine Ahnung, warum, aber – Tin Mi sah ihn an und lachte laut. Sein ältester Sohn aber, der schon zwei Mal durch die Abschlussprüfungen der zehnten Klassen gefallen war, sah seinen Vater besorgt an.

„Kümmere dich nicht darum, lass mich nur machen. Ich mache von dem Geld mit dem Großen zusammen einen Marktstand auf."

Der nickte zustimmend zu den Worten seiner Mutter. Wie auch immer, Aung Thein verstand gut, dass es besser war, ihren Worten Folge zu leisten.

Schon lange hat Aung Thein das Dorf nicht mehr verlassen. Wenn er morgens mit Htun Thaung, Ba Gyi und den anderen im *Le'pe' yei-hsain* saß, konnten sie sich endlos unterhalten. Und wenn es Zeit war, ging er nach Hause, nahm das für ihn bereitete Mittagessen ein und ließ es sich gut gehen.

Tin Mi und die Kinder schimpften auch nie mit ihm. Er war so pflichtvergessen, dass er sogar vergaß zu fragen, wie ihr Geschäft lief. Auf Dauer aber schmeckte ihm das Essen, das nur immer andere für ihn verdient hatten, nicht mehr. Einige seiner Freunde aus dem *Le'pe'yei-hsain* gingen arbeiten, andere zogen in ein anderes Dorf, und langsam ging ihm die Gesellschaft aus.

Irgendwas wollte er auch arbeiten. Seltsam, an diesem Morgen hatte ihm Tin Mi da etwas vorgeschlagen.

„Geh doch als Nachtwächter in die Fabrik, wo unser Großer arbeitet", sagte sie. „Wenn es dir nicht gefällt, kannst du ja wieder aufhören", versuchte sie ihn sanft zu überzeugen. Erst da kam er auf den Gedanken zu fragen, in welcher Fabrik denn sein Sohn arbeite.

„ Ist es nun die Seifenfabrik oder die Milchpulverfabrik?"

„Das darf doch wohl nicht wahr sein. Weißt du etwa nicht, in welcher Fabrik dein Sohn arbeitet?"

„Na, die werden doch gerade erst gebaut", sagte Tin Mi mit einer Miene, als ob sie ein unartiges Kind erziehen müsse.

„Komm heute mit mir mit. Dann siehst du wenigstens mal unseren Betelstand. Unser Dorf ist jetzt zur Stadt geworden. Pyi-gyi Dagun, „Chinas Vorhut" oder so.

Tin Mi nahm ihn wie ein kleines Kind an der Hand und zog ihn hinter sich her. Als sie vor das Dorf kamen, traute er seinen Augen kaum – da wurden Fabriken neu gebaut und große Asphaltstraßen angelegt. Tin Mi und ihre zwei Töchter hatten am Straßenrand einen Betelstand aufgemacht. Außerdem vermieteten sie auch noch *Zetau'*spielbretter zu einem Kyat pro Runde an die Jugendlichen. Damit kamen jeden Tag zusätzlich vierzig, fünfzig Kyat zusammen. Neben ihrem Stand war einer, der geflochtene Bambuswände verkauft, auf der anderen Seite ein *Le'pe'yei-hsain*, ein Stand mit frittierten Snacks, ein Fahrradreparateur, ein Stand, der *Moun-hinga* verkaufte …

„Das ganze Dorf ist ja hier, alle sind Händler geworden!" Aung Thein musste laut lachen. In den reißenden Strom war ein Tröpfchen gefallen und wurde mitgerissen.

Währenddessen kam sein Ältester auf dem Sozius eines Motorrades angefahren. Der hellhäutige Fahrer wird wohl der Chef der Fabrik sein, in der sein Sohn arbeitete, dachte Aung Thein.

„Vater, das ist unser *Boss*. *Boss*, das ist mein Vater. Er wäre ein guter Nachtwächter für die Fabrik."

Der Chef lächelte, so dass sich seine Schlitzaugen fast schlossen, und grüßte mit deutlich chinesischem Akzent.

„Sehl gut, Sehl gut. Wenn du loyal, wilst du bei mil gut haben."

Aung Thein wusste nicht, was er sagen sollte. Er lächelte, um zu verbergen, wie schmerzhaft der Stich war, den er in seiner Brust spürte. Erst als der chinesische Gast weg war, wandte er sich an seinen Sohn:

„Als was arbeitest du denn in seiner Fabrik?" – „Oh, als Bürokraft natürlich, Vater. Er kann nicht gut Myanmarisch schreiben. Als die zuerst hierher kamen, um die Fabrik zu bauen, kannten die hier ja kaum jemand. Ich habe ihnen dann, während wir Betel verkauften, hier und da ein bisschen geholfen und dafür das ein oder andere Taschengeld bekommen. So haben sie mich dann schließlich eingestellt."

Sein Sohn wollte sich auf den Heimweg machen, um zu Mittag zu essen. Aber Aung Thein hatte noch Fragen.

„Sein Name Bo', heißt das sowas wie Ball? Einer, der, wenn man kräftig draufhaut, noch höher springt als vorher, noch reicher wird?"

„Ach Vater, mit der Zeit wirst du schon auch noch zum Stadtmenschen werden. „*Boss*" ist englisch und heißt „Arbeitgeber". Dabei ist der noch nicht mal der richtige Boss. Der richtige kommt nur manchmal in seinem Wägelchen mit dunkel getönten Scheiben. Und der spricht noch schlechter Myanmar. Da würdest du gar nichts mehr verstehen, Vater."

Wie betäubt starrte er seinem Sohn hinterher. Tin Mi sah ihn ahnungsvoll an.

„Also, als Nachtwächter zu arbeiten, ist überhaupt nicht anstrengend. Du machst das doch, oder?" stammelte sie.

Schweren Herzens nickte er.

Zwischen den ummauerten Gebäuden ging Aung Thein, den ererbten Säbel geschultert, seine Runden als Nachtwächter. Er wusste, dass jetzt im Sommer die Nächte kurz waren. Zeit zu schlafen würde er nicht haben. Da er die ganze Nacht allein Dienst tun musste, kam es ihm dennoch vor, als ob sie kein Ende nehmen wollte.

„Vater, pass gut auf. Unter diesem Dach liegen zweitausend Zementsäcke für den Bau der Fabrik. Wenn nur einer davon verschwindet, wird dein Lohn um zwei Monatsgehälter gekürzt." Die Warnungen seines Sohnes hielten nachts seine Augen weit offen.

„He, ich bin als Bauer großgeworden, da kann man nicht verpennt sein", beruhigte er seinen Sohn und nahm die Verantwortung auf sich.

Der Mond, der anfangs schmal wie die Augenbraue eines jungen Mädchens war, nahm langsam zu, wurde voll und veränderte sich immer weiter, indem er wieder abnahm, bis er schließlich ganz verschwunden war. Der Dienst von Aung Thein aber, der unter dem Mondlicht mit dem Säbel auf der Schulter seine Runden drehte, bis es Morgen wurde, veränderte sich kein bisschen.

Nur in der Neumondnacht musste er noch aufmerksamer sein als sonst. Wenn ein Bösewicht kam, würde er es mit seinem Säbel zu tun kriegen. Jedesmal, wenn er daran dachte, fiel ihm sein Großvater ein, dem der Säbel einmal gehört hatte. Und er erinnerte sich an seinen Vater, der damit gegen die Japaner gekämpft hatte. Hatten sie ihm den Säbel vererbt, damit er damit Nachtwächter würde? Während er so grübelte, wurde er traurig. Er vermisste seinen Vater und seinen Großvater. Wollte Verdienst für sie erwerben und Abbitte bei ihnen leisten.

Als er mit Tin Mi darüber sprach, dass er eine Opferzeremonie für das Heil seines Vaters und Großvaters machen wollte, war die Herrin des Hauses einverstanden. Also arrangierte Aung Thein alles für seine Zeremonie. Er lud fünf Mönche ein, bat den alten Onkel Han und den Lehrer Kyaw Mya dazu. Htun Thaung, Maung Kyaw und seine anderen Freunde konnte er nicht einladen. Die waren in Dörfer bei Singain gegangen, um sich dort als Landarbeiter zu verdingen. Und auch wenn ihm nicht danach war, musste er Tin Mi zuliebe ihren Vater Ba San einladen.

Ba San war in der letzten Zeit recht freundlich zu Aung Thein gewesen – vielleicht, weil er schon lange nicht mehr die Geschichte des

Säbels erzählt hatte. Als die Mönche gespeist hatten und predigen wollten, saßen Aung Thein und Ba San zufällig nebeneinander.

„So ein Horoskop ist schon etwas Besonderes. Weil euer Geschick günstig ist, trefft ihr im rechten Moment jemanden wie Herrn Boss, der hilft. Auf euch selbst gestellt, hättet ihr kaum genug zu essen, von so einer Zeremonie gar nicht zu reden."

Diese Worte, die Ba San vor der Predigt zu ihm gesagt hatte, fuhren ihm schmerzhaft ins Herz und hallten in seinen Gedanken wider, während der Mönch sprach. Als er den Krug zum Tropfen des Wassers in der Hand hielt und anhub, die Formeln für das Teilen des Verdienstes mit den Ahnen zu sagen, war ihm die Kehle wie zugeschnürt und es fiel ihm schwer, auch nur einen Ton herauszubringen.

Nachdem die Mönche gegangen waren, wandte sich Aung Thein hastig Ba San zu mit der Frage:

„Ist denn mein Horoskop wirklich so gut?"

„Ja, sehr gut."

„Ich äh... Ich kann mich nicht entscheiden, ob ich besser den Säbel, den ich von meinem Großvater geerbt habe, wetzen soll, bis er wieder scharf ist, oder ob ich ihn dem Kloster spenden soll."

Als er Aung Theins Worte hörte, fuhr Ba San zusammen und sah ihn erschrocken an. Aung Thein sah abwesend ins Leere. In seinen Augen standen Tränen.

Ba San seufzte laut hörbar. Dann sah er noch einmal verständnislos zu Aung Thein hinüber.

Tatsächlich, Aung Thein weinte.

Mein Vater und ich

Maung Aye Mya

ကျွန်တော်နှင့်ကျွန်တော့်အဖေ

မောင်အေးမြ

So wie alle Eltern der Welt Ähnlichkeiten mit ihren Söhnen und Töchtern haben, gibt es immer auch Unterschiede. Mein Vater und ich haben die gleichen dicken Augenbrauen, wir sind beide recht groß gewachsen, und wir mögen dasselbe Essen. Aber meine Augen und meine Nase sind ganz anders als die meines Vaters, denn die habe ich von meiner Mutter. Einmal, in Yangon, trafen ich und ein paar Freunde Onkel Kwa, der vor etwa fünfzehn Jahren aus unserem Dorf dorthin gezogen war. Onkel Kwa war ein Klassenkamerad meiner Mutter aus der Zeit der Mittelschule. Derjenige, der uns miteinander bekannt machte, sagte: „Die sind auch aus Mezaligon!", und zeigte auf mich.

„Aus welchem Viertel in Mezaligon seid ihr?"

„Aus Hlegyi-Ain, Onkel."

Noch bevor ich ausgesprochen hatte, trat Onkel Kwa an mich heran und sagte:

„Bist du nicht Khin Seins Sohn?"

Ich nickte erstaunt.

„Ja, das habe ich mir gedacht. Du hast dieselben Augen wie Khin Sein. Wie geht es deiner Mutter?"

Mutter war eine leidenschaftliche Handleserin. Bei jedem ihrer Bekannten, der zu Besuch kam, ergriff sie zuerst dessen Hand, noch bevor sie ihn darum bat. Daraufhin verkündete sie ungefragt alles, was sie daraus gelesen hatte. Sie nahm kein Geld dafür. Auch bei Vaters Bekannten oder sogar Fremden, die zu uns kamen, betrachtete sie während des Gesprächs aufmerksam deren Handflächen, und nachdem sie wieder gegangen waren, erklärte sie meiner großen Schwester, ihrer ältesten Tochter, wer eine gute Erfolgslinie und wer einen unglücklich geformten Daumen hatte.

Mutters Bekannter Onkel Kwa schien das gleiche Hobby zu haben wie sie. Er war Handleser hier in Yangon. Mutter hatte oft erzählt, dass er so häufig richtig lag, dass sich die Filmstars bei ihm die Klinke in die Hand gaben. Sie schien sehr stolz zu sein, ihn zu kennen. Ich glaube, meine Schwester, die lange mit meiner Mutter zusammen lebte, hat ihr Talent geerbt. Anders als Mutter beschäftigte sie sich nicht nur mit Handlesen, sondern scheute sich auch nicht davor, gelegentlich weiße Magie und schwarze Kunst zu bemühen. Auf dem Hausaltar standen die typischen Schalen mit Kokosnuss und Bananen, und er war mit einer Unmenge von Blumenkränzen und Gebetsketten verschiedener Größe behängt, so dass man die Buddhafigur gar nicht richtig erkennen konnte. In Leuten, die nicht Bescheid wussten, mochte beim bloßen Anblick des Altars das klamme Gefühl aufkommen, dass hier ein Sektenführer hause.

Als ich klein war, interessierten mich die Dinge, mit denen sich Mutter und Schwester so eifrig zu beschäftigen pflegten, nicht und ich glaubte auch nicht daran. Zwar hatte ich die Augen meiner Mutter, ihre Überzeugungen aber teilte ich nicht, machte mich im Geheimen eher lustig darüber. Aber ich wusste, dass man seine Gebete zu verrichten hatte. Nicht dass ich in diesem zarten Alter buddhistische Texte gelernt hätte. Bereits in der Unterstufe war es üblich, als erstes nach dem Klingelzeichen zusammen zu beten und im Chor laut die Verse aufzusagen. Ich erinnere mich, dass wir am Schluss das ganze Leben des Buddha vor seiner Erleuchtung herunterbeteten. Während jener Zeit begann ich zu spüren, dass der Buddha höchst verehrungswürdig war. Ein zweiter Grund war wohl, dass ich vor meinem dritten Schuljahr für eine kurze Zeit als Novize ins Kloster kam. Das Leben als Novize und das Rezitieren der Schriften in Lobpreisung der drei Juwelen – Buddha, *Dhamma*, *Sangha* – übten eine gewisse Anziehungskraft auf mich aus.

Aber auch das, was mein Vater mir beibrachte, spielte eine Rolle.

Lasst mich also von meinem Vater erzählen, denn um ihn soll es ja in dieser Geschichte gehen.

1

Als ich noch ein Kind war, bekam mein Vater eine Arbeit als Leiter eines Spirituosengeschäftes in einem kleinen Ort namens Kwin-Kauk, etwa fünfzehn Meilen von unserer Stadt entfernt. Einmal in der Woche, manchmal auch nur einmal im Monat, kam er nach Hause. Soweit ich mich erinnere, brachte er nach jedem Zahltag am Ende eines Monats seinen Lohn mit heim. Die Kyat-Noten gab er Mutter, das Kleingeld wurde zwischen meiner Schwester und mir aufgeteilt. Ein, zwei Pya waren schon damals nicht mehr viel wert. Aber mit fünf Pyas konnte man sich noch etwas kaufen. Die größeren Münzen, die wir monatlich von Vater bekamen, also 50 oder 25 Pyas, steckten wir in unsere Bambussparbüchse. Mit dem restlichen Kleingeld kauften wir uns Süßigkeiten. Ich erinnere mich, dass es gewöhnlich nach vier bis fünf Tagen aufgebraucht war.

Am Tag seiner Ankunft, wenn wir zusammen beim Abendessen saßen, fragte er Mutter, wie wir in der Schule zurecht kamen und ob unsere Schulbücher ausreichten. Abends vor dem Schlafengehen mussten wir Geschwister mit artig verschränkten Armen vor unserem Vater sitzen und die fünf Gebote aufsagen: Man darf nicht töten, nicht stehlen, muss sexuelles Fehlverhalten vermeiden, keine Rauschmittel nehmen und nicht lügen. Dann sollten wir unseren genauen Geburtstag nach dem burmesischen Kalender angeben. Vater fragte nach der Jahreszahl, ich antwortete: „Dreizehnhundertdreizehn." „Welcher Monat?" – „Pyatho". „Und der Tag?", fragte Vater weiter. Ich antwortete: „Der erste Tag des zunehmenden Mondes." Dieses Frage-und-Antwort-Spiel gab es jeden Abend vor dem Zubettgehen, wenn Vater zu Hause war. Für meine Schwester war es dasselbe. Zuletzt wurden englische Vokabeln abgefragt. Er fragte nach Auge, und wir riefen zusammen „eye", er sagte Nase, und wir antworteten „nose". So ging es von Augen und Nase, über Ohren, Mund, Kopf, Kinn, Körper, Arme, Hände, Beine bis zu den Füßen. Erst dann durften wir ins Bett.

Egal, wie lange Vater fort gewesen war, wenn er nach Hause kam, veranstaltete er jeden Abend diese Lektionen für uns. Manchmal erzählte er beim Abendessen, so gut er vermochte, von den früheren

Existenzen des Buddha als König der Affen oder der Tauben oder auch die großen *Jatakas* – Das Mahosadha *Jataka,* das Punnaka *Jataka*, das Vessantara *Jataka* und so weiter. Am meisten führte er den Brahmanen Sokondanna im Munde, der einst mit erhobenem Zeigefinger vorausgesagt hatte, dass Prinz Siddhattha der wahrhaftige Buddha werden würde. Dies war Vaters liebste Geschichte, wohl schon deshalb, weil er sich selbst für Astrologie begeisterte.

Während ich das Handlesen meiner Mutter und die Magie meiner Schwester für ziemlichen Humbug hielt, muss ich zugeben, dass ich in meiner Jugend eine gewisse Akzeptanz für Vaters Astrologie empfand, ohne auch sie allzu ernst zu nehmen. Manche seiner Voraussagen trafen ein, andere nicht, und es gab schon Fälle, in denen ich ihn bestätigte, wenn es angebracht war.

Um zu meiner Eingangsthese zurück zu kommen: Ja, Vater und ich hatten unzählige Gemeinsamkeiten. Sogar beim Heiratsalter. Genau wie Vater, der dreißig Jahre alt war, als er Mutter heiratete, ging auch ich erst im Alter von dreißig Jahren die Ehe ein. Aber es sind die Unterschiede zwischen uns, die wichtig für diese Geschichte sind.

2

Dass ich, wie oben gesagt, Vaters Astrologie im Prinzip akzeptiert hätte, ist so gemeint:

Genau genommen handelte es sich bei der Astrologie, der Vater nachging, um die ganz gewöhnliche Horoskop-Tradition abhängig vom Geburtsgestirn, die jeder in Myanmar kennt. Darüber hinaus gab es noch bestimmte Ernährungsvorschriften, die auf astrologischen Berechnungen beruhten. Wenn ein Patient mit seinem Leiden zu Vater kam, griff dieser zu Schiefertafel und Griffel, fragte ihn nach seinem Geburtsdatum und fing an, auf der Tafel herumzukritzeln und dies wieder wegzuwischen. Er erkundigte sich nach dem Gestirn seiner Geburt, errechnete dessen Wirkungen und verkündete dann, welches Essen er nicht verträgt, was er meiden sollte, was er im Verhältnis drei zu eins gemischt einnehmen solle. Er gab auch etwas von seiner Mixtur heraus und machte dabei einen ungeheuer wahrhaftigen Eindruck. Und er hatte nicht wenige Kunden. Noch mehr als

mit Horoskopen war er mit Berechnungen für seine verschiedenen Mixturen beschäftigt, so dass ihm kaum eine freie Minute blieb. Bevor er auf eine längere Reise ging, trug er Mutter auf, was für Mixturen sie wem geben sollte in Abhängigkeit vom Wochentag seines Erscheinens und dem seiner Geburt. Mutter notierte all das in einem Notizbuch. Vater hieß mit bürgerlichem Namen Nyo Maung, aber seine Klienten nannten ihn gewöhnlich nur Meister Nyo.

Als meine Versetzungsprüfung in die Mittelstufe bevorstand, gab Vater mir und meiner Schwester seine magischen Ratschläge. Ich sollte je einen Spross von der Kokospalme und von der Jujube bei mir tragen, meine Schwester einen Spross der Toddy-Palme oder, wenn sie keinen fand, einfach ein Stückchen Palmzucker in ihre Umhängetasche legen. Ich weiß nicht, ob es wegen der magischen Utensilien in unseren Taschen war, aber als wir zur Prüfung gingen, fühlten wir uns wie große Krieger, die siegesgewiss in die Schlacht zogen. Am Abend zuvor hatten wir noch eifrig gelernt. Aber daran dachten wir nicht, wenn wir eine Aufgabe lösen konnten. Ich muss gestehen, wir haben es vor allem auf die Kokos- und Jujubensprossen zurückgeführt.

Darüber hinaus muss ich noch ein paar andere Dinge erwähnen, die ich Vater glaubte.

Was wir Geschwister außer unserem Schulstoff unbedingt auswendig lernen mussten, war sein Heilmittel-Vers. Diesen hatte Vater mit Kreide an die Holzwand unserer Veranda geschrieben, wo wir immer unsere Hausaufgaben machten. Ich kann ihn bis heute auswendig:

Eins-drei-sieben: Zitrone und Limone.

Zwei-sechs-vier: *Thanakha*, Bitteringwer, Blätter der Gwe-dau'-Liane und des Teestrauchs.

Fünf: Guave, Seifenakazie

Die Zahlen standen für die Wochentage: eins für Sonntag, drei für Dienstag und sieben für Samstag, und das besagte, dass man Verletzungen, die man sich an diesen Tagen zugezogen hatte, mit Zitronen- oder Limonensaft behandeln sollte. Zwei-sechs-vier hieß, dass man für Wunden am Montag, Freitag oder Mittwoch feingeriebene *Thanakha*-, Tee- und andere Blätter verwenden sollte. Fünf schließlich stand für Donnerstag, an dem Blätter der Guave und Seifenakazie demselben Zweck dienen.

Einmal, als Vater von seinem Arbeitsort nach Hause zurückkam, war Mutter auf den Markt gegangen, um Rindfleisch zu kaufen, denn Vater liebte Rindfleisch-Curry. Am Fleischstand wurde sie von einem Hund gebissen und hatte eine blutende Wunde an der Wade. Als die ganze Familie um Mutter herumstand und den Biss betrachte, rief Vater: „Sag schon, was ist heute für ein Tag? Sonntag, klar. Los, holt eine Zitrone! Es wird aber ein wenig brennen." Als er den Saft auf die Bisswunde träufelte, verzog Mutter vor Schmerzen das Gesicht und wimmerte. Dann wurde die Wunde verbunden, und Mutter machte sich wieder ans Essenkochen. Nach ein, zwei Tagen war der Biss verheilt. Seit jener Zeit hatte ich eine gewisse Hochachtung vor dem 1-3-7-Vers. Jedes Mal, wenn ich oder einer meiner Freunde eine Verletzung hatte, spielte ich selbst den Heiler. Ich hieß jemanden etwas hiervon oder davon holen, zerrieb es dann mit den Fingern und behandelte damit die Wunde. Ich weiß nicht genau warum, aber niemals entzündete sich eine Verletzung, meist trat gleich Linderung ein.

Damit will ich nur einen der Gründe nennen, wie ich zu einem Anhänger von Vaters Lehren wurde.

Aber es gibt noch mehr Sonderbares zu erzählen.

In welchem Alter Vater angefangen hatte, so ehrfürchtig an diese Theorien zu glauben und sich intensiv damit zu beschäftigen, weiß ich nicht. Solange ich mich zurück erinnern kann, war er von diesem Glauben bis zu seinem letzten Atemzug so besessen, dass dieser praktisch sein gesamtes Leben bestimmte. Vater war 76 Jahre alt, als er starb. Sein ganzes Leben lang hat er den Horoskopen, den astrologisch begründeten Berechnungen, eine elementare Bedeutung beigemessen. Nur dieser Lehre glaubte er, keiner anderen. Wenngleich er die *Drei Juwelen* zutiefst verehrte, zog er bei gegebenem Anlass nichts anderes in Betracht und suchte Antworten nur in astrologischen Berechnungen. Zwanzig Jahre lang habe ich in den Gemächern von Vaters Wissenschaft geruht und mich entspannt. Und im Kreise meiner Freunde hat das „1-3-7-Zitrone und Limone" immer wieder für Heiterkeit gesorgt.

Aber als ich die Zwanzig überschritten hatte, musste ich nach dem Ratschluss meines Vaters Mezaligon verlassen, absolvierte in der Großstadt Yangon neben der Arbeit ein Studium, erwarb einen akademischen Grad, begann Karriere zu machen und bin mittlerweile mit Frau und Kindern in Yangon sesshaft geworden. Obwohl die enge Bindung zwischen meinem Vater und mir an meinem Leben in Yangon nicht zerbrach, so haben sich meine Auffassungen Stück um Stück gewandelt. Das wurde mir mit der Zeit zunehmend bewusster. Vielleicht könnte man die Stelle, an der sich unsere Auffassungen trennten, Abzweig Nummer 1-3-7 nennen.

3

Jedes Mal, wenn ich während meiner Studienzeit nach Hause kam, kehrte ich zurück in die gewohnte Geborgenheit von Vaters astrologischen Berechnungen und Mutters Handleserei. Einmal fragte Vater mich:

„Weißt du eigentlich, warum wir dich nach Yangon geschickt haben?"

„Weil ihr nur meine Schwester lieb hattet und mich nicht…?" scherzte ich.

„Wenn du hier geblieben wärst, hättest du auch eine Frau aus der Provinz heiraten müssen, so wie Htein Win und Thein Oo. Die sind jetzt Lehrer und müssen mit ihrem Dorfleben vorlieb nehmen. Du wohnst in Yangon und bist zu einem Großstadtmenschen geworden. Habe ich dir damals nicht oft die Geschichte von Königin Me Nu erzählt?"

Htein Win und Thein Oo waren ehemalige Klassenkameraden von mir. Htein Win war mit der Tochter einer wohlhabenden Familie im drei Kilometer entfernten Dorf Thapyaysan verheiratet. Htein Oo hatte eine alte Freundin aus seinem Dorf geheiratet und mittlerweile auch schon Kinder.

Die Geschichte der Königin Me Nu hatte Vater oft bei Tisch erzählt. Me Nu, die später einmal die Hauptkönigin werden sollte, war ursprünglich ein einfaches Dorfmädchen gewesen. Während Me Nu eines Tages im Bach nahe dem Dorf badete, hielt ein Falke ihren

Longyi, den sie am Ufer zurückgelassen hatte, für ein Stück Fleisch und raubte ihn. Als sie mit dieser Geschichte zum Abt des Klosters am Dorfeingang ging, weissagte ihr dieser, dass sie einen mächtigen Mann heiraten würde und riet ihr, aus dem Dorf weg nach Mandalay zu gehen: „Bleibst du im Dorf, wirst du nur einen Mächtigen des Dorfes abbekommen. Gehst du aber in die Stadt, hast du die Chance, das dortige Oberhaupt, also den König, zu heiraten." Me Nu folgte diesem Rat und wurde als Nanmadaw – Palastherrin – Me Nu berühmt. Diese Geschichte war eng mit Vaters Vorliebe für die Astrologie verbunden. Es war, als hätte er Me Nu als Beleg für den Verlass auf seine Astrologie adoptiert. Obwohl ich die gewichtigen Worte meiner Eltern nicht besonders ernst nahm, sagte ich in respektvoller Manier:

„Heißt das, wenn ich hier geblieben wäre, hätte ich mit zwanzig heiraten müssen?"

Auf Vaters Wink hin fragte mich Mutter:

„Erinnerst du dich noch? Bevor du nach Yangon gingst, hatten wir von der Familie des Markthändlers Tin Kwi eine große Mädchenpuppe aus Pappmaschee geliehen, die wir eine Weile hier behalten haben."

„Klar erinnere ich mich. Die habt ihr mir damals für vier, fünf Tage ins Bett gelegt. Was sollte das eigentlich?"

Vater sagte:

„Das war eine Beschwörung, um zu verhindern, dass du zu jener Zeit eine Frau findest. Dein Horoskop wies damals deutlich auf eine Heirat."

Ich lächelte und antwortete neckend:

„Da musstet ihr so schwere Geschütze auffahren? Ihr hattet mich ja praktisch verheiratet! Und jetzt bekomme ich natürlich keine Frau mehr."

Damals war ich tatsächlich noch ledig und hatte auch noch keine Freundin.

„Ach, du... Ich werd' dir...", sagte Vater und holte mit der Hand aus.

Auf diese Art zog ich meine Eltern jedes Mal, wenn ich zurück nach Hause kam, mit ihren astrologischen und magischen Themen auf, und die Sehnsucht war kompensiert.

Von Yangon aus kehrte ich ungefähr einmal im Jahr in unser Dorf zurück. Ich ging damals auf die Dreißig zu. Meine Eltern waren schon fast sechzig. Die Leute im Dorf jenseits der Fünfzig mieden für gewöhnlich die jungen Leute und ihre Unterhaltungen. In den Gesprächen der Älteren ging es vorwiegend um ernsthafte, religiöse Themen. Mutters Bruder, Onkel Nyunt Maung, fing schon mit knapp über vierzig an, in die religiöse Richtung zu tendieren, so dass man ihn oft in solchen Runden antraf. Er kam manchmal zu uns nach Hause, um meinen Eltern seine Predigten zu halten. Vater erwiderte nie etwas. Er hörte sich Onkel Nyunt Maungs Weisheiten aufmerksam von Anfang bis Ende an, sagte aber nie, ob er sie für gut hielt oder nicht.

Wenn ich nach Hause kam, brachte ich außer den üblichen Mitbringseln zum Essen immer auch ein paar Bücher über Religion und Philosophie mit. Vater nahm solche Bücher nur kurz in die Hand, blätterte ein wenig darin herum, aber ich hatte nicht den Eindruck, dass er ernsthaft darin lass. Auf sein kleines Bücherregal kamen nur seine Astrologie-Bücher.

Im Dorf wurden von Zeit zu Zeit religiöse Festlichkeiten veranstaltet, zu denen man Mönche von verschiedenen Klöstern einlud. Vaters Bekannte versuchten ihn zu überreden, dorthin mitzugehen, aber soweit ich mich erinnern kann, ist Vater niemals zu solchen Veranstaltungen gegangen oder hat sich Predigten angehört.

Es hat seine Gründe, dass ich Vaters Desinteresse an religiösen Veranstaltungen und Themen so hervorhebe. Denn daraus ist letztlich diese Geschichte entstanden. Sie ist über meinen Vater, aber es geht auch um mich. Oder richtiger vielleicht – mehr noch um einen von meinem Wunsch geleiteten Umstand.

၄

Nachdem ich nach Yangon gezogen war, habe ich alles Mögliche gelesen und am Ende festgestellt, dass die buddhistische Literatur für mich am besten war, mir am meisten geben konnte. Dabei bin ich zuerst auf den *Abhidhamma* gestoßen. Er ist für jeden einfach zu verstehen, ist eine Wahrheit, die sich nicht leugnen lässt. Den Bewusstseinsprozess nennt der *Abhidhamma* „withi" – Erkenntnisweg. Dafür müssen vier Dinge zusammenkommen. Nur sie gemeinsam können das Bewusstsein hervorbringen. Diese vier Elemente sind zum Beispiel: der visuelle Wahrnehmungssinn, die Klarheit des Auges, das Element Licht und schließlich die Aufmerksamkeit, Manasikaya. Wenn eines dieser vier Elemente fehlt, kann es keinen Prozess des Sehens, kein sehendes Bewusstsein geben. Wie natürlich! Man ziehe diese vier Dinge in Betracht. In der Tat kommt Sehen nur zustande, wenn alle vier da sind. Jeder Mensch, egal aus welchem Land, kann das einsehen, ohne ein Geistesriese sein zu müssen. Man braucht nur darüber nachzudenken.

Ich habe alles, was der Buddha zu diesem Thema gelehrt hat, gründlich studiert.

Vaters 1-3-7-Theorie hingegen ist sinnlos und unlogisch. Wer sollte etwas verinnerlichen, was bar jeder Vernunft, unlogisch und widersinnig ist, für das sich kaum Beweise finden lassen? Das ist mein stärkstes Argument.

Was nicht heißen soll, dass ich mein Verständnis des Buddhismus für das einzig wahre und ausnahmslos richtige halte. Auch Vater wird wohl aus seiner Sicht genauso von der Richtigkeit seiner Auffassungen überzeugt gewesen sein.

Ich glaube, dass Vater und ich uns so weit in unseren Meinungen voneinander entfernt hatten, hatte viel mit unseren Lesegewohnheiten zu tun. Vater fand viel weniger Zeit zum Lesen als ich. Er las auch nichts anderes als Schriften aus diesem einen Gebiet, in dem er Bescheid wusste und an das er glaubte. Ich las, wann immer ich Gelegenheit dazu hatte, und ich hatte genügend Zeit, über das Gelesene nachzudenken und verschiedene Thesen gegeneinander abzuwägen. Darin unterschieden wir uns.

Dabei ist mir völlig bewusst, dass ich durch das Studium buddhistischer Literatur allein nicht zu einem Meister der Lehre wurde. Ich habe nur hier und dort etwas gelesen, mal mehr, mal weniger ausführlich. Man kann nicht sagen, dass ich rundum versiert bin. Aber mein Glaube ist fest. Aber nur mit dem Glauben allein hat man ja noch nicht die Lehre erkannt. Aber dass jedes Ereignis im Leben aufgrund von Ursachen in der eigenen Vergangenheit oder früheren Leben geschehen muss, ist mir immer klar gewesen.

Man sagt ganz richtig, wenn man gutes Essen bekommt und kluge Lehren hört, erinnere man sich an gute Freunde. Wenn ich von Yangon nach Hause fuhr, hatte ich oft ein paar religiöse Bücher dabei, die ich bereits gelesen hatte und von denen ich dachte, sie wären vielleicht etwas für Vater oder Mutter. Was ich unternahm, war wie ein Versuch, jemandem die Matte wegzuziehen, die für ihn ausgebreitet war. Es nahm den Charakter einer ideologischen Auseinandersetzung an.

Und eines Tages gerieten Vater und ich aneinander.

Damals war Vater auf Besuch nach Yangon gekommen. Da war er schon 75. Es war abends nach dem Essen, als Vater anfing:

„Junge, meine astrologischen Berechnungen zeigen an, dass Mutter sterben wird. Es kann noch dieses Jahr passieren. Trotzdem – sei nicht betrübt."

Er sprach in vollem Ernst und auf eine diplomatische, rücksichtsvolle Art, die mich beruhigen sollte. Ich war weder getroffen noch erstaunt und reagierte erst einmal überhaupt nicht. Nach einer Weile kam mir ein Gedanke und ich fragte:

„Als Großmutter starb, hast du das damals vorher gewusst?"

Ich sprach von seiner Mutter, welche im Alter von 73 Jahren gestorben war. Vater überlegte einen Augenblick, bevor er antwortete.

„Damals hatte ich keine Berechnungen angestellt."

Dann schwiegen wir eine Weile. Ich sah Großmutter vor mir. Sie war oft ins Meditationszentrum gegangen. Ich hatte sie jedes Mal hingebracht. Ich erinnere mich, dass ein Buch, in dem sie oft las, vom Hanthawadi Meditationszentrum war und den Titel trug: „In sieben Tagen zum *Nibbana*". Jetzt, wo ich darüber nachdachte… Wenn ich einen Menschen hätte nennen sollen, der bei uns zu Hause meditierte, so hätte ich nur Großmutter nennen können. Großvater, also Vaters Vater, interessierte sich ebenfalls nicht für solche Dinge. Auch er war der Astrologie verfallen gewesen.

„Es würde dir gut tun, es mal mit Meditation zu versuchen, Vater", entfuhr mir, was ich im Innern dachte.

„Ich bin doch gesund, das Essen schmeckt mir, und ich schlafe noch gut. Hast du nicht gesehen, wie ich eben reingehauen habe? Du hast es doch extra für mich organisiert."

Es stimmte, Vater konnte noch alles essen und war mobil, so dass ich mir nicht wirklich Sorgen um ihn machen musste. Zum Frühstück aß er zwei Schüsseln *Moun-hinga* mit frittierten Beigaben, einem Entenei, Korianderblättern, Chili und Limettensaft. Dazu noch zwei *Samoosas*, wenn es welche gab, ansonsten zwei *Ikya-kwei*. Dazu trank er eine große Portion Milchtee. Ich konnte mich glücklich schätzen, ihn so verwöhnen zu können. Ich habe einmal etwas über den amerikanischen Millionär Rockefeller gelesen. Der hat gesagt, wie es ist, wenn man erst im Alter reich wird: „Damals, als ich es hätte genießen können, konnte ich es mir nicht leisten, und heute, wo ich es mir leisten kann, kann ich es nicht mehr genießen." Damit hatte er wohl nicht unrecht. Wenn Vater alt und gebrechlich würde und nicht mehr alles essen und trinken könnte, dann würde mich sein Zustand bestimmt traurig machen, egal wie sehr ich auch in der Lage wäre, mich um ihn zu kümmern. Dementsprechend freute es mich jetzt zu sehen, wie es ihm schmeckte. Aber Vaters Haltung, sich nur für das gegenwärtige Leben zu interessieren und offenbar keinen Gedanken an die nächste Existenz zu verschwenden, wollte mir nicht gefallen. Ich für meinen Teil war mir nicht sicher, ob mein nächstes Leben ein gutes werden würde. Aber Vater war in einem Alter, wo ich es mir für ihn wünschte, dass er in seinem eigenen Interesse etwas für den Übergang in die nächste Existenz tut, sich gedanklich auf die Früchte seines Handelns vorbereitet, die dann reifen. Aber mein Wunsch blieb nur ein Wunsch.

Wie weit bin ich selbst auf diesem Weg der Erkenntnis? Wenn ich mich das ganz schonungslos frage, kann ich nur mit dem Kopf schütteln. Ich weiß es nicht. Von Frau und Kindern möchte ich mich noch nicht trennen. Auf das Prestige meiner Position und den Wohlstand vermag ich auch noch nicht zu verzichten. Angesichts dessen frage ich mich, ob es fair von mir ist, von meinem Vater zu verlangen, dass er meditiert und sich von den Freuden des Lebens löst. Ich habe einmal einen Ausspruch des Buddha gelesen, nach dem es nobler ist, den Eltern seine Achtung und Dankbarkeit durch die Weitergabe des *Dhamma* an sie zu erweisen, statt mit materiellen Dingen. Das finde ich richtig. Vielleicht war ich deshalb so bestimmt gegenüber Vater in dieser Sache. Aber auch das ist kein besonders gutes

Argument. Es kam mir vor, als ob ich selbst religiöse Verdienste erlangen wollte, indem ich Vater zum Meditieren drängte. Mit diesem Gedanken im Hinterkopf wählte ich vorsichtig meine Worte, denn was ich sagen wollte, war wichtig.

„Der Buddha hat gelehrt, dass nicht astrologische Berechnungen das Leben bestimmen, Vater. Ich habe gelesen, die vier Grundlagen des Lebens seien *Kamma*, Denken, Physis und Nahrung."

Ich formulierte das so, „ich hätte es gelesen", damit Vater nicht denkt, ich wolle ihm Lehrreden halten. Es gibt einen Spruch, der besagt, nur wer den Menschen liebt, ist der Lehre nahe. Die menschliche Natur ist so, dass man nur Personen glauben schenkt, die man achtet. Aber würde Vater mich ebenso achten können wie andere? Wenn nicht, könnte er dann meine Worte akzeptieren, so gut sie auch sein mögen?

„Dieses *Kamma* ist ja, wovon ich rede. Im Horoskop ist doch das *Kamma* aus der Vergangenheit der Menschen enthalten. Ich habe es von klein auf geliebt, nur gutes Essen zu genießen, und wir konnten es uns auch immer leisten. Sieh dir die Tin Nyunts gegenüber an. Die konnten nie reichlich essen. Und das ist bis heute so."

Vaters Verständnis von *Kamma* und meines gingen doch ziemlich auseinander.

„Man sagt, es gibt zwei Arten von *Kamma*, Vater, das vergangene und das gegenwärtige. Das *Kamma* aus der Vergangenheit ist so, wie du sagst. Richtig. Aber das *Kamma* der Gegenwart wird wohl zu einem Teil auch von unseren jetzigen Willensregungen und unseren Anstrengungen bestimmt. Dass Tin Nyunts Familie jetzt arm ist, hat nicht allein mit ihrem *Kamma* aus der Vergangenheit zu tun. Es werden auch ihr jetziges Tun und Lassen eine Rolle spielen, nach dem, was ich darüber gelesen habe."

Bei allem, was ich sagte, passte ich auf, dass ich nicht vergaß, am Ende „habe ich gelesen" hinzuzufügen.

„Aber nein, Junge! Sie strengen sich doch an, sogar mehr als wir. Aber es kommt einfach nichts dabei heraus. Du kennst doch den Spruch: Ohne gutes *Kamma* hilft auch der hellste Kopf nicht aus der Armut."

Vater wollte offensichtlich nicht nachgeben. Er hatte seine Argumente und war entschlossen, sein Weltbild wasserdicht zu halten.

Ich sagte, nicht ganz ernst gemeint:

"Wenn die vier Grundlagen der Existenz *Kamma*, Denken bzw. Bewusstsein, Physis und Nahrung sind, dann ist es eben nicht nur *Kamma*, sondern auch noch Verstand, Physis und Nahrung. Nehmen wir das Denken. Ein Beispiel aus einem Buch: Dass du jetzt hier nach Yangon gekommen bist, liegt doch nicht am *Kamma*. Ist es nicht viel mehr, weil du in deinem Innern kommen wolltest? Wenn du nicht gewollt hättest, wärst du natürlich nicht gekommen."

Vater wollte dieses Argument eigentlich nicht gelten lassen. Aber es war kaum zu leugnen, und ich sah ihm an, dass ich ihn damit ein Stück weit erwischt hatte. Er überlegte eine Weile und sagte dann:

„Wie sehr ich auch hätte kommen wollen, wenn das *Kamma* dagegen gestanden hätte, wäre ich kurz vorher krank geworden, oder es wäre unterwegs etwas mit dem Bus oder dem Zug passiert. Allein das *Kamma* ist entscheidend!"

Mir schien, er wollte einfach nicht nachgeben. Er war wohl überzeugt, dass es keinen Sinn hatte, wenn wir zwei uns noch weiter gestritten hätten. Zu einem späteren Zeitpunkt sollte die Gelegenheit kommen zu beweisen, dass seine Horoskope nicht immer richtig waren. Allerdings war diese Gelegenheit mit einem Ereignis verbunden, welches ich mein Leben lang nicht werde vergessen können.

5

Es war zur Zeit des Wasserfestes im April 1997, als mich meine Schwester anrief und sagte, dass Vater krank sei und ich so schnell wie möglich kommen sollte. Ich nahm den nächsten Zug nach Hause. Es hieß, Vater hätte ein Geschwür im Darm. Zu jener Zeit gab es nur wenige Ärzte bei uns im Ort. Und keiner machte Hausbesuche. Meist musste man zum Krankenhaus fahren.

Die Zeit ums Wasserfest ist besonders heiß und trocken. Vater litt unter Darmblutungen, und es tat mir weh, ihn so unter der Hitze und der Erkrankung leiden zu sehen. Er sah etwas niedergeschlagen aus. Wegen der inneren Blutungen war sein Blutdruck sehr niedrig. Das Fieber pendelte zwischen 39 und 40 Grad. Aber meine Ankunft gab ihm etwas Kraft.

„Bist du da, Junge?" fragte er. Ich überlegte, dass es ihn vielleicht am ehesten aufmuntern könnte, wenn ich so etwas sagte wie er damals in Yangon, als er mir erzählte, dass er gesund sei und wir uns um Mutter Sorgen machen müssten.

„Das kommt nur durch das hohe Fieber. Das geht bestimmt bald vorüber, Vater.", sagte ich mit einem Lächeln.

Wegen des Ärztemangels besorgte ich einen Arzt aus einer anderen Stadt, etwa fünf Meilen von unserer entfernt. Das nahm fast den ganzen Tag in Anspruch. Aber es gelang. Als wir zu Hause ankamen, rief ich:

„Wir haben Glück gehabt. Gerade als ich kam, wollte der Doktor in ein anderes Dorf fahren. Um ein Haar hätten wir uns verpasst. Ich glaube, das ist dein *Kamma*, Vater. Da sind wir."

Der Hauch eines Lächelns kam auf Vaters Gesicht. Mutter sagte:

„Heute Morgen hat er seine Diät astrologisch berechnet und mir aufgetragen, für ihn Zuckerrohrsaft mit Ingwer zu kochen. Nun ist das Getränk fertig. Soll ich es ihm gleich geben?"

Der Arzt war verdutzt:

„Mit dem Geschwür im Darm muss er alles meiden, was im Körper Hitze erzeugt, und darf nichts Scharfes essen, damit es heilen kann. So etwas dürfen Sie ihm auf keinen Fall geben!" Ich ging mit Mutter nach hinten in die Küche und sagte leise, sie solle das Gebräu aus Ingwer und Zuckerrohrsaft weggießen.

Ich weiß nicht, ob es Vaters *Kamma* war. Mit den Medikamenten, die der Arzt verschrieben hatte, sank das Fieber in wenigen Tagen, und Vater ging es langsam wieder besser. Der Arzt hatte angewiesen, dass Vater keine feste Nahrung und nichts Hitze Erzeugendes oder Scharfes essen sollte, bevor das Geschwür richtig abgeheilt ist. In diesen zwei, drei Tagen pflegte ich Vater rund um die Uhr und schlief so gut wie überhaupt nicht. Ich schätzte mich glücklich, dass ich diese seltene Gelegenheit bekam, denn es gibt kaum eine dankbarere und verdienstreichere Aufgabe, als sich um seine Eltern kümmern zu dürfen.

Menschen mit hohem Fieber schwitzen durch die Medikamente besonders stark. Deshalb muss man oft die Sachen wechseln, sonst erkältet sich derjenige zusätzlich noch. In der Nacht schlief ich nicht, weil ich regelmäßig prüfte, ob Vater schweißdurchnässt war. Und dann wechselte ich ihm das Hemd. Wenn er austreten musste, brachte ich ihm die Schüssel und wischte ihn nachher sauber.

Am Tag, als das Fieber weg war, legte der Arzt ihm einen Tropf, damit er wieder zu Kräften kam. Danach ging es ihm schon viel besser. Aber für jemanden, der so gerne aß wie er, war es natürlich schwer, keine feste Nahrung zu sich nehmen zu dürfen. Wie ein kleines Kind, das seinen Willen nicht bekommt, sagte er unaufhörlich, er wolle endlich anfangen wieder richtig zu essen. Wenn wir aßen, sah Vater neidisch zu uns herüber. Es ging ihm zwar schon besser, aber das Geschwür war noch nicht völlig abgeheilt, so dass er nur Glukose, Wasser, Brühe und dünnen Reisschleim bekam.

„Gedulde dich noch etwas, Vater. Du hast die Krankheit gerade erst überstanden. In vier, fünf Tagen kannst du wieder essen, was du möchtest. Nichts von dem, was du jetzt essen willst, hast du noch nie gegessen. Also, ein wenig kannst du noch warten."

Ich musste ihn trösten wie ein Kind und von seinem Appetit ablenken.

Am ersten Tag, als er sich wieder gesund fühlte und wir gerade nicht da waren, stand Vater auf, duschte und fing an wieder zu essen. Und wie er aß! Klebreis mit gebratenem Fisch schmeckten ihm herrlich. Und er aß das aus Yangon bestellte Weißbrot mit dicker, süßer Kaffeesahne. Er war nicht zu bändigen und hätte sich von niemandem stoppen lassen. Seine Begründung war, dass er seinem Horoskop zufolge noch lange nicht sterben würde. Er schien zu glauben, dass er jede Krankheit im Nu überstehen würde. Weder die Entzündung im Darm wollte er akzeptieren noch die Tatsache, dass diese durch falsches Essen wieder aufbrechen könnte. Am nächsten Tag bekam er wieder Fieber und Durchfall. Diesmal sah es sogar schlimmer aus. Er hatte so hohes Fieber, dass Schüttelfrost auftrat. Ich versuchte, denselben Arzt zu rufen. Aber diesmal hatte ich kein Glück. Er war woandershin unterwegs. Also holte ich eine Krankenschwester aus der Nähe. Sie maß Vaters Blutdruck, der genau wie beim letzten Mal sehr niedrig war. Er kam wieder an den Tropf mit einer großen Flasche Glukoselösung. Vaters Körper war brennend heiß. Er konnte nicht mehr sprechen und verzog nur ab und zu das Gesicht.

Oh Buddha... Sollte ihm sein Schicksal diesmal nicht mehr gnädig sein, fragte ich mich im Stillen. Ich glaubte nicht, dass ihn in dieser Situation seine astrologische Methode noch retten konnte. Es war, als ob seine Hand, die immer wieder über den Körper irrte, einen Schlussstrich ziehen wollte. Sein Tag war gekommen. Ich entschied, dass ich vor allem etwas dafür tun musste, dass Vater angesichts des Todes eine heilsame Gefühlsregung hat, die den Übergang ins nächste Leben erleichtern würde. Ich ging ganz nah an ihn heran und rief:

„Vater, Vater!"

Er reagierte nicht. Ich hob meine Stimme. Etwas wie ein Seufzer oder Wimmern kam:

„Ach ......"

„Wie fühlst du dich, in deinem Herzen?"

Keine Antwort.

„Spürst du eine Hitze in der Brust, einen Druck?"

Er konnte nichts mehr sagen.

„Dieses unangenehme Gefühl, das willst du doch nicht empfinden, oder? Das ist das Leiden, von dem der Buddha sprach. Das ist Dukkha-Vedana, das „Leid-Empfinden". Man muss wissen, dass es das ist."

Er konnte keinen Laut mehr hervorbringen. Er verdrehte die Augen und verzog das Gesicht. Ich verstand, dass das der Moment des letzten Versuchs war. Schon manchmal hatte ich es sagen wollen, aber nie getan. Jetzt drängten sich die Worte auf die Zunge und brachen heraus:

„Dieses Brennen hat nichts mit dem Los des Sonntagsgeborenen zu tun, und das taub-stechende Gefühl nichts mit dem am Donnerstag Geborenen. Das ist Dukkha-Vedana, Vater. Es entsteht aus sich selbst heraus, ganz von alleine. Das ist nicht in dir, das bist nicht du. In Wahrheit gibt es nur Dukkha-Vedana und das Wissen darüber. Es gibt nur diese beiden Dinge. – Vater, Vater, hörst du mich?"

Die Verzerrung seines Gesichtes fing langsam an sich zu lösen. Seine zuckende Hand kam zur Ruhe. Die Temperatur sank spürbar. Der Körper, der aus *Kamma*, Bewusstsein, Physis und Nahrung erwächst, endet auch durch diese vier Dinge. Ich wusste, der Augenblick des Todes war gekommen. Man sagt, im Moment des Todes vergeht zuerst der Teil des Körpers, der aus *Kamma* erwächst, danach der, der aus Bewusstsein erwächst. Der auf Nahrung beruhende Teil vergeht zusammen mit dem des *Kammas*. Und die festen Bestandteile, welche auf Physis beruhen, bleiben ohne jedes Bewusstsein zurück.

Ich hatte keine Gelegenheit bekommen, es Vater noch einmal zu erklären. Aus seinen Augen war je eine Träne geflossen. Ich hoffte, Vater hatte meine unerwiderten Worte trotzdem vernommen. Aber waren sie in der Lage, Horoskope und Astrologie, die Vaters Leben bestimmt hatten, so einfach zu verdrängen? Wenn, dann nur durch ihn selbst. Durch mein Reden bestimmt nicht. Ich glaube nicht, dass man mit bloßen Worten die Überzeugungen anderer ändern kann. Es ist uns nicht möglich, ein anderes Wesen zu befreien. Wir können nur den Weg weisen. Freikämpfen muss sich jeder allein, und der Weg führt über das *Dhamma*. Während ich Mutter und Schwester weinen hörte, war mir, als hätte ich diese bestimmte Wahrheit verstanden.

Sehnsucht nach Meru

Maung San Win (Bhamo)

မြင်းမိုရ်လွမ်းခြင်း

မောင်စံဝင်း (ဗန်းမော်)

1

In die Arme eines Sommerabends legt sich mit überraschender Schnelligkeit finsterste Dunkelheit. Vom Himmel über der dunklen Welt springt ein Stern nach dem anderen herab. Der Mond zählt die Sterne und fliegt flügellos über den dunklen Himmel.

„Vater… Vater…" , murmele ich leise, während ich nach Sternschnuppen Ausschau halte. Das laute Zirpen der Grillen in der Dunkelheit hatte mein Herz noch mehr mit Sehnsucht erfüllt. Frei von Sorgen und Ängsten liegt Vaters lebloser Körper da. Auf seinem Gesicht scheint ein leichtes Lächeln zu liegen.

„Machst du dich über die Welt lustig, Vater?" Seine Augen sind zur Hälfte geschlossen. Im Zeitraum eines Augenzwinkerns hatte er alles hinter sich zurück gelassen. Er, der, wenn er nicht gerade zur Schule oder Pagode ging, ausgeblichene, abgewetzte Kleidung trug, wirkte jetzt im weißen Hemd mit Stehkragen und blaugrün karierten-Kachin Longyi ungewöhnlich ordentlich gekleidet.

„Vater, es erscheint wie ein Traum, dass wir so plötzlich voneinander getrennt wurden, nicht wahr? In Wirklichkeit ist dieses ganze Leben ein einziger langer Traum voller Sehnsüchte. Du, Vater, bist einem solchen Traum entkommen. Wir müssen ihn weiterträumen und uns Hoffnungen machen, Vater. Wir müssen ihn weiterträumen."

2

Von seinen drei Söhnen liebte Vater mich, den ältesten, am meisten. Wir sahen uns sehr ähnlich. Die Art zu kommen und zu gehen, zu sitzen, zu stehen, zu liegen… Von der Hautfarbe angefangen bis hin zu Körpergröße und Figur waren Vater und ich uns zum Verwechseln ähnlich. Da ich ihm so glich, schien er große Hoffnungen für die Zukunft in mich gesetzt zu haben. Als ich die Grundschule absolviert hatte, schickte er mich zur Oberschule. Die meisten Leute aus unserem Dorf hatten gerade mal Grundschulbildung. Spätestens wenn die Kinder die vierte Klasse erreichten, behielten ihre Eltern sie zu Hause, damit sie auf den Feldern halfen. Die Mädchen lernten, Reis zu verpflanzen, die Jungen zu pflügen, zu eggen und Reissämlinge für das Verpflanzen vorzubereiten.

Ob es in einer solchen Umgebung, die der Bildung keinen Wert beimaß, ein Glück für mich war, weiter zur Schule zu gehen? Wie auch immer, jedenfalls brauchte ich vorerst nicht in die matschigen Reisfelder zu steigen.

„Reisbauer zu sein, ist furchtbar anstrengend, mein Sohn. Man muss sich in Regen und Matsch den ganzen Tag zusammen mit den Ochsen abrackern. Du solltest nicht anstreben, dein ganzes Leben als Bauer zu arbeiten. Streng dich an, damit du ein Büroangestellter wirst. Im Schatten mit dem Füllfederhalter in der Hand zu dösen – würde dir das nicht gefallen?"

Oft motivierte Vater mich so. Ermutigte mich voller Wohlwollen. Lobte mich liebevoll. Als ich mich so zu entwickeln begann, wie er es sich vorstellte, wurde er zuversichtlich. Als ich in der städtischen Oberschule Jahr für Jahr Auszeichnungen als Erst-, oder Zweitbester der Klasse erhielt, strahlte Vater vor Freude. Jedes Mal, wenn Gäste zu Besuch kamen, konnte er gar nicht mehr aufhören, über mich zu reden. Wenn Vater mit seinem Sohn angab, so hatte das seinen Grund: In seinem ganzen Leben war sein Sohn das Herausragendste überhaupt, nicht wahr?

„Hpo Htay, Hpo Kyaw, seht euch euren Bruder an! Jedes Jahr kriegt er eine Auszeichnung von der Schule in der Stadt. Wie begabt er ist!" Immer wenn ich ein Foto von der Verleihung der Auszeichnungen mitbrachte, zeigte Vater es meinen beiden jüngeren Brüdern und forderte sie auf, es mir nachzumachen. Aber sie waren eher daran interessiert, frühzeitig in den Reisanbau einzusteigen. Da Vater also in die Ausbildung seiner beiden jüngeren Söhne keine großen Hoffnungen setzen konnte, war er um so begeisterter von mir.

Ich erinnere mich an das Jahr, als ich die achte Klasse mit drei Einsen abgeschlossen hatte. Vater verkaufte eine Wasserbüffelkuh und ihr Kalb, um ein Fahrrad für mich kaufen zu können.

„Streng dich weiter an, damit du auf das College oder die Universität gehen kannst! Wir treiben schon genug Geld auf, und wenn es knapp wird, leihen wir uns eben was; für dich versetzen wir Berge, wenn es sein muss."

Vaters Worte trieben mich an. Seine Schweißtropfen wirkten auf mich wie ein Tonikum.

„In unserer Familie bist du der einzige Begabte. Inzwischen helfen mir deine beiden Brüder bei der Arbeit. Mach dir keine Sorgen um die Familie! Streng dich nur weiter in der Schule an. Und interessiere dich nicht zu sehr für die Mädchen. Wenn du eines Tages zu den Gebildeten gehörst, ein richtiger Beamter bist, kannst du jede haben, bei der du nur anklopfst." So schlicht ermahnte Vater mich, als ich in die Pubertät kam. Niemals war er wirklich wütend auf mich, nie grollte er mit mir. Manchmal, wenn ich wirklich etwas angestellt hatte, deckte er mich liebevoll.

Wenn ich Geld brauchte, gab mir ein Markthändler soviel ich erbat und ließ es sich im Dorf dann von meinen Eltern zurückzahlen. Als sie in finanziellen Schwierigkeiten waren, verkauften sie still und leise etwas von Mutters Goldschmuck, damit ich genug zu essen hatte, Kleidung kaufen und mir einen Lebensstil leisten konnte, der dem Niveau meiner Mitschüler entsprach.

3

Die Zeit verging schnell. Als ich mein Studium abschloss, war das Haus meines Vaters so heruntergekommen, dass sich nicht mal mehr die Warane trauten, darauf zu klettern. Wenn auch das Geld ausging und er bis zur Erschöpfung arbeitete, so schienen meine Erfolge Vater glücklich zu machen. Da in unserem Dorf Menschen mit Universitätsabschluss rarer noch als Gold waren, nahm ich es Vater nicht übel, dass er sich meiner rühmte.

„Mein Sohn, der hat jetzt einen Universitätsabschluss. Passt auf, bald ist er Beamter!" Mein Vater, der sein Lebtag lang als einfacher

Bauer lebte, dachte sich wohl, ich hätte es jetzt geschafft und käme ganz groß raus. Der Arme wusste ja nicht, dass es in der Stadt Universitätsabsolventen ohne Ende gab. Dass es noch ganz anderer Dinge bedurfte, um Beamter zu werden, als nur eines Universitätsabschlusses, wusste er auch nicht. Ich brachte es nicht übers Herz, ihm von diesen Dingen zu erzählen. Sie kamen mir einfach nicht über die Lippen. Vater war verarmt und erschöpft. Ich hatte zwar vieles von meinen Eltern erhalten, war aber nicht in der Lage, ihnen etwas zurückzugeben. Kurz gesagt, damit ich mit meinem gewöhnlichen, kleinen Universitätsabschluss eine Arbeit bekommen konnte, mussten wir das Land opfern, das Vater eigenhändig urbar gemacht hatte. Vater verpfändete es nach dem folgendem System: Wenn er das Geld vollständig zurückzahlte, würde er das Land vollständig zurückerhalten. Je mehr Geld er nicht zurückzahlen konnte, desto mehr Land ging in den Besitz des Geldgebers über und konnte von ihm bewirtschaftet werden.

„Das ist schon in Ordnung, wenn wir ein, zwei Monsunzeiten das Land nicht bewirtschaften können. Das Wichtigste ist doch, dass du eine Stelle als Beamter bekommst. Dann kann ich mich endlich von der Landwirtschaft zur Ruhe setzen," tröstete Vater mich. Das Letzte, was ihm blieb, war das Lächeln auf seinen Lippen, wenn er mir so Mut machte. Als er mich schließlich in einer kleinen Position sah, die nach Beamtentum klang, wird sich in seinem Herzen die Sorge mit Freude gemischt haben.

4

Mein Gehalt reichte nicht aus, um Vaters Land wieder auszulösen. Mein Vater und meine Brüder mussten den Reis, den sie als Lohn erhielten, wenn sie in der Monsunzeit für andere Leute Reis pflanzten und im Winter deren Ernte einbrachten, zur Hälfte verkaufen und den Erlös sparen, um Vaters Land zurückgewinnen zu können. Zwar war ich jetzt Beamter, aber daran, dass mein Vater sich von der Landwirtschaft zurückziehen würde, konnte keine Rede sein; nicht mal den für die Arbeit in den Feldern hochgesteckten Longyi konnte er zwischendurch herunterlassen. Aber wie erschöpft Vater auch war – das Lächeln meinetwegen wich nicht von seinen Lippen. Wann immer er einen der Angestellten aus der Stadt traf, die das Dorf gelegentlich besuchten, erzählte er: „Ja mein Sohn, der ist auch Direktor im Amt Soundso…".

Tatsächlich hätte es noch weit größerer Summen bedurft, auch nur einen kleinen Abteilungsleiterposten zu bekommen – vom Direktorposten ganz zu schweigen. Aber Vater in seiner Einfachheit kannte die Geheimnisse der ihm fremden Welt der Bürokratie nicht. Ich wollte ihn auch nicht darüber aufklären, wollte ihn nicht enttäuscht sehen. Er schien so glücklich darüber, dass jeder im Dorf ihn jetzt als Vater eines gebildeten Beamten achtete. Das war es, das er durch mich zu erreichen gehofft hatte. Geld konnte ich ihm keines zurückzahlen. Nicht mal einen neuen Longyi konnte ich für ihn kaufen. Wenn ich ihm aber begegnete, erzählte Vater mir, wie er fühlte: „Von euch dreien kannst nur du als Beamter ein anständiges Leben führen. Darüber kann ich gar nicht zufrieden genug sein! Ich erwarte nicht, dass du uns unterstützt, und habe auch nie darauf gehofft. Ja, als Eltern sind wir satt, wenn wir sehen, dass unsere Kinder es nach oben geschafft haben."

5

Vaters Glück wollte ich nicht zerstören. Einige Jahre überstand ich Höhen und Tiefen, die Schwierigkeiten des Lebens als kleiner Staatsbediensteter. Ich heiratete und bekam eine Tochter, aber musste auch einige Hoffnungen aufgeben. Nicht alle Tänze auf der Bühne des Lebens konnte ich mittanzen. Aber ich ließ mich von den anderen mittreiben und trieb weiter durch das Leben. Nachdem ich mich aus dem Schatten meines Vaters gelöst und in unbeständigen Verhältnissen so gut es ging einen eigenen Haushalt gegründet hatte, versank ich in einem Dschungel von Unglück. Ich bemerkte, dass ich in einer Zeit, in der ich mit voller Belastung meinen Mann hätte stehen müssen, auf Dauer nicht dazu in der Lage war. Die Zukunft war keineswegs gesichert. Um täglich drei Mägen füllen zu können, mussten wir uns nicht wenig auf die Hinterbeine stellen. Und auch unsere Köpfe waren mit der Zeit reichlich ausgelaugt.

Meine Ideale verblassten zunehmend.

Mit Einverständnis meiner Frau quittierte ich den Staatsdienst. Wir beide nahmen jede Arbeit an und hielten uns so mehr schlecht als recht über Wasser. Mein armer Vater aber wusste nicht, dass ich meine Karriere als „großer Beamter" aufgegeben hatte. Still und heimlich arrangierten wir auch alles so, dass er nie davon erfahren würde. Er wäre nicht glücklich darüber gewesen.

6

Zufall? Wohl kaum. Kurz nachdem ich meine Stelle gekündigt hatte, bekam Vater in der Hitze des Sommers die Malaria, die das Gehirn befällt. Ziemlich lange lag er bewusstlos im Krankenhaus. Alle gingen davon aus, dass es mit ihm vorbei sei. Als er wieder zu sich kam, hatte sein Gehirn Schaden genommen. Von diesem Zeitpunkt an wurde Vater langsam verrückt. Aber trotz Geistesverwirrung erkannte er uns alle wieder. Nicht nur seine Familie, keinen aus dem Dorf hatte er vergessen. Traf er alte Freunde und Bekannte, war er wie früher. Das Seltsame aber war, dass er sich alle vier, fünf Minuten wiederholte, als ob er betrunken wäre. Ob man ihm zuhörte oder nicht, er erzählte, ohne auch nur Luft zu holen, in einem fort, was ihm gerade in den Sinn kam. Vater, der sich früher sehr schwer tat, auch nur ein Wort über die Lippen zu bringen, glich nun einem Papagei.

Wenn auch Vater wirr im Kopf war, an alles, was mich betraf, erinnerte er sich bis ins kleinste Detail. Für ihn war ich noch immer der wichtige Beamte. Wenn ich ihn an Wochenenden besuchte, sagte er „Heute hat deine Behörde geschlossen, nicht wahr, mein Sohn?" Dann verspürte ich jedes Mal eine unausdrückbar tiefe Traurigkeit in meinem Herzen. Und während ich dieses Gefühl hinunterschluckte, musste ich Vater auch noch belügen, damit er nicht merkte, wie es tatsächlich um mich bestellt war: „Genau, Vater. Ich kann bei Dir vorbeikommen, weil heute geschlossen ist."

„Und wie geht's mit der Arbeit? Kommst du zurecht?"

„Ja, Vater. Ich habe so gut wie keine Schwierigkeiten."

„Das wollte ich hören, dass du zurechtkommst. Ich bin alt geworden und will nur noch Freude an meinen Söhnen und Enkeln haben."

Obwohl ich Vater die gewünschten Antworten auf seine Fragen gab, hätte ich am liebsten geweint und fühlte mich schlecht. Vater, dem sein Sohn die wahre Lage verheimlichte und Lügen erzählte, tat mir so Leid.

Wenn ich manchmal am frühen Nachmittag bei ihm vorbeisah, stichelte Vater „Na, hast du nicht heute etwas zu früh Feierabend gemacht?" Eine Antwort darauf blieb mir im Halse stecken. Würde sein Verstand weiteren Schaden nehmen, wenn ich ihm jetzt die Wahrheit erzählte? Würde er am Ende vollends verrückt?

„Von meinen drei Söhnen ist einer ein richtiges Musterkind, und ich bin sehr zufrieden. Seit er ein wichtiger Beamter ist, wirkt alles an ihm, von der Art zu sprechen bis hin zu seinem Äußeren, richtig vornehm", brüstete sich Vater nach wie vor mit mir. Jene Menschen im Dorf, die die Wahrheit kannten, lächelten dann über ihn. Aber er tat ihnen auch Leid. Sie begegneten ihm auf angemessene, respektvolle Weise. Enkel, Neffen und die Kinder im Schulalter mussten sich auch von ihm ermahnen lassen:

„Strengt euch an in der Schule. Wenn ihr die 10. Klasse abschließt und studiert, werdet ihr Beamte wie mein Sohn San Win. Wünscht euch nicht ein Leben, bei dem ihr euch hier auf dem Dorf abrackern müsst!"

Wenn es Zeit, ins Büro zu gehen gewesen wäre, pflegte Vater auf seinen krummen Gehstock gestützt mühsam zu unserem Haus herüber zu kommen. „Mein Sohn, die Sonne steht schon hoch am Himmel. Mach dich fertig, um zur Arbeit zu gehen!" Er hatte es sich zur täglichen Aufgabe gemacht, mich daran zu erinnern, dass ich rechtzeitig losging. Manchmal traf er mich an, meistens aber meine Frau. „He Mya Nwe, wo steckt den San Win?" rief er dann. „Der vergisst doch nicht zur Arbeit zu gehen, oder?" „Nein, Schwiegerpapa, er ist eben zur Tür hinaus." „Oh, tatsächlich? Recht so. Recht so!"

Von einer Wand aus Bambusgeflecht verdeckt, sah ich meinem Vater nach, der für die Wahrheit hielt, was ihm seine Schwiegertochter da vorlog, und meine Tränen strömten.

Zur Feierabendzeit schaute Vater oft noch einmal bei uns vorbei. Wenn er mich nicht antraf, fragte er meine Frau: „Mya Nwe, ist San Win noch nicht von der Arbeit zurück?", und sprach sorgenvoll weiter:

„Ob er soviel Arbeit hat? Oder mit den Kollegen noch etwas essen gegangen ist? Oder vielleicht ist ihm das Fahrrad unterwegs kaputtgegangen?"

Traf er mich hingegen an, sagte er: „War alles in Ordnung im Büro heute, nicht wahr?" „Ja Vater. Alles O.K.", antwortete ich stets. „Hm, gut so, gut so."

Nachdem er eine ihn zufrieden stellende Antwort bekommen hatte, pflegte er sich auf seinen Stock gestützt wieder mühsam auf den Heimweg zu machen.

Wie könnte ich diese Bilder, diese Geschehnisse vergessen? Wie werde ich je wieder gut machen können, dich wegen meines Scheiterns immer wieder angelogen zu haben, Vater?

7

Jetzt aber hatte Vater seinen Sohn und seine ganze Familie verlassen, um in ein neues Leben aufzubrechen. Bis zu seinem Tode hatte er daran geglaubt, dass ich ein wichtiger Beamter sei. Er nahm das Glück und die Zufriedenheit, mit der ich ihn erfüllt hatte, mit auf den Weg in die nächste Existenz. Ob er, wenn er irgendwo dort die Wahrheit über mich erfährt, über mich spottet? Oder ob er untröstlich sein wird? Mit dem schlechten Gefühl darüber, meinen Vater belogen zu haben, bleibe ich zurück. Meine verspätete Reue wächst ständig.

Unter der traurigen Sonne des Frühsommers äscherten wir Vater ein und begruben ihn. Gemeinsam mit ihm wurden auch die Hoffnungen begraben, die er in mich gesetzt hatte.

Die nutzlose Frau

Min Lu

အသုံးမကျတဲ့မိန်းမ

မင်းလူ

„Schon lange wollte ich Ihnen mal von meiner Frau erzählen", sagte er, kaum dass wir uns hingesetzt hatten. Und dann zum Wirt:

„Bringen Sie eine Flasche „Klaren", dazu eine Portion frittierte Kichererbsen und zwei Stück getrocknetes Rindfleisch!"

Der Wirt stellte zuerst eine Flasche „Klaren", zwei kleine Schnapsgläser und einen Krug Wasser auf den Tisch.

Er goss die zwei Gläschen gut halbvoll mit Schnaps. Eins zog er zu sich herüber und mischte etwas Wasser darunter. Dann nahm er einen Schluck aus dem Glas. Sein Schluck leerte das Glas zur Hälfte.

„Na, trinken Sie schon. Ach ja, richtig. Sie trinken ja immer erst, wenn Sie etwas zum Knabbern haben." „Schnell, die frittierten Kichererbsen. Nein, bringen Sie erst mal das Rindfleisch. Oder, genau, machen Sie uns einen Eiersalat," rief er in einem Atemzug dem Wirt zu. Der legte in ein kleines Blechtellerchen zwei Stücke frittiertes getrocknetes Rindfleisch und brachte es uns.

Er setzte das Glas erneut an, stürzte den restlichen Schnaps hinunter und fuhr fort:

„Ich wollte Sie schon lange treffen, um mit Ihnen zu reden. Habe Ihnen so viel zu erzählen. Was mir alles so passiert ist. So was kann man ja auch nicht irgendwem erzählen. Nur jemandem so wie Ihnen, der das nachvollziehen kann. Wir beide haben ja ziemlich viel gemeinsam, nicht wahr?" Wie vorhin goss er sich Schnaps ein, mischte etwas Wasser darunter und trank sofort einen großen Teil davon in einem Zug.

„Meine Frau, wissen Sie, die ist so richtig nutzlos. Hahaha… Nun staunen Sie aber, dass ich so etwas sage. Oder vielleicht denken Sie, ich habe sie nicht mehr alle, weil ich zuviel trinke? Aber ich meine es ernst, wissen Sie. Wenn ich es Ihnen erkläre, wird es Ihnen allmählich einleuchten Also, meine Frau und ich, wir wurden nicht von unseren Eltern füreinander ausgesucht. Sie wissen ja selber, dass wir geheiratet haben, weil wir uns ineinander verliebt hatten, damals."

Als der Wirt die Kichererbsen und die Enteneierscheiben brachte, unterbrach er seine Ausführungen.

„Was kostet die Flasche Schnaps?", fragte er den Wirt. „Sechsundzwanzig." – „Ha, das gibt's doch nicht. Gestern waren es doch noch vierundzwanzig, oder?"

„Genau. Heute hat selbst der große Laden nur ganz wenig geliefert bekommen und musste früh zumachen. Nur weil ich die letzten Tage was zurückgelegt habe, kann ich jetzt noch verkaufen."

„Na, so ein Ärger. Wir haben doch nur den Klaren, wenn wir uns mal was Gutes gönnen wollen. Was sollen wir nur tun, wenn die Preise weiter so steigen..." Er redete noch eine Weile darüber, wie rar und teuer doch der Schnaps geworden sei, ohne jedoch fortzufahren, wo er vorhin unterbrochen hatte. Die Hälfte der Flasche war inzwischen ausgetrunken; von den bestellten Knabbereien hatte er aber noch nicht einen Bissen gegessen.

„Wie auch immer, in so einem Ausschank am Straßenrand geht es ja immer noch. Wenn man in einem richtigen Restaurant sitzt, nehmen die schon für eine Portion gebratenen Wasserspinat sieben, acht oder zehn Kyat. ... Naja, ich ess' ja schon."

Er nahm eine frittierte Kichererbse, biss eine Hälfte ab und legte die andere Hälfte zur Seite. Dann aß er auch die zweite Hälfte.

„Auch wenn ich viel Schnaps trinke, esse ich meistens nicht viel von den Knabbereien. Aber wenn ich nach Hause komme, esse ich immer was Ordentliches. Sie wissen ja, wie gut meine Frau kocht. ... Ach ja, genau. Ich wollte doch weitererzählen, womit ich eben angefangen hatte. Einerseits sagt er, seine Frau sei nutzlos, andererseits lobt er ihre Kochkünste – das passt doch nicht zusammen, werden Sie denken. Dass sie gut kocht, ist wirklich wahr. Nicht so was wie Wels oder Langusten in reichlich Öl. Ein paar Fischchen mit Gemüse kann sie, ohne viel Geld auszugeben, so kochen, dass es richtig gut schmeckt. Heutzutage ist es doch genau das, was als „gut kochen" zählt, oder? Und wo ich das so sage, fällt mir noch ein Grund ein, sie zu loben: Sie ist sehr sparsam beim Einkaufen. Und sie achtet sehr darauf, dass wir nicht zuviel verbrauchen. Deshalb kommen wir ja auch einigermaßen zurecht. Und das, obwohl wir gelegentlich noch von unvorhergesehenen Ausgaben überrascht werden."

Wieder nahm er einen kräftigen Schluck aus dem Glas, fischte einen Zwiebelring aus dem Eiersalat und aß ihn.

„Sie essen doch gerne dieses Knabberzeug. Greifen Sie nur zu. Das Rindfleisch ist sehr gut. Hm, also… wie ich gerade schon gesagt hatte, haben wir uns damals an der Universität getroffen und ineinander verliebt. Damals war ich noch gar nichts. Und was mal aus mir werden würde, war nicht abzusehen. Wirklich. Ich hatte zwar

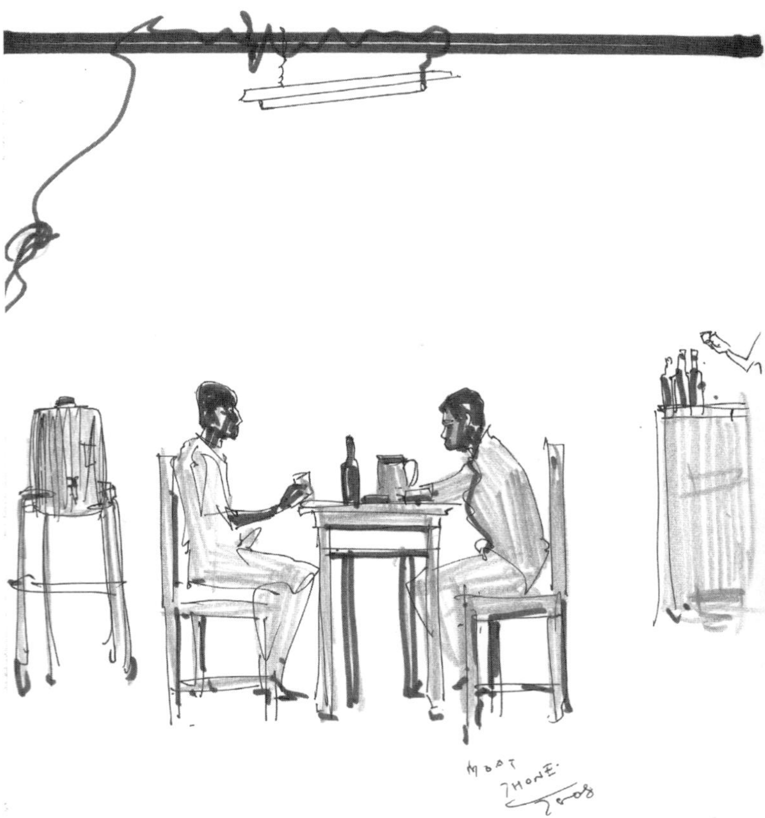

Geologie als Hauptfach, aber vielleicht würde ich ja mal in einer Genossenschaft arbeiten oder im Fischfang. Oder ich würde vielleicht durch das Leben trödeln, weil ich keine Arbeit gekriegt habe. Und in so einen hatte sie sich verliebt. Na ja, bei einem Universitätsstudenten besteht ja doch Hoffnung, werden Sie sagen. Aber ich war ein mittelloser Student. Unter ihren Verehrern befanden sich zukünftige Ärzte und Söhne reicher Eltern. Und dass sie sich unter all denen so einen wie mich ausgesucht hat, zeigt, dass es keine geringe Liebe war.

Äh, und seit wir verheiratet sind …"

Er unterbrach sich, weil er aufstoßen musste, und spuckte aus. Dann:

„Seit wir verheiratet sind, ist sie die vollkommene Ehefrau. Erträgt alles und macht alles mit, was auch immer ich taue. Als wir frisch verheiratet waren, hatten wir viel Pech. Weil es mit den Wohnungen, die wir mietete, nicht glatt lief, mussten wir immer wieder umziehen. Und weil ich so wenig verdiente, waren wir sehr knapp bei Kasse. Wenn ich sage, ich hätte viel Pech gehabt, *als wir frisch verheiratet waren*, denken Sie nicht, es ginge uns jetzt prima. Na ja, das wissen Sie ja selber. Außerdem, als wir dann ein Baby bekamen, konnte es nicht auf normalem Wege zur Welt kommen, sondern musste per Kaiserschnitt geholt werden. Das war natürlich viel teurer. Es hatte aber auch sein Gutes: Wer einen Kaiserschnitt bekommt, kann höchstens drei Kinder haben, nicht wahr? Sehen Sie, meine Frau ist sogar noch beim Kinderkriegen sparsam."

Er amüsierte sich über seine eigenen Worte und lachte laut. In seinem Gesicht, das sich vom Schnaps zu röten begann, reflektierten die Schweißperlen das Licht der mit einer Autobatterie betriebenen Glühlampe, die den Laden beleuchtete.

„Meine Frau ist vollkommen in der Tugend der Geduld. Obwohl sie sich Tag für Tag abmühen und für unseren Lebensunterhalt kämpfen muss, murrt sie nicht einmal ein kleines bisschen. Was auch immer ich treibe – nie meckert sie rum. Und selbst wenn es mal nicht reicht, verzieht sie keine Miene. Na, sind Sie verwirrt? Denken Sie nicht, dass ich dummes Zeug daherrede? Aber Sie werden schon sehen. Werden schon sehen."

Er griff nach einer Zigarre und zündete sie sich an, nahm einen kräftigen Zug, um danach ruckartig und hörbar den Rauch auszustoßen.

„Die Stelle, wo ich jetzt bin, ist nicht unwichtig. Man könnte auch sagen, es ist nicht unwichtig, dass ich hier in einem Schnapsladen am Straßenrand sitze und trinke. Wie Sie wissen, kann man es auch ohne große Voraussetzungen zu etwas bringen und gut verdienen, wenn man nur zupacken kann und sich anstrengt. Mancher, der schlechtere Voraussetzungen hatte als ich, fährt jetzt schon ein Motorrad, und andere, mit den gleichen Startbedingungen, bauen Häuser, kaufen ihren Frauen Diamantohrringe und richten der Schwägerin einen Laden ein, während ich im Graben gelandet bin."

Er stellte das leere Schnapsglas kopfüber auf den Tisch und sah es an. Der Rand war an einer Stelle ein wenig abgeschlagen. Er lächelte leicht ironisch.

„Was ich sagen will, ist, ich bin ein Mensch, der seine Frau sehr liebt. Ein Kerl, der seiner Frau keinen Wunsch abschlagen könnte, wenn sie mich um etwas bittet. Wenn meine Frau in einer Villa wohnen, ein eigenes Auto fahren und sich Diamantohrringe anstecken wollte – würde ich dann so leben wie jetzt? Ich würde alles versuchen, um ihre Wünsche zu erfüllen. Aber sie bittet mich nie um solche Sachen. Sie ist einfach zu leidensfähig. Darum sage ich ja, dass sie nutzlos ist", sagte er und goss sich den Fingerbreit Schnaps ein, der noch in der Flasche übrig geblieben war.

Dann setzte er das Glas an, ohne noch Wasser darunter zu mischen, und trank es in einem Zug aus. Das Licht wurde ein wenig dunkler. Der Wirt meinte, die Batterie gehe zur Neige.

Yurou tu thaun-sin

Min Lu

ဍ၂၀၀၀

မင်းလူ

Kyaw Kunt war der erste, der von der *Yurou tu thaun-sin* genannten Euro 2000 erfuhr. In der Werkstatt, in der er arbeitete, gab es einen Vorgesetzten, der Fußballfan war und deshalb jede Woche das Tetlan Sportjournal las. Auch heute hatte er die Zeitschrift gelesen und auf den Tisch gelegt, als Kyaw Kunt den Raum betrat.

„Der Chef lässt Sie rufen", sagte Kyaw Kunt und blickte dabei zu der Zeitschrift auf dem Tisch. „Ja, ja", sagte der Vorgesetzte und erhob sich. Er erinnerte sich, dass Kyaw Kunt früher im Stadtteil Fußball gespielt hatte. Und weil Fußballfans nicht anders können, als sich gegenseitig die neueste Neuigkeit vom Fußball zu erzählen…

„Hey, Kyaw Kunt, bald ist die *Yurou tu thaun-sin*!"

„Wie bitte?"

„Na, die Euro 2000, äh, die Europameisterschaft… Ich hab jetzt keine Zeit, dir das zu erklären. Ich muss schnell los zum Boss. Wir machen das so: Nimm die Zeitschrift und schau rein, da steht alles drin. Aber nicht während der Arbeit, mein Freund!"

„Soll ich sie Ihnen zurückgeben, wenn ich sie gelesen habe?"

„Brauchst du nicht – ich hab' sie schon durch."

In dieser Nacht las Kyaw Kunt alles, was über die Euro 2000 in der Zeitschrift stand.

Am nächsten Morgen, in aller Frühe, als sich Pa Tays *Le'pe'yei-hsain* langsam füllte, kam Kyaw Kunt herein. Er setzte sich zur Gruppe um Hpo Ni. „Bald ist die *Yurou tu thaun-sin*", begann er. Hpo Ni fragte „Was? *Yurou tu thaun-sin*?" – „Na, die Euro 2000."

Weil das Wort „2000" vorkam, wurden die Leute im *Le'pe'yei-hsain* aufmerksam. Auch Ba Nu und horchte an ihrem Arbeitsplatz am Teekessel auf. „Schon wieder", murmelte sie verschreckt vor sich hin.

In ihrem Kopf tauchte nämlich der Gedanke auf, „*Yurou tu thaunsin*" könne so etwas sein wie dieses Unglück bringende Y2K vor sechs oder sieben Monaten. Seit Y2K war das so. Ohne etwas Genaues zu wissen, war sie noch immer beunruhigt.

Ihr Mann Pa Tay hatte gesagt, dass zum Jahreswechsel von 1999 auf 2000 die Computer auf der ganzen Welt kaputt gehen würden. Da überlegte Ba Nu: Computer waren die am weitesten entwickelten Geräte der Welt. Wenn sogar die kaputt gingen, könnte es ja auch sein, dass so etwas wie ihr kleiner Kassettenrekorder zu Hause explodiert. Und das Bügeleisen. Das war doch auch ein Elektrogerät, oder? Und in die Wanduhr muss man auch eine Batterie einsetzen. Wenn diese Geräte unerwartet kaputt gingen, wäre für nichts und wieder nichts alles verloren.

Da sagte ihr Mann: „Na, du machst dir aber 'nen Kopf! Wenn die Dinger wirklich kaputt gehen, würde das in den Zeitungen stehen."

Trotzdem fand Ba Nu keinen Frieden. Es konnte sein, dass Pa Tay das aus Ängstlichkeit so gesagt hatte. Denn Ba Nu hatte gehört, wie er Hpo Ni, der zum Teetrinken gekommen war, gefragt hatte: „Wenn ich meinen Kassettenrekorder jetzt verkaufe, wie viel kriege ich dafür?" Deshalb erzählte sie eines Tages ihrer Cousine Bi Bi, die zu Besuch kam, dass sie den Kassettenrekorder verkaufen wolle. Bi Bi sagte, dass sie ihn nehme. Weil es eine Verwandte war, ging Ba Nu mit dem Preis herunter und verkaufte ihn für die Hälfte. Als Pa Tay davon erfuhr, schimpfte er mit ihr. Ba Nu aber sagte: „Wenn wegen Y2K alles kaputt geht, sind wir noch glimpflich davon gekommen" und war zufrieden. Allerdings gab es niemanden, der das Bügeleisen und die Wanduhr kaufen wollte. Deshalb ging sie kurz vor Y2K zu der Pfandleiherin Thi und verpfändete beides. Allerdings ohne es wieder zurücknehmen zu können.

Auf ihren Ratschlag hin verpfändeten auch Pway eine Tischuhr, Frau Po ein kleines Radiogerät und Hla Htone eine Taschenlampe.

In den Dezembernächten 1999 warteten einige Leute aus dem Stadtviertel schlaflos. Aber nicht, um wie alle anderen das Jahr 2000 mit Freudenfeiern zu begrüßen. Beim Jahreswechsel von 1999 auf 2000 würde die ganze Welt im Dunkel versinken. Die Erde würde beben. Stürme würden toben. Es würde heftig regnen. Es würde donnern und blitzen. Der Himmel würde einstürzen. Die Erde würde in Flammen stehen. Weil es solche und ähnliche Gerüchte gab, wagten sie nicht zu schlafen. Die Frauen glaubten mehr daran.

Auch Meister Hpo Byaw sprach davon, dass in den Heiligen Schriften die Rede von einer Sintflut sei, und dass nur diejenigen, die Buddha, die Heiligen Lehren und die Traditionen nicht vergessen hatten, übrig bleiben würden. Weil nun einige, obwohl es gar nicht die entsprechende Zeit dafür war, zum Vollmond im Dezember Opfergaben zwecks Gefahrenabwendung darbrachten, hatte Meister Hpo Byaw ein gutes Einkommen.

Weil sich die Frauen mehr als die Männer fürchteten, hockten sie da und starrten wartend vor sich hin. Die Gruppe um Wa, Hpo Ni und Pwa Gyi nahm das zum Vorwand, traf sich in fröhlicher Runde und ließ sich bei einer Flasche Hochprozentigen wohl sein.

Kurz vor zwölf wurden sie unruhig. Dann wurde es Mitternacht. In der Wachhütte, die extra aufgestellt worden war, weil es im Zwielicht Strauchdiebe geben konnte, wurde der Gong geschlagen. Auf der ganzen Welt passierte: nichts. Die Mitternachtshähne krähten „kikeriki, kikeriki, kikeriki". Und das Siebengestirn zeigte sich, wie jede Nacht, von seiner schönsten Seite. Man konnte sich auf nichts mehr verlassen. Weil manche bezweifelten, dass die Uhren richtig gingen, warteten sie noch ein Weilchen ab. Nichts Außergewöhnliches geschah. Das Einzige, was passierte: Sie bekamen einen kleinen Schreck, weil Pway ein Pups etwas zu laut entwichen war.

In jener Nacht schlief Thi nicht bei Gyi Ngway, sondern ging nach draußen. Am Abend hatte sie ihn gefragt, ob er den Fünfziger, den sie unter der Matte versteckt hatte und der verschwunden war, genommen habe. Gyi Ngway schwor, er sei es nicht gewesen. Unter den Schwüren war auch: „Bei Buddha, möge der Blitz mich treffen, wenn ich ihn genommen habe!" Sie befürchtete, dass sie mit getroffen werden konnte, wenn ein Blitz einschlagen sollte.

Ba Nu hatte noch nicht vergessen, welche Ängste sie in jener Nacht ausgestanden hatte. Und jetzt war es wieder so: *Yurou tu thaun-sin…*

Während sie sich eine Teetasse herunternahm, fragte sie: „Diese *Yurou tu thaun-sin*, ist die schlimmer als Y2K"?

Kyaw Kunt darauf: „Hä? Was redest du da? Was hat das damit zu tun?"

Da ertönte aus einer Tischrunde am anderen Ende das Lachen von Shein: „Haha, Mensch, Ba Nu, nun red' doch nicht wie deine Freundin Hla Htone! So was Blödes! *Yurou tu thaun-sin*, da ist ein Auto mit gemeint!"

„Was denn für'n Auto??"

„Na ja doch! Der Wagen, der den Weizen zur Fabrik von Herrn Kala bringt, ist ein E-2000, oder? Und nun *Yurou tu thaun-sin*, das wird jetzt wohl ein besseres Modell sein! Ist es übrigens ein Diesel oder ein Benziner? Hey, Kyaw Kunt!"

„Oje, Shein, was du da erzählst, das wird ja immer schlimmer. Die *Yurou tu thaun-sin*, das ist ein Fußballturnier!"

Als er das Wort „Fußballturnier" vernahm, blickte der Nanbrot backende Pa Tay blitzartig herüber. Weil Fußball das war, was er außer Ba Nu am meisten liebte, musste er einfach zuhören. Er eilte zum Tisch von Kyaw Kunt und den anderen.

„Sprich weiter!"

„Na ja. Das stand in der Zeitschrift von meinem Chef Gyi Wun. *Yurou tu thaun-sin* ist die europäische Fußballmeisterschaft!"

„Macht Brasilien auch mit? Dann treffen sie wieder auf Frankreich!", warf Pwa Gyi ein.

„Wie können die bei Europa mitmachen?! Brasilien, das ist doch Afrika!", verbesserte Pa Tay.

Hpo Ni fragte: „Wieso Afrika? Das ist Südamerika!"

Gerade, als Kyaw Kunt antworten wollte, meinte die neben ihm stehende Ba Nu: „Oh, was riecht denn da? Da brennt was an! Pa Tay – was hast du gemacht?"

„Ah ja, stimmt ja! Ich hab Nanbrot in den Ofen getan und es vergessen... Geh doch mal schnell!" Ba Nu warf ihm einen schiefen Blick zu und rannte zum Ofen.

„Los, erzähl' weiter!" – „Es spielen die Topmannschaften Europas, die sich in der Qualifikation durchgesetzt haben."

„Ist auch Manchester United dabei?", fragte Shein herüber.

Er kannte die Mannschaft von Manchester, weil er sie schon mal im Fernsehen gesehen hatte.

„Ach was, das hier ist viel mehr als die Premier League! Dort treten Clubs aus einem Land an. Die Euro 2000 ist aber ein Wettkampf von Nationalteams, so wie bei uns der Asienpokal oder die Südostasienspiele."

„Wann geht's los?"

„Nächsten Monat."

„Dann ist es ja nicht mehr lange hin."

„Genau. Das wird ein ganz großes Turnier."

„Welche Länder sind denn dabei?"

„Viele, viele! Aber Titelchancen haben nur Holland, Frankreich, Deutschland, Italien und England."

„Zeigen sie's im Fernsehen?"

„Es heißt ja. Aber ob live oder was, keine Ahnung."

„He, du, hast du die Zeitschrift mit? Lass mal reinschauen!"

„Klar hab ich sie mit. Ich hab' sie extra eingesteckt, damit wir alle lesen können", sagte Kyaw Kunt und holte die Zeitschrift unter seinem Hemd hervor.

Er legte sie auf den Tisch, und sie lasen alle gemeinsam.

Shein sagte: „Lies mal laut vor, dass wir das auch mitkriegen!"

Pwa Gyi, der die lauteste Stimme hatte, las vor. In der Woche darauf brachte Kyaw Kunt wieder die Zeitschrift von seinem Chef mit. Außerdem sammelte Pa Tay von den Fußballfans Geld und kaufte in der Buchhandlung am Markt Sportmagazine. Reihum wurde gelesen und diskutiert. Sie spekulierten darüber, wer gewinnen würde. In jenen Tagen war es im *Le'pe'yei-hsain* so, als ob es kein anderes Thema mehr gäbe außer Fußball.

Während sie Luftfußball spielten, gab es da einen, der aus der Euro 2000 Profit schlagen wollte. Das war Sagalay aus dem anderen Viertel. Er verbreitete über seinen Gehilfen Kyet Kaung die Nachricht, dass man mit Fußballwetten zu ihm kommen solle, er werde sie annehmen.

Die von vielen ersehnte Euro 2000 hatte begonnen. Der Fernsehsender Myawady übertrug sie für die Fußballfans, aber nicht live. Das Spiel eines Abends wurde am folgenden Nachmittag um viertel nach vier gezeigt.

Das wussten einige nicht. Sie dachten, dass das, was am Nachmittag gezeigt wird, eine Live-Übertragung sei. Sie wussten auch nicht, dass es eine Zeitverschiebung zwischen Asien und Europa gibt. Dies machte sich Sagalay zunutze. Die Spielergebnisse des Vorabends brachte er am nächsten Morgen auf dem Markt in Erfahrung. Er wusste, dass auf dem Markt Leute aus der Stadt waren. Wenn er die Ergebnisse hatte, öffnete er die Bank für die Nachmittagsspiele. Zum Beispiel gab es beim Spiel Portugal gegen England viele, die glaubten, dass England gewinnen würde. In Wirklichkeit aber gewann Portugal. Weil er das vorher wusste, tippte er auf Portugal im Gegensatz zu den Leuten, die auf Unentschieden oder Niederlage setzten. Die England-Fans hielten mit Macht dagegen. Auf diese Weise machte Sagalay guten Gewinn.

Ein, zwei Tage kam er damit durch. Dann wurde bekannt, dass er die Leute betrog, und sie beschwerten sich lautstark.

Sie forderten ihren Wetteinsatz zurück. Sagalay lehnte spöttisch ab.

„Ha, an meinem Haus ist nicht mal eine Satellitenschüssel. Wie hätte ich die Ergebnisse vorher wissen sollen? Ich hab' das Spiel wie ihr erst am Nachmittag darauf gesehen! Und wie ich beim englischen Führungstor gesagt habe: „Das war's!", und ganz fertig war, das habt ihr doch selbst gesehen?!"

Obwohl sie wussten, dass Sagalay log, war es schwierig, denn man konnte ihm nichts nachweisen. Es war aber auch nicht so, dass man sagte: „Er ist ein Betrüger, wir wetten nicht mehr bei ihm". Als Sagalay bei den nächsten Spielen kundtat, er nehme Wetten an, waren sie es zufrieden.

Es gab noch ein anderes Missverständnis. Da das myanmarische Fernsehen die Spiele der Premier League übertrug, kannte man die Beckhams und Owens. Es wurde aber nicht zwischen der Clubmeisterschaft und einem Turnier von Nationalteams unterschieden. Deswegen passierte Folgendes, als Beckham und Co. für die englische Mannschaft aufliefen...

„Was ist das? Es sieht so aus, als hätte sich Beckham mit Manchester zerstritten und wäre zur englischen Mannschaft gewechselt. Hm! Owen ist auch dabei! Ist der Typ nicht von Liverpool? Und Shearer? Und der Torwart, der Schnauzbart von Arsenal! Wie geht das?"

Und als man den von Arsenal bekannten Dennis Bergkamp in der niederländischen Mannschaft spielen sah...

„Sieh an! Der Berkin spielt in einem anderen Team. So ein Verräter!"

So wurde geredet. Erst als Kyaw Kunt und Hpo Ni erklärten, dass die Profifußballer bei Clubs anderer Länder spielten, aber bei Turnieren wie diesem für ihre Nationalmannschaften antreten, verstanden sie es.

Früher hatten die Frauen kein Interesse am Fußball. Damals konnte man sich ein Fußballspiel nur auf dem Sportplatz anschauen. Deshalb schien es mit Frauen nichts zu tun zu haben. Später wurden Fußballspiele im Fernsehen gezeigt. Anfangs schauten die Frauen beiläufig zu, begannen sich jedoch bald dafür zu interessieren. Seit 1993 die Mannschaft Myanmars bei den Südostasienspielen die Silbermedaille gewann, gab es immer mehr weibliche Fans. Man verehrte die Fußballspieler wie Filmstars. Inzwischen musste man selbst Testspiele, Freundschaftsspiele und Juniorenausscheide unbedingt gesehen haben, genau wie die Seifenopern. Und außerdem gewöhnte man sich an, wo man im Fernsehen die englische Oberliga zu sehen bekam, auch ausländische Spiele anzuschauen. Die myanmarischen Spieler erinnerten an die Owens und Beckhams.

Da nun die *Yurou tu thaun-sin* in jener Zeit ausgetragen wurde, als das Fußballvirus zugeschlagen hatte, saßen auch die Frauen versammelt vor dem Fernseher. Was Pway betraf, schloss sie ihren Imbiss rechtzeitig nachmittags um vier und eilte zu den „Sonderspielen", die in Herrn Kalas Videoladen gezeigt wurden. Auch Pa Tay, dem sein Schwarzweiß-Fernseher zu Hause nicht genügte, kam zum Gucken. Da Ba Nu den Laden allein am Laufen halten musste, tat sie das fluchend und schimpfend. Eigentlich war zur Spielzeit der Laden menschenleer. Ba Nu war unzufrieden – aber nur, weil sie im Laden die Spiele nicht sehen konnte. Schließlich aber konnte auch sie gucken. Sie hatte einen kleinen Fernseher in einer Ecke des Ladens aufgestellt, damit Leute kamen. Besonders angenehm war es, mit der Frauengruppe Fußball zu sehen und zu schwatzen.

Hla Htone war Michael Owen zugetan, weil er ihrem Mann Kyaw Kunt in jungen Jahren ähnelte. Als die Engländer gegen die

Portugiesen verloren, bedauerte sie den armen Owen und weinte schluchzend. Auch im Spiel England gegen Deutschland stürzte Owen nach einem Zusammenstoß mit dem Deutschen Matthias Sammer…

Da schrie Hla Htone laut los: „Muss denn dieser Grobian so rücksichtslos zu dem Kleinen sein? Und die Beckhams, die schauen zu, wie's ihren eigenen Mann trifft! Der Typ vom anderen Team ist wohl euer Schwager!"

Shwe Gyi wollte mitreden und kam damit heraus, dass David Beckham ihrem Liebsten Maung Wa ähnele.

Da hieß es von allen Seiten: „Schau doch richtig hin! Der hat ganz helle Haut, aber Maung Wa ist dunkel!"

„Ach ihr! So dunkel ist Maung Wa auch wieder nicht. Das kommt von der Arbeit in der heißen Sonne. Hey, seht doch mal! Dieser kräftige Körperbau, das ist original Maung Wa!"

Auch heute hatte sich die Frauenschar schon vor vier Uhr Nachmittag im *Le'pe'yei-hsain* versammelt. Bevor das Fußballspiel begann, palaverten sie über ihre Männer.

Ba Nu erzählte: Seitdem das Fußballturnier begonnen hatte, machte Pa Tay seine Arbeit im *Le'pe'yei-hsain* nicht mehr gut, redete den ganzen Tag nur über Fußball, redete im Schlaf Sachen wie: „Toller Kopfball!" und stieß sie dabei mit dem Fuß. Shwe Kyi konnte noch nicht sagen, was ihr Maung Wa nachts im Schlaf so redete, da sie noch nicht verheiratet waren. Sie plapperte Dinge wie, dass sie den Schiedsrichter, der Strafstoß gegen die tschechische Mannschaft gegeben hatte, mit einer Tragestange verprügeln wolle. Daraufhin wurde sie gefragt, wann sie denn heiraten werde.

Shwe Gyi darauf: „Wenn nicht diesen, dann nächsten Thadingyut."

„Wenn du ihn willst, dann mach hin! Wenn Frauen älter werden, klappt das nicht mehr so gut mit dem Kinderkriegen", meinte Hla Htone spitz. Shwe Kyi wurde rot.

„Hat Maung Wa noch nicht genug gespart?", fragte Ba Nu.

„Er spart ja. Aber er schafft es nicht, weil die Preise steigen."

Hla Htone wollte noch etwas sagen, brach aber ab, als Pway hereingestürmt kam.

„In Herrn Kalas Videokino ist alles voll, deshalb bin ich hergerannt.

Welche Mannschaften spielen heute überhaupt?"

Hla Htone antwortete: „Pway, das sind Namen die man noch nie gehört hat: Hsa-la-ywe' und Yei-wie."

Shwe Kyi lachte: „Hla Htone, was macht ihr bloß! Doch nicht Hsa-la-ywe' und Yei-wei! Jugoslawien und Norwegen! Ich hab' gehört, wie Maung Wa heute Mittag davon sprach. Er sagt, Jugoslawien sei seine Lieblingsmannschaft."

„Die Namen hab ich noch nie gehört. Ob das ein gutes Spiel wird?"

„Auch wenn's nicht gut wird, Pway, dann sitzen wir eben hier und quatschen."

Als sie dann das Spiel sahen, war es doch recht gut. Es war ein Spiel, in dem wirklich alles gegeben wurde.

Während sie zusahen, sagte Shwe Kyi: „Hast du's mitgekriegt? Maung Wa hat gesagt, dass er sie gut findet, und die Mannschaft ist auch gut. Guck mal, wie die Nr. 9 spielt! Wie Maung Wa, als er noch in der Stadtteilmannschaft war!"

„Du nun wieder! Es gibt aber viele, die aussehen wie Maung Wa!", stellte Pway fest.

Maung Wa sagte: „Was auch geredet wird – mir gefällt die jugoslawische Mannschaft." Kyaw Kunt wandte ein: „Aber sie spielen ein bisschen brutal."

„Ach, das ist Fußball. Da wird gestoßen und gekämpft. Das ist kein Theaterspiel. Da sieht man nicht, dass der Ball nach hinten gegeben wird. Schau dir mal die Nr. 9 der Jugoslawen an – der ist gut! Der läuft, der stürmt nach vorn. Mir gefällt das, wenn ein Stürmer so mutig durchgeht."

„Klar ist der gut. Dieser Milošević ist doch auch der jugoslawische Präsident", fiel ihm Pwa Gyi ins Wort.

Kyaw Kunt darauf: „Was? Sag' mal… Red keinen Unsinn! Spielt der Präsident Fußball?"

„Also, na, äh, so… was ist, äh, es ist doch so, dass sie es nicht besonders mögen, wenn die NATO-Truppen ihr Land bombardieren. Deshalb, wenn sie schon nicht im Krieg gewinnen, kommen und spielen sie unter Führung des Präsidenten höchstpersönlich, damit sie wenigstens beim Fußball gewinnen können."

„Kann nicht sein. Wer hat dir das erzählt?"

„Pa Tay sagt das."

Als sie zu Pa Tay, der gerade Tee machte, hinüberblickten, rief dieser mit einem breiten Grinsen: „Ich hab in der Zeitung gelesen, dass der Präsident so heißt wie der Fußballer. Da dachte ich, es könnte ja sein…"

Währenddessen kam Shein in den Laden.

Er zog sich einen Schemel heran und setzte sich: „Also, ich bin für die Holländer."

Shein versuchte wie alle anderen englische Fußballbegriffe zu benutzten. Deshalb redete er mit, indem er Englisch unter seine Worte mischte. Die Aussprache stimmte allerdings selten.

„Holland" nannte er „Ollan", „Germany" „Sameni", „Bergkamp" „Berkin" und „Schmeichel" „Sein-mai-ke".

Als er hörte, dass andere die Ecken „Corner" nannten, sagte er: „Auf dem Platz ist niemand so gut wie Berkin."

Wenn er sah, dass im Spiel der Linienrichter ein Abseits nicht anzeigte, schrie er, weil er „man in out" nicht sagen konnte: „Ha, baing-taung, baing-taung! Hat der mit der Lizenz das nicht gesehen? Gib sie zurück!"

Auch jetzt, als Shein sagte, Holland sei seine Lieblingsmannschaft, sagte Maung Wa: „Wie können die Holländer gut sein? Gegen die Tschechen haben sie alles geben und dann Glück gehabt, dass sie per Strafstoß gewonnen haben."

Darauf Shein: „Was weißt denn du? Holland hat sich absichtlich zurückgehalten, die sind nicht aufs Ganze gegangen. Die haben ihre guten Leute nicht eingesetzt, sondern mit Ersatzteilen gespielt."

Kyaw Kunt gab zurück: „Ach, du! Mit Ersatzteilen spielen – hier geht's doch nicht um Autos! Nachher hat auch Raza noch mitgespielt…"

„Hey, Raza bei einer europäischen Mannschaft! Das ist 'ne Europameisterschaft, wie können da Inder mitmachen?"

„Was? Was sagst du?"

„Du hast Raza gesagt! Der indische Altstoffhändler in unserem Stadtteil heißt doch Raza, oder?" Da konnten Po Ni, Pa Tay und die anderen nicht mehr an sich halten und wieherten los.

Wie die Erwachsenen sich über Fußball unterhielten, so richteten auch die Kinder ihre Aufmerksamkeit auf den Fußball. Sie begnügten sich aber nicht wie die Erwachsenen mit Luftfußball, sondern spielten wirklich. Sie teilten sich in zwei Mannschaften auf und benannten sie nach ihrem jeweiligen Lieblingsland. Auch sich selbst gaben sie die Namen bekannter Fußballer. Einige sagten: „Wem ähnelst du, was spielst du?“ Und weil sie die Namen einiger Fußballer nicht aussprechen konnten, gaben sie sich eigene Bezeichnungen. Fabien Barthez nannten sie „Pinzette“, Patrick Kluivert „Bäuchlein“, Zinedine Zidane „Tonsur“, Nicolas Anelka „indischer Wasserträger“ und so weiter. Die Leute stimmten nicht immer mit den Ländern überein. So konnte „Schnauzbart“ David Seaman Torwart der französischen Mannschaft sein und Edgar Davids, die „Brillenkatze“, in der deutschen Mannschaft. In ihrer Sprache stimmte das so.

Nach der Gruppenphase der Europameisterschaft begannen die Viertelfinalspiele. Auch die Spiele würden nun heftiger werden. Da tauchte eine Nachricht auf. Es war die Nachricht, dass in der portugiesischen Mannschaft „edle Menschen“ sind und man deshalb für sie sein sollte. Als nachgehakt wurde, woher diese Nachricht stammte, da war es Meister Hpo Byaw, der von Fußball keine Ahnung hatte. Warum die Portugiesen „edle Menschen“ seien, fragte man ihn.

„Ha – weil sie edel sind, spielen sie in der rotbraunen Farbe der Asketen und Mönche. Vielleicht sogar, um die Sterne günstig zu stimmen“, erwiderte er.

Wie auch immer – seit die portugiesische Mannschaft in der Gruppenphase Top-Mannschaften besiegt hatte, waren sie als Ballkünstler berühmt. Shein nahm an, dass das, was Meister Hpo Byaw gesagt hatte, stimmen könnte. Deshalb ging er zu Sagalay und erhöhte die Wette.

„Auf welche Mannschaft setzen Sie?“, fragte Sagalay.

Und weil Shein nicht gleich das Wort für Portugal „po-tu-gi“ einfiel, sagte er: „Na, diese Mannschaft mit -gi.“

„Oh, tur-gi?“

„Äh… ja, genau!“

In Wirklichkeit legte Sagalay ihn herein. Portugal und die Türkei spielten gegeneinander. Dass bei diesem Spiel die Portugiesen gewinnen würden, war so gut wie sicher. Als nun Shein von der Mannschaft mit „gi" sprach, brachte Sagalay ihn mit tur-gi für Turkey, die Türkei, durcheinander. Das Spiel gewannen die Portugiesen. Shein hatte „gi" und „key" verwechselt, und da er nun einmal gewettet hatte, ging ihm ein Fünfziger verloren.

Beim Spiel Holland gegen Jugoslawien aber hatte Holland gewonnen und kam weiter ins Viertelfinale. Maung Wa, der für Jugoslawien gewesen war, war niedergeschlagen.

Und als sogar Shwe Gyi sagte: „Bleib ruhig, Maung Wa!", knurrte er: „Was verstehst du schon?" Kyaw Kunt hatte es Maung Wa nachgemacht und Jugoslawien unterstützt. Und auch Hla Htone unterstützte die Mannschaft, die ihr Mann gut fand. Mit der Niederlage der Jugoslawen war sie nicht zufrieden.

Deshalb sagte sie: „Holland ist die Heimmannschaft. Natürlich sind die Schiedsrichter parteiisch. Holland hat mit Unterstützung der Zuschauer Druck gemacht. Weil sie Angst hatten, dass es zu wenige Leute werden, haben sie Angestellte der Stadtreinigung in die Stadien gesetzt! Schaut doch mal! Das ganze Stadion ist orange!"

In Wahrheit waren Zuschauer zum Anfeuern in der Farbe der holländischen Mannschaft gekommen.

Es gab Leute, die die Fußballfachbegriffe ins Myanmarische übertrugen: „foul ball" und „free kick" hießen Freistoß, „corner" Ecke, „man in out" Abseits usw. Auch für „penalty" (Strafstoß) wollten sie ein myanmarisches Wort nehmen.

Wie auch immer, die Fußballkommentatoren verwendeten viele solcher Übertragungen. Im Stadtteil aber wurden nur Begriffe wie corner, foul ball und hand ball benutzt. Daraus ergaben sich, als dann die K.O.-Spiele begannen, ganz neue Bedeutungen.

Im „semi final" genannten Halbfinale trafen Portugal und Frankreich sowie Holland und Italien aufeinander.

„Moment mal, warum heißt das simi faineh", fragte Hla Htone neugierig.

Die Gruppe Frauen kannte sich beim Fußball nicht besonders gut aus. Hla Htone hoffte darauf, dass es auf jeden Fall Strafstoß geben würde, wenn ein Foul im Strafraum passierte. Als im Spiel Jugoslawien gegen Holland ein holländischer Angreifer im jugoslawischen Strafraum ein Foul verübte, gab es nur einen Freistoß. „Gibt's dafür keinen Strafstoß?", fragte sie und rief: „Der Schiedsrichter ist gekauft!" Die Regel, dass ein Freistoß im eigenen Strafraum in den anderen Strafraum verlegt wird und Elfmeter gibt, existierte aber nur in Hla Htones Kopf.

Auch jetzt konnte keine Hla Htones Frage genau beantworten. Deshalb kommentierten sie alles so, wie es ihnen in den Sinn kam.

„Das wird wohl so sein, weil sie früher nicht wie jetzt Scheinwerfer hatten und bei hsi-mi, bei Öllampenlicht gespielt haben", sagte Pway. Diese Meinung nahm Ba Nu nicht hin.

„Das kann nicht sein. Wenn sie mittags spielen, geht's doch auch ohne. Warum sollen sie Öllampen nehmen? Außerdem müssten sie dann doch jedes Spiel hsi-mi faineh nennen!"

„Es könnte so sein: Dieses Spiel ist doch wichtig. Wenn sie gewinnen, sind sie im Finale, richtig? Deswegen werden sie für ihr Kamma Öllampen oder so was spenden. Ich denke, dass es deswegen Öllampenfinale heißt", mischte sich Shwe Kyi ein.

Hla Htone: „Na, dann müsste das jetzt hier Kerzenfinale heißen. Der Preis für Öl ist raufgegangen, man kann gar keine Lampe mehr anmachen."

„Und wie nennen wir das quarter final, das Viertelfinale?", fragte Ba Nu erneut.

Lone: „Ich habe drüber nachgedacht. Als Nyan Sein und Co. damals Fußball gespielt haben, sagten sie sich, dass sie bei einer Niederlage raus sind und spielten voll durch. Und weil am nächsten Tag der Körper steif war und die Muskeln weh taten, habe ich selbst Salbe aufgetragen und massiert."

„Was? Was hat das damit zu tun?"

„Sehr viel. Wenn man mit so einem steifen Körper läuft, ist man kwa-ta kwa-ta, also o-beinig. Und weil man kwa-ta faineh (O-Bein-Finale) sagt, ist quarter final daraus geworden."

Pway wollte sich nicht lumpen lassen und erwiderte:

„Ich denke mir das so: Ein Bruder von mir ist Feldwebel. Er sagt, wenn in seiner Einheit was vorkommt, werden sie mit kwa-ta, mit

Arrest bestraft. Beim Fußball wird's auch so sein. Es sind wichtige Spiele, deshalb bekommt man 'ne Strafe, wenn man verliert. Ich denke, deshalb heißt das kwa-ta faineh."

Wenn sie so überlegten, konnte „penalty" schon mal mit „pe-pe-ne-ne-ti" – hart und kräftig schießen – erklärt werden.

Im Halbfinale Portugal-Frankreich waren die portugiesischen Anhänger in der Überzahl. Die einen deswegen, weil Meister Hpo Byaws Kommentar über die Asketen-Farbe stimmen konnte, die anderen wegen des guten Spiels der Mannschaft.

Es gab auch Leute, die aus einem Grund, den nur wenige kannten, für Frankreich waren.

„Man sagt, dass der französische Torwart myanmarisches Blut hat. Als er jung war, ist er mit seinen Eltern nach Frankreich gegangen, und deshalb darf er jetzt mitspielen. Genau! Weil er myanmarisches Blut hat, hat er auch einen myanmarischen Namen. Sieh doch, er heißt Ba Thet!"

Der weltbekannte französische Torwart Barthez war zu Ba Thet, einem der ihren, geworden. Es wurde spekuliert, dass er des Turniers wegen das Kloster verlassen hatte und Fußballer geworden war.

Nyan Sein, der keine bestimmte Mannschaft anfeuerte, war mal für die einen und mal für die anderen. Er war der Torwart der Stadtteilmannschaft. Deshalb gefiel ihm der portugiesische Torwart, der clever und sicher hielt. Aber er war nicht einseitig für die Portugiesen.

Er befürchtete, dass er bei einer Niederlage der Portugiesen genauso enttäuscht wäre wie die Jungs auf dem Platz, die mit so viel Einsatz gespielt hatten. Auch bei den Franzosen überkam ihn Mitleid, weil es peinlich wäre, als Weltmeister zu verlieren. Wenn im anderen Spiel aber die Niederlande verlören, würden sie nicht mehr erhobenen Hauptes vor die Zuschauer treten können. Und würden die Italiener verlieren – wie würden sie mit dieser schwierigen Situation umgehen? Er konnte sich in alle Mannschaften hineinversetzen und deswegen nicht sagen, wer weiterkommen und wer verlieren sollte.

Als dann wirklich gespielt wurde, erhielt Frankreich gegen die Portugiesen kurz vor Ende der Spielzeit einen Elfmeter und gewann. Damit war niemand einverstanden. Es wurde kritisiert, dass die reichen Franzosen den Schiedsrichter großzügig bestochen hätten.

Selbst die Leute, die Fans von Barthez gewesen waren, sagten, dass sie mit so einer krummen Aktion nicht gewinnen wollten.

Im nächsten Match spielten die Italiener mit vollem Einsatz. Damit war man zufrieden. Dass Holland den Heimvorteil gegen andere Mannschaften überstrapaziert hatte, daran zweifelte kaum jemand. Die Italiener spielten mit Disziplin und waren so die Favoriten der Zuschauer geworden.

Im Finale trafen sich Frankreich und Italien. Fast alle sagten, sie seien für Italien. Die italienische Mannschaft hatte sich im Halbfinale gegen die Niederländer mit ihrem leidenschaftlichen Einsatz in die Herzen der Zuschauer gespielt. Weil außerdem die meisten italienischen Spieler gut aussahen, waren auch die Frauen auf ihrer Seite.

Das letzte Finale wurde live im Fernsehen übertragen, deshalb warteten sie gespannt. Das Spiel würde in der Nacht um 0:30 Uhr beginnen. Einige hatten vor, früh schlafen zu gehen und dann noch einmal aufzustehen. Weil sie aber so aufgeregt waren, fanden sie keinen Schlaf.

Pa Tay hielt mit dem Sonderprogramm den *Le'pe'yei-hsain* bis spät in die Nacht geöffnet. Die meisten Leute tranken Tee, redeten und warteten. Auch das weibliche Publikum hatte sich an diesem Abend im *Le'pe'yei-hsain* versammelt. Einige hatten ihre Kinder dabei. Als es spät wurde, legten sich die Kinder in den Vorraum von Pa Tays Haus und schliefen.

„Sag mal! Wie kommen die bloß darauf, das Finale auf nach Mitternacht zu legen?", fing Hla Htone an.

Ba Nu: „Na, sie werden es wohl auf Mitternacht gelegt haben, weil es ein Finale ist und sie fürchten, die vielen Leute nicht unter Kontrolle zu bekommen."

Meister Hpo Byaw bemerkte: „Das stand so in den Sternen." Gyi Ngwe aber machte eine Geste, er müsse das richtig stellen, und warf mit einem Räuspern ein:

„Das ist so: Auf der Welt sind doch die Zeiten von Land zu Land unterschiedlich. Bei uns im Osten ist es früher. Bei ihnen später."

„Wenn es bei uns früher Mitternacht ist, dann müssten sie da, wo's später ist, ja hellen Tag haben", warf Pway, die das nicht verstand, ein.

Gyi Ngway: „So stimmt das nicht. Wenn's hier Mitternacht ist, ist es bei ihnen früher Abend."

„Sie sind also später dran..."

„Wieso ist die Sonne bei ihnen später, ist sie langsamer?"

„Nein, äh..."

„Weil sich die Erde bei ihnen langsamer dreht?"

Gyi Ngway geriet durcheinander.

„Das hat was mit den Längengraden zu tun."

Als Hla Htone plötzlich sagte: „Na, auf diesen Graden möchte ich nicht unterwegs sein, das ist ja peinlich", fragte Gyi Ngway zurück: „Und was hat das damit zu tun?"

Hla Htone: „Der Name longyi-kyu', „der Longyi rutscht" ist doch nicht gut."

„Was?? Was willst du denn? Nicht Longyi-kyu', sondern longitude, Längengrad!", wehrte Kyaw Kunt ab.

Da meinte Shein: „Was ist mit diesen Graden? Ich denke, das ist so wie mit den Dämmen zwischen den Reisfeldern."

Herr Ho Pway machte auf wichtig: „Ha, wenn du was von Dämmen sagst, die spült der Regen doch gleich weg. Die Dinger hier sind für lange Zeit gebaut, schön fest mit Ziegeln und Zement."

Pway: „Ja, da war mal in einer Zeitschrift eine Weltkarte. Da waren Linien drauf. Wenn man die langen Linien gleichmäßig auf der ganzen Welt verteilen wollte, wäre das 'ne Menge Arbeit."

Shein blieb dabei: „Wenn ich im Lotto gewinne, fahre ich mal zu so einem Längengrad, stelle mich in Positur und mache ein Erinnerungsfoto."

Gyi Ngway schüttelte resigniert den Kopf: „Was wollt ihr bloß alle? Diese Linien gibt's doch in Wirklichkeit gar nicht."

„Wie, hast du uns also veräppelt?"

„Seht mal, der hat uns verarscht!"

„Ach, das ist schwierig. Die gibt's schon... Äh, aber nicht in Wirklichkeit. Die sind nur geistig gezogen und festgelegt worden."

„Och, das ist Klasse. Wer hat die denn gezogen?"

„Um die Zeitzonen festzulegen, so!"

Da schlug es Mitternacht aus dem Wachhaus. Gyi Ngways Längengrade interessierten niemanden mehr.

„Mensch, es ist 24.00 Uhr!"

Alle rannten zum Videoladen: „Kein guter Platz, aber egal, setz dich."

Die Frauen blieben in Pa Tays *Le'pe'yei-hsain* und starrten auf den Schwarzweißfernseher.

Um 0:15 Uhr fiel plötzlich der Strom aus. Alle waren enttäuscht und sagten: „Ausgerechnet jetzt!" Dabei war es gar kein echter Stromausfall. Es schien am Kabel zu liegen. Zehn Minuten später war der Strom wieder da und die Leute glücklich.

Das Finale war ganz gut. Es wurde mit vollem Einsatz gespielt. Weil Italien das erste Tor schoss, waren alle guten Mutes. Je näher das Spielende rückte, desto aufgeregter wurden sie, desto lauter pochten die Herzen. Die Zeit verrann. Als alles zu Ende schien und nur noch Sekunden zu spielen waren, erzielten die Franzosen unerwartet den Ausgleich. Die Zuschauer gerieten in helle Aufregung. In der Nachspielzeit kamen die Franzosen stärker auf, erzielten den entscheidenden Treffer und wurden Sieger.

Die Zuschauer, die gesehen hatten, wie sich das Ergebnis im letzten Augenblick gedreht hatte, zeigten ihre Enttäuschung offen. Weil Hla Htone Mitleid mit dem italienischen Torwart hatte und schluchzend weinte, tröstete Kyaw Kunt sie.

So ging das Fußballturnier namens *Euro 2000* erfolgreich zu Ende. Aber „*Yurou tu thaun-sin*" war damit noch nicht vorbei. Beim Friseur, an den Imbissständen und am Arbeitsplatz wurde noch zweieinhalb Wochen später über das Turnier, die Spieler und die Aktionen endlos diskutiert.

Herrn Kala wurde die Sache leid.

Er stellte fest: „Nun ist aber langsam gut. Ist das Verwandtschaft von euch, dass ihr euch so damit beschäftigt? Sind das eure Schwäger?"

Wie auch immer – die Fußballfans wollten unermüdlich über das Turnier reden. Am Jahresende, wenn der Tiger-Cup stattfindet, werden mit Sicherheit viele auftauchen, die mit den myanmarischen Fußballspielern verschwägert sein möchten! …

Hoffnungswolken

Myu Myu

မျှော်လင့်မိုးတိမ်

မြမြ

In einer jener trüben, nebeligen Nächte drehte der alte Mann sich auf seiner Bambusmatte vor dem Haus um und blickte gedankenverloren in den schönen Nachthimmel. Der von Nordwind durchwehte Winterabend war düster. Der alte Mann war ganz vom blassen Licht des Mondes umgeben, das fahl gesprenkelt durch die dichten Tamarindenblätter schien. Währenddessen war die Nacht, die zunächst mit den verschiedenen Rosa- und Rot-Tönen der Abenddämmerung die bunten Blumen begrüßt hatte, tiefer herabgestiegen.

Die Nacht war von bedeutsamer Schönheit. Auch dem alten Mann wäre eine bedeutsame Nacht lieb gewesen. Jetzt aber empfand er eine große Leere. Immer um diese Zeit hatten seine Schritte im ganzen Lagerhaus widergehallt. Mit einer Taschenlampe leuchtend würde er angestrengt in den westlichen Teil des Geländes, in den der Schatten des Lagerhauses fiel, und in den nördlichen Teil, der vom schweren, süßen Duft eines *Kou'kou*-Baumes erfüllt war, sehen. Seine Augen waren nicht mehr gut. Die Sicherheit des gesamten großen Lagerhaus-Komplexes lag in seiner Verantwortung. Diese Tatsache hatte ihn zu noch größerer Achtsamkeit veranlasst.

Als der alte Mann heute zum Gelände des Lagerhauses kam, rief ihn der Chef zu sich.

„Großvater, der kleine schwarze Autospiegel ist verschwunden."

„Oh!" Seine Augen weiteten sich leicht.

„Wann soll da ein Dieb gekommen sein und ihn gestohlen haben, wo ich doch so herumgelaufen bin und geguckt habe", dachte er.

„Du hast tief und fest geschlafen in der Nacht, glaube ich."

Darauf hatte er nichts erwidert. Es kam nicht vor, dass er, der die Verantwortung für die Sicherheit übernommen hatte, tief und fest schlief. Seit er in die Jahre gekommen war, schlief er sowieso nicht mehr richtig. Kurze, immer wieder unterbrochene Nickerchen waren ihm genug. Deshalb passte diese Arbeit zu ihm. Und sie war nicht Kräfte zehrend, sondern leicht zu bewerkstelligen.

An diesem Tag hatten sie dem alten Mann mitgeteilt, dass er entlassen sei.

„Tut mir Leid, Großvater. Ich habe dich gerufen, um dir zu sagen, dass du in den nächsten Tagen nicht mehr zu kommen brauchst."

„Oh". Scharf klangen in seinem Ohr jene Worte, die er am allerwenigsten hören wollte. Obwohl er mit seinen tief in den Höhlen liegenden, matten Augen den Chef vor sich direkt anblickte, erkannte er ihn nur verschwommen.

Immer wenn der Lohn ausgezahlt wurde, erschien dem alten Mann das Bild der alten Frau, die auf seine Rückkehr wartete. Die Finger der Alten, die den Kindern, die darauf hofften, der alte Mann würde ihnen von seinem winzigen Gehalt Süßigkeiten kaufen, einen Strich durch die Rechnung machte, werden zittern. Sie wird ihm tief in die hoffnungslosen Augen sehen und still seinen Schmerz teilen. Mit einem tiefen Seufzer vertrieb Großvater die Traurigkeit, die ihn überkam, als ihm die ausgezehrte Gestalt der alten Dame erschien.

„Großvater, der Tee wird noch kalt. Trink doch mal!"

Erst als die alte Frau in seine Nähe kam und ihn an den Tee erinnerte, kam wieder Leben in den alten Mann, der gedankenverloren den weiten Himmel betrachtete und im Geiste zum Fabrikgelände zurückgekehrt war.

„Oh ... Ja ja."

Zwar trank er ein Schlückchen, doch wollte ihm der süße, sämige, leicht bittere Tee nicht wie sonst schmecken. Dass er von seinem letzten Gehalt bezahlt war, verdarb ihm den Genuss. Wenn ihn der Mut verließ, pflegte die alte Dame ihn aufzubauen, indem sie still neben ihm saß und ihm die Teetasse reichte.

Noch ehe sie auch nur ein Wort sagte, gab sie mit diesem Ausdruck von Stärke seiner Hoffnung Kraft.

„Na klar weiß ich Bescheid. In Wirklichkeit haben sie nur einen Grund gesucht für meine Entlassung. Für die Alten gibt es eben

Hong
THONE
2008

nichts mehr zu tun. Naja, die Arbeit als Wachmann ist ja auch wirklich ziemlich gefährlich. Wenn man alt ist, nehmen einen die professionellen Diebe nicht mehr ernst. Also stellt man natürlich nur junge, kräftige, kampfstarke Männer ein."

Der alte Mann brummelte leise vor sich hin, als ob er mit der alten Dame spräche. Während sie den Tee austrank und zuhörte, schaute sie den ziemlich hageren alten Mann an.

„Ich habe den Sicherheitsdienst immer mit einer Taschenlampe und einer Tasse Tee gemacht.

Und dann das. In den drei Jahren, in denen ich diese Arbeit mache, ist es nur dieses eine Mal vorgekommen. Es sieht doch so aus, als ob man mich nicht mehr beschäftigen will, weil ich alt bin."

Während er ein Schlückchen Tee trank, schweiften seine Gedanken zum Rundgang mit der Taschenlampe im Lagerhaus.

Seine kraftlosen Schritte schienen auf einen bestimmten Ort zu zielen. Damit die alte Dame an seiner Seite nichts davon bemerkte, redete er irgendetwas daher. Er musste seine ganze Kraft zusammennehmen, um ihr in die Augen schauen zu können, die voller Hoffnung für die Zukunft waren.

„Also, bis ich sterbe, werde ich wohl noch arbeiten müssen. Und wenn ich diesen Job verloren habe, muss ich mir eben eine neue suchen", dachte der alte Mann für sich.

„Ich kann zum Hafen gehen und als Lastträger arbeiten. Früher war ich sogar beim Be- und Entladen der Schiffe beschäftigt. Ha... sogar Reissäcke habe ich geschleppt. Das kann ich jetzt auch noch. Ich bin noch stark, habe noch Kraft. Ich kann arbeiten. Weil ich gesund bin, kann ich auch schwere Arbeiten machen", redete er sich in Gedanken gut zu.

Der Mond blickte durch die Tamarindenblätter. Die Federwolken glitzerten silbern in seinem Licht. Der Nordwind brachte eine frische Brise.

„Meine Liebe, es ist kalt geworden. Geh ins Haus. Ich komme gleich nach."

Die alte Dame, die gegen seine Aufforderung nichts einzuwenden hatte, erhob sich vorsichtig. Ihr schmächtiger Körper glänzte im silbernen Licht des Mondes.

Während er zuschaute, wie die kleine Gestalt im Zimmer verschwand, dachte er:

„Meine Liebe, ich werde Arbeit suchen müssen, um zwei Mäuler zu stopfen. Morgen werde ich zu diesem Mädchen gehen. Ich weiß nicht, wie es mit meiner Job-Anfrage aussieht. Ob die Kleine wohl daran gedacht hat? Na ja, morgen werde ich mehr wissen…"

Ihm war die Enkelin eines Freundes wieder eingefallen. Er kam oft zum Grundstück ihrer Familie. Immer wenn er dort auftauchte, freuten sich alle im Haus. Er pflanzte Blumen und Bäume für sie an. Er jätete das Unkraut. Das vom Unkraut befreite, gepflegte und saubere Grundstück gleiche seinem Gemüt, pflegte das Mädchen dann lachend zu sagen, um seine Erschöpfung zu mildern. Wenn das Mädchen alte Leute sah, die sich wie er angestrengt abmühten, erweckte das ihr Mitgefühl.

Einmal, als er vom Hafen kam, hatte er bei ihnen vorbeigeschaut. Damals war er auf dem Rückweg von seinem Neffen, der Frachtschiffer war. Sie hatten Fischpaste, Trockenfisch und Fischsoße geladen und zum Vertriebszentrum gebracht. Der alte Mann hatte ungefähr sechs Monate bei ihm gearbeitet und dafür freie Kost und zwanzigtausend Kyat bekommen. Aber es war schwierig für ihn, nach Hause zu fahren – nicht ein einziges Mal im Monat wollten sie ihn gehen lassen. Und er hatte doch auch noch seine alte Frau.

Obwohl er am Fluss frischen Fisch essen konnte, blieb ihm die gesamten sechs Monate lang jeder Bissen im Halse stecken, wenn er dabei die in der Ferne zurückgelassene alte Dame vor seinem inneren Auge sah. Daraufhin durfte er wieder einmal im Monat zu ihr zurückkehren. Den Neffen erfreute das allerdings nicht besonders. Und weil die alte Dame seinen Arbeitgebern egal war, hielt er es zum Schluss nicht mehr aus. Er kehrte endgültig zu ihr nach Hause zurück. Mit der Hoffnung, etwas über einen Job in Erfahrung zu bringen, suchte er das Haus des Mädchens auf, das in der Nähe des Hafens lag.

„Ach Großvater, trag in deinem Alter keine Lasten mehr auf deinen Schultern! Mach lieber leichtere Arbeiten. Du bist doch schon alt ."

„He, ich bin doch noch nicht alt! Gerade mal über sechzig."

„Ach, was erzählst du denn da. Du bist genauso alt wie mein Großvater."

„Ach ja?! Da bin ich wohl wirklich nicht mehr jung... Dass ich schon so alt bin, hatte ich gar nicht gedacht."

Als der alte Mann so scherzte, erwiderte das Mädchen lächelnd: „Na Großvater, du willst wohl noch mal jung sein... Ja, ja. Alte Leute wollen so gerne noch mal ganz jung sein. Meine ältere Tante zu Hause beschwert sich, dass ihre Haare grau werden, und färbt sie glänzend schwarz."

Der alte Mann verstand, dass es in der Natur des Menschen lag, die Jugend zu lieben und dem Alter auszuweichen. Er lachte herzlich, so dass seine vom Betel rot verfärbten Zahnstummel zu sehen waren, und sagte: „Ich weiß nicht wie alt ich bin und so, das merke ich mir gar nicht mehr. Bin ja wohl schon über fünfundsiebzig, fast achtzig! Es ist nicht, weil ich jung sein möchte, Kleine. Aber wenn man alt ist, will einen keiner mehr arbeiten lassen."

Als sie beim Thema Arbeit ankamen, verloren seine leuchtende Augen ihren Glanz.

„Wenn ich gefragt werde, bin ich über sechzig, und mit der Kraft, die ich habe, lässt man mich noch arbeiten. Wenn ich aber hingehe und sage, dass ich über fünfundsiebzig, ja fast achtzig bin, lässt mich keiner mehr Reis- oder Linsensäcke schultern, Mädchen. Wie soll ich dann noch Geld verdienen? Deshalb habe ich auch das Alter nicht mehr so genau im Kopf."

Der alte Mann, der vor sich hin gestarrt hatte, während er redete, wandte sich nun abrupt dem Mädchen zu. Sie blickte ihn nachdenklich an. Die in liebevoll-neckendem Ton gesprochenen Worte schienen sie verlegen zu machen.

Dabei waren ihre Worte durchaus begründet: Immer wenn sie fragte, war Großvater sechzig und wurde nicht mehr älter. Auch letztes Jahr: sechzig. Und vorletztes Jahr: sechzig. Vorvorletztes Jahr: ebenfalls sechzig. „Bist du aber vergesslich!", lachte sie.

In Wirklichkeit jedoch hatte er sein Alter für ein bisschen Reis aus seiner Erinnerung gestrichen. Nicht um sich mit den Federn der Jugendlichkeit zu schmücken, sondern des nackten Überlebens wegen war sein Alter schon lange in Vergessenheit geraten. Der alte Mann war recht groß und stattlich. Wenn er vor einigen Jahren erzählte, er sei sechzig, glaubten die Leute ihm einfach und ließen ihn auch schwere Arbeiten machen.

Seit einiger Zeit aber war er merklich schneller erschöpft und konnte nur weiterarbeiten, wenn er sich ausgeruht hatte. Genügend Kraft, um Unkraut zu jäten oder um den Boden zu hacken, hatte er jedoch noch. Weil er sein Leben lang schwer gearbeitet hatte, schreckte er nicht so schnell vor einer Arbeit zurück. Vor diesem Job hatte er bei einem Reichen den Garten gepflegt. Der gab seiner Frau und ihm nicht nur Obdach, sondern auch ein Beet im Garten zum Anbau von Gemüse für den Eigenbedarf und für den Verkauf. Der Reiche selbst war freundlich, sein Sohn aber ein Ärgernis.

Der alte Mann lag rücklings auf seiner alterschwachen Bambus-Pritsche, verschränkte die Hände hinter seinen Kopf und sah in den weiten Himmel. Die Wolkenfetzen verflochten sich miteinander zu Wolkenbändern in immer neuen Formen. Diese Wolkenbänder zogen schnell über den blau-schwarzen weiten Himmel.

„Der Himmel gleicht dem menschlichen Dasein und die Wolkenbänder den sich ineinander verschränkenden Abschnitten meines Lebens", kam es ihm in den Sinn.

„Ich musste doch meine Pflicht erfüllen. Wenn sein Sohn sich mit seinen Freunden betrinkt, musste ich das doch meinem Arbeitgeber sagen. So habe ich dann die Wut seines Sohnes zu spüren bekommen. Einem Gärtner stünde es nicht zu, einen Sohn aus gutem Hause anzuschwärzen. Kein Wunder, dass der Sohn seitdem Groll gegen mich hegte. Aber die Arbeit war nicht so anstrengend. Und wo ich doch das ganze Leben harte Arbeit hatte machen müssen, konnte ich diesen Job nicht einfach so hinwerfen. Oh, ich muss doch aufmerksam und ehrerbietig sein, muss loyal sein. So loyal, dass ich die Wahrheit zu sagen wage. Ich war nicht im Unrecht. Da bin ich mir ganz sicher. Nein, falsch gemacht habe ich nichts. Ja, aber als der Vater dann gestorben war, hat mich der Sohn dann natürlich gleich gefeuert. Da ich meinen Job als Gärtner verloren hatte, musste ich wieder zum Hafen gehen und mich als Kuli verdingen. Weil nun meine arme Frau mit meinem bisschen Verdienst nichts mehr zu beißen hatte…"

„Vater, du bekommst nur wieder Brustbeklemmung. Es ist kalt geworden. Komm doch rein!", sprach die kleine, dürre Gestalt zu ihm, während sie sich am Türrahmen festhielt und auf ihn hinab schaute. Die alte Dame kann wohl auch nicht schlafen, dachte er. Durch Dick und Dünn waren sie gemeinsam gegangen, hatten alle Hürden des Lebens zusammen gemeistert, und nun schritten sie auf die Achtzig zu. In diesem Leben konnten sie nicht zur Ruhe kommen.

„Ja, kalt ist es. Noch einen Moment, dann komme ich gleich schlafen. Geh nur, geh! Schlaf gut, meine Liebe!"

Ein Weilchen beobachtete ihn die fragile Gestalt noch. Weil das Gesicht der alten Dame im Dunkeln versteckt war, ließ sich das nicht so genau ausmachen. Aber sein Gefühl sagte ihm, dass sie wohl genau wie er mit matten Augen vor sich hin starrte.

Am Abend schaute er kurz beim Haus des Mädchens vorbei. Es blickte den alten Mann, der seinen Job verloren hatte, an und sagte:

„Ich werde mich bei der Firma eines Freundes erkundigen, ob sie nicht einen Nachtwächter brauchen. Komm morgen um diese Zeit noch mal zu mir und frag nach! Ach, Großväterchen, wo du gerade hier bist, geh nicht wieder, bevor du etwas gegessen hast."

Obwohl er abwinkte und dankend ablehnte, sprang das Mädchen auf und lud ihm Reis und Curry auf einen Teller. Wenn er für Leistungen etwas zu essen bekam, freute es ihn immer. Dieses Mal jedoch wurde er verlegen.

Das Mädchen schien nicht zu bemerken, was in ihm vorging.

„Im Alter braucht man nur noch wenig, um satt zu werden. Es ist nicht mehr so herzerquickend."

„Hier, nimm, Großvater! Hühnerfleisch…!"

„Hühnerfleisch – ach, das konnte ich die letzten drei Viertel meines Lebens nicht essen, glaube ich. Aber im ersten Viertel hab ich schon mal Hühnchen probiert. Sieh mal – es ist doch ganz passend, dass ich kein Fleisch mehr kauen kann. Das ist das gerechte Urteil der Natur."

Die quirligen Gesten des Mädchens wurden auf Grund von seinen Worten für einen Moment langsamer. Sie sah ihn an und griff dabei nach einer Suppenschale.

„Ach, sei nicht traurig. Ich glaube nicht, dass wir ein schlechtes *Kamma* haben. Was für ein gutes Geschick ist es, einen weiteren Tag in der Welt der Menschen verweilen zu dürfen! Einen Tag mehr am Leben sein zu können, ist durch nichts zu ersetzen. Ich danke der Menschenwelt! Ich bin der Erde so dankbar! Was für eine Last muss es sein, über sechs Milliarden Menschen tragen zu müssen, und da erlaubt sie mir, noch einen weiteren Tag zu leben... Na ja, ich bin ja auch leicht."

Der alte Mann hatte bemerkt, dass das Mädchen traurig war, und mit einer Prise Humor gesprochen. Sie verharrte auf der Stelle, sah ihn immer noch an. Über Großvaters Gesicht, das zum Himmel aufsah, sammelten sich Wölkchen aus allen Himmelsrichtungen. Vor seinen Augen bildete sich ein großes Wolkenbündel, eine riesige Haufenwolke.

„Meine Hoffnung für morgen ist so groß wie diese Regenwolke. Ach ja, die Hoffnungswolke eines alten Mannes..." Er musste in sich hinein lächeln, weil ihm etwas so Poetisches eingefallen war.

„Oh, ob wohl meine Gedanken jetzt noch so hübsch sind, weil ich viel gelesen habe, als ich jung war? Damals war ich Bibliothekar in einer Fabrik. Man sagte, ich als Literaturliebhaber sei dort gut aufgehoben, und setzte mich um. Was ich davon hatte? Den Gewinn, dass ich Bücher lesen durfte. Die Literatur hat mich gelehrt, mich in der Welt zurechtzufinden..."

Der alte Mann wurde abwechselnd von den Empfindungen seiner Jugend fortgetragen und von den Empfindungen des reifen Menschen zurück in die Gegenwart geholt.

„Weil meine Frau und ich das kleine Häuschen haben, geht es noch. Unsere Kinder kommen selber nur gerade so eben über die Runden und können sich nicht um uns kümmern. Die Guten, wenn die alte Dame sie besucht, kratzen sie ihr Weniges auch noch zusammen und geben es ihr..." Der alte Mann wusste um ihre schwierige Lage.

Ihm war klar, dass es eine Belastung für sie bedeutete, ihn und seine Frau täglich mit Lebensmitteln zu versorgen. Auch die alte Dame verstand das. Man konnte ihnen keinen Vorwurf machen.

Auch deshalb legte er bis in dieses Alter die Hände nicht in den Schoß. Solange er gesund wäre, würde er arbeiten. Seine Gesundheit war ein Geschenk, das er seinem *Kamma* verdankte.

„Wenn wir dieses Mal verkaufen, werden wir Probleme bekommen. Das kommt nicht in Frage. Wir werden es so aushalten. Es kann nicht angehen, dass ich dieses Häuschen aufgebe."

Sein Häuschen hob sich länglich vom dunklen Hintergrund ab. Einst war es sehr geräumig gewesen. Mit seinen Flechtwänden aus Bambus, dem Dach aus Wedeln der Nipa-Palme und dem Bambusfußboden sah aus wie ein typisches Dorfhaus. Die im Lauf der Zeit aufgetretenen Probleme und Engpässe forderten Großvater heraus. Der Ausweg war, Stück um Stück Bauteile des Hauses zu verkaufen. Am Ende blieb ihnen nur dieses lange, schmale Häuschen, wie es nun zu sehen war. Während er nachdachte, seufzte Großvater.

„Schläfst du denn noch nicht? Es ist doch kalt geworden draußen..."

Die besorgte Stimme drang aus dem Schlafzimmer durch die Bambuswände.

„Ich hab nur überlegt, ob ich morgen zu unserem mittleren Sohn gehe... Gleich komme ich dann auch schlafen."

„Es ist aber kalt geworden!"

Die zugleich mit dem Knarren des Bambusfußbodens zu ihm dringende Stimme der alten Dame traf den alten Mann schmerzlich. Oh, wir hängen nicht wenig aneinander. Den Lebensweg sind wir zusammen gegangen. Mit Verbundenheit, mit Liebe haben wir die Widrigkeiten des Lebens gemeistert und sind nun beinahe achtzig. Gewiss werde ich auch mit den Schwierigkeiten fertig, vor die das Leben mich jetzt stellt.

„Tja, ich weiß nicht, ob überhaupt ein Schiff am Hafen angelegt hat. Ich geh mich mal umhorchen. Von unseren Kindern geht es dem mittleren Sohn noch am besten. Wo er doch Schiffsführer ist, kann er davon leben. Ich nehme nur etwas von ihm an, wenn ich ihm wenigstens mit ein paar Kleinigkeiten auf dem Kahn helfen kann. Ich will ihm nicht auf der Tasche liegen, ohne wenigstens eine Gegenleistung zu erbringen. Der Gute, wenn ich komme, wird er sein Geld zusammenkratzen und mir geben."

Er konnte nur hoffen.

„Ob sein Kahn überhaupt in Ufernähe liegt?", ging es dem alten Mann sorgenvoll durch den Kopf.

Das Boot des mittleren Sohnes war ein Frachtschiff, das Holz, Sand und Steine transportierte. Früher konnte es einmal alle fünfzehn Tage anlegen. Jetzt allerdings machte es nur noch einmal im Monat Halt. Der alte Mann schätzte immer die Zeit ab, zu der sein Sohn kommen könnte, ging zum Ufer und wartete. Manchmal legten die Schiffe wegen der Wasserstände nicht zur erwarteten Zeit an. Dann angelte er und wartete auf das Boot. Wenn er mit ein oder zwei Fischen an einer Sisalschnur nach Hause ging und unterwegs die alten Leute erblickte, die aus dem Kloster strömten, wo sie am *Uposatha*-Tag Einkehr hielten und meditierten, sah er scheu weg und wich ihnen aus. In Augenblicken wie diesen war er, der am Ufer geangelt hatte, ziemlich beschämt. An großen Feiertagen widmete sich Großvater genauso ruhigen Gemütes im Kloster der Lehre und meditierte, soweit es sich machen ließ. Aber meist gewann die Plackerei des Alltags die Oberhand.

An seinem Lebensabend wollte der alte Mann *kammisch* heilsam leben und dem Tod bewusst gegenübertreten. Er wollte nicht unvorbereitet von einem plötzlichen Tod überrascht werden, weil er um des Überlebens willen so viel arbeiten musste, dass er keine Zeit hatte, seinen Geist zu läutern.

Die Brise der Winternacht wurde kälter. Er hatte das abgetragene Flanellhemd über der Brust geschlossen. Obschon seine Kräfte nachgelassen hatte, stand er mit der Kraft der Hoffnung mühsam auf und ging ins Haus.

„Also, gibt's denn was Neues wegen des Jobs, nach dem ich gefragt hatte…?", sagte der alte Mann und beobachtete dabei prüfend den Gesichtsausdruck des Mädchens. Weil sie nicht wagte, das Aufleuchten seiner matten Augen beim Thema Arbeit zu sehen, starrte sie auf seinen Unterarm. Er folgte ihrem Blick. Die Adern an seinen Unterarmen traten dick hervor, und die Haut hing in schlaffen Falten herab. Die Stimme des Mädchens wurde so leise, dass er ganz genau hinhören musste. Als das Mädchen zu Ende gesprochen hatte, lächelte er:

„He, sie haben gesagt, man wolle keinen Alten einstellen? Das weiß ich doch. Aber schmerzhaft ist es schon. Ja, ja … na, ich gehe dann mal runter zur Anlegestelle."

Das Mädchen sah ihn unsicher an. Mit kraftlosen, müden Schritten ging er zum Ufer.

Als die alte Dame ihren Mann erblickte, erhob sie sich schwankend und stützte sich dabei auf der Bambuspritsche ab. In diesem Augenblick tauchten oben am Himmel ein paar dünne Wolkenfetzen auf und zogen vorüber. Für einen kurzen Moment sahen die beiden Alten einander an. Er reichte der alten Dame das, was er in der Hand hielt. Die Worte, die sie nur zu sich selbst leise murmelte, drangen brennend wie Feuer in sein Ohr und er spürte einen Stich im Herzen.

„Alter, schon wieder bist du am Ufer angeln gewesen…"

Der Fluch

Nay Win Myint

[illegible]

နေဝင်းမြင့်

1

Wenn man am frühen Nachmittag von Westen her die Rufe der *Moun Le'hsaung*-Verkäuferin hörte, pflegte Tante Mai Gyote geschäftig angelaufen zu kommen, sich auf die Bank vor unserem Haus zu setzen und, nachdem sie das Handtuch von ihrem Kopf gezogen hatte, ausgiebig atemlos zu japsen und zu schnaufen. Sie traf immer gleichzeitig mit der *Moun Le'hsaung* Verkäuferin, Frau Mya Sein, ein. Diese erschien meist mittags gegen zwei Uhr in unserer Straße. Von dort hörte man dann ihre langgezogenen Rufe: „Trrrrrrrrrinken Sie noch ein Glas, Familie Khin Hla, Familie Mya Khin, trrrrrinken Sie noch …!", und Mutter rief: „He, kommen Sie mal hier rüber!".

Tatsächlich sprach Mutter die Verkäuferin nicht an, weil sie *Moun Le'hsaung* trinken wollte. Für sich selbst hatte sie diese noch nie herangerufen. Auch rief sie die Verkäuferin nicht, weil sie uns Kindern *Moun Le'hsaung* spendieren wollte, sondern um Tante Mai Gyote ein Glas anzubieten. Für uns war es egal, für wen Mutter die Verkäuferin rief; sicher war, dass wir auch etwas bekommen würden. So hofften und warteten wir auf Tante Mai Gyote. Wenn sie einmal nicht kam – sei es, weil sie eingeschlafen war oder weil es ihr nicht gut ging – konnte die Verkäuferin so viel rufen, wie sie wollte, Mutter beachtete sie nicht. Also hofften wir, wenn wir die *Moun Le'hsaung*-Rufe hörten, und beteten: „Bitte, lass doch diese Tante wiederkommen!"

Anfangs dachte ich, Mutter würde Tante Mai Gyote immer *Moun Le'hsaung* anbieten, weil sie diese so gerne mochte. Und weil sie so alt und weise war. Erst später erkannte ich, dass dem keineswegs so war. Sie tat es, weil sie Angst vor Tante Mai Gyote hatte, weil sie fürchtete, dass diese uns sonst mit einem Fluch belegen würde. Tante Mai Gyote ist nämlich eine Hexe.

Nicht dass Mutter es gewagt hätte, dies offen auszusprechen. Aber der Mann meiner Tante, Onkel Khin, redete einmal darüber, als er Schnaps getrunken hatte: „Deine Mutter und deine Tante, die fürchten sich vor dieser alten Hexe, deshalb spendieren sie ihr jeden Tag *Moun Le'hsaung*, geben ihr von unserem Essen, kaufen ihr Teesalat, Erdnüsse und Sesam", sagte er. Als ich abends Mutter darauf ansprechen wollte, ließ sie meine Fragen nicht einmal zu. Mit aufgerissenen Augen und verstörtem Gesicht sagte sie nur: „Mögen goldene Worte von goldenen Ohren, silberne Worte von silbernen Ohren vernommen werden! Mögen deine Worte vom Wald verschluckt werden und wir vor Unglück bewahrt bleiben! "

Was das nun wieder heißen sollte... Ein Eingeständnis war es nicht. Aber geleugnet hatte sie es auch nicht. Keine Ahnung, ob da nun was dran war. Immerhin ging soviel Geld ja auch nicht drauf, wenn Mutter etwas *Moun Le'hsaung* ausgab. Damals kostete das Glas selbst mit Palmsirup und Kokosraspel nur 20 Pya. Macht ja nichts, soll sie es nur trinken. Aber nicht nur Mutter, auch die *Moun Le'hsaung*-Verkäuferin schien Tante Mai Gyote zu fürchten. Wenn sie vor unserem Haus ankam und Tante Mai Gyote bei Mutter antraf, wiederholte sie immer wieder: „Bitteschön, trinken Sie noch, bitteschön!", und das Lächeln in ihrem Gesicht war so süß, dass selbst der Palmsirup in ihrem Topf hätte neidisch werden können. Aber sie ließ nicht zu, dass Tante Mai Gyote ihre Töpfe berührte, stellte sie in sicherem Abstand ab, mischte das *Moun Le'hsaung*, gab einen Löffel ins Glas und brachte es ihr voller Respekt. Wenn meine Mutter dann bezahlen wollte, sagte die Verkäuferin immer: „Das Glas für Tante Mai Gyote brauchen Sie aber nicht zu bezahlen. Das ist ein Geschenk von mir." Aber Mutter gab nicht nach: „Nein, ich wollte es ihr doch ausgeben. Ich bezahle das." Und so stritten sie, wer nun das 20 *Pya* teure Geschenk machen dürfte. Mutter bestand immer darauf zu bezahlen. Sie machte sich ja solche Sorgen, dass Tante Mai Gyote einen Groll gegen sie hegen könnte.

Wenn Tante Mai Gyote kam, hatte sie immer eine Dose für Teesalat dabei. Manchmal waren eingelegte Teeblätter darin, manchmal nicht. Was sie immer dabeihatte, war die Dose. Was sie nie dabeihatte, war Öl. Nachdem sie ziemlich lange geredet hatten, sagte Tante Mai Gyote dann immer: „Na komm, mach mir mal die Teeblätter mit Öl an … dein Erdnussöl duftet so gut … du kaufst es bei Tint Hsone, nicht wahr?", und gab Mutter ihre Dose. Mutter musste zwar manchmal ohne Öl kochen, aber der Teeblättersalat für Tante Mai Gyote schwamm immer in gutem Öl. Danach aß Tante Mai Gyote Teeblättersalat, während sie schwatzte und prahlte, was das Zeug hielt. Mutter und meine Tante mussten still dabei sitzen. Gut, dass sie schon morgens mehr für das Abendessen gekocht hatten. Und Zeit, die neu gepflanzten Jasminbüsche zu gießen, hatten sie auch nicht, ebenso mussten die Tomatenpflanzen dürsten. Und sie konnten nicht zum Brunnen gehen, um Wasser zum Duschen zu holen. Erst abends, wenn es dunkel wurde und Tante Mai Gyote nach Hause ging, hatten sie ihre Freiheit wieder.

2

Tante Mai Gyote wohnte in *Le'panbin Chaung*, einer Gruppe von Hütten in einiger Entfernung von unserem Haus. Die Siedlung wurde so genannt, weil es dort einen großen, alten *Le'pan* Baum gab. Die Tante wurde im Dorf bei allen möglichen Namen gerufen – Tante Gyote, Mutter Gyote, Mutter Mai Gyote, Oma Gyote, Oma Mai Gyote … Wir nannten sie so, wie auch unsere Mutter es tat: Tante Mai Gyote. In der Siedlung war ihre Hütte die schäbigste. Durch das Dach aus trockenem Gras sah man Mond und Sterne. Die Seitenwände aus Bambusmatten waren geflickt und löchrig. Die ganze Hütte stand ziemlich schief. Auf der angebauten Veranda aus grobem Bambus standen zwei Wassergefäße. Das war's. Aus der Entfernung sah man nur diese beiden großen Gefäße. In Nächten, in denen der Mond schien, saß sie oft dort und qualmte ihre Zigarren.

Morgens zog sie dann wieder durchs Dorf. Wenn die Novizen von ihrer Almosenrunde ins Kloster zurückkehrten, kam auch sie mit ein, zwei Tellern Essen heim, das sie sich irgendwo erbettelt hatte. Nein, aus ihrer Hütte brauchte kein Rauch aufzusteigen. Kleidung zum Wechseln hatte sie auch nicht. Ihren schwarzgeblümten *Htamein* und ihre weiße Bluse mit Knopfleiste im obermyanmarischen Stil und mit langen Ärmeln trug sie immer, ohne sie jemals auszuziehen. Dass sie geduscht hätte, kam auch nicht vor. Ich habe es jedenfalls nie gesehen. Riesig groß ragte sie zum Himmel auf und dürr war sie, dass man direkt von Haut und Knochen sprechen konnte. In ihrem Gesicht konkurrierten die Runzeln und Falten mit den Pockennarben, als ob das ganze Gesicht voller Krähenfüße wäre. Ihr schmales Gesicht und die hohe Stirn passten überhaupt nicht zueinander. Man hätte meinen können, dass sie auf ihre Stirn eine Zeitung geklebt hätte. Hinter ihre weichen Ohren hatte sie immer zwei dicke, steife Maisblattzigarren gesteckt. Ihre weißen, dünnen Haare hatte sie oben auf ihrem Kopf zu einem Dutt in der Größe einer Betelnuss zusammengedreht. Die Menschen im Dorf waren immer in Sorge, dass sie früh am Morgen zu ihnen kommen könnte. Die Händler im Markt fürchteten ebenfalls, dass sie zu ihnen kommen und Unglück bringen würde, noch bevor sie das erste Geschäft des Tages gemacht hatten. Und die *Le'pe'yei-hsains* und die Verkäufer von Gebäck und Frittiertem atmeten erleichtert auf, wenn sie an ihnen vorbei war.

Sie aber wusste das nicht und war überzeugt, dass das Dorf sie liebte. Sie brauchte nicht selbst zu kochen. Sie brauchte auch nicht selbst eine Tasse Tee oder etwas Gebäck zum Essen zu kaufen. Sie brauchte nur ins Dorf zu gehen und darum zu bitten und konnte sicher sein, das Gewünschte zu bekommen.

Lassen wir erst einmal die Frage beiseite, ob Tante Mai Gyote wirklich eine Hexe war oder nicht. Niemand wagte es, ihren Groll auf sich zu ziehen oder mit ihr zu streiten. Aber niemand traute sich, etwas zu essen, das sie ihm anbot. Niemand aß etwas, dass sie schon angefasst hatte. Schwangere wichen ihr aus, wenn sie Tante Mai Gyote auf der Straße sahen, aus Furcht, sie könnte ihren Bauch berühren. Das war schon vorgekommen. Einmal war Tante Mai Gyote auf dem Dammweg Frau Kyi begegnet, die einen Ballon von Bauch vor sich her trug. Wie üblich grüßte Frau Kyi und Tante Mai Gyote grüßte zurück. Aber dann legte Tante Mai Gyote ihre Hand auf Frau Kyis Bauch und sagte: „Das sieht ja ganz nach Zwillingen aus bei dir, so ausladend wie dein Bauch ist". In dem Moment, als Tante Mai Gyote Frau Kyis Bauch berührte, war es, als ob ein Blitz in sie einschlug. Als sie zu Hause ankam, schmerzte Frau Kyis Bauch so sehr, dass sie sich vor Schmerzen wand. Schweißperlen, groß wie *Hsipyu-Beeren*, standen auf ihrer Stirn. Erst als eine ganze Schar von Ärzten und traditionellen Heilpraktikern sie behandelt hatte, wurde es besser. Später hieß es, Frau Kyi hätte einmal, als Tante Mai Gyote Geld von ihr leihen wollte, behauptet, sie habe keins. Und weil Frau Kyi viel schlechtes *Kamma* hatte, hätte Tante Mai Gyote gemacht, dass sie sterben würde. Erst als Frau Kyi an jenem Nachmittag Tante Mai Gyote das gewünschte Geld gebracht hatte, sei Linderung eingetreten.

Ein anderes Mal hatte es Frau Saw Hla getroffen. Frau Saw Hla verkauft Zwiebeln, Kartoffeln und getrocknete Hülsenfrüchte auf dem Markt. Irgendwie war sie entfernt mit Tante Mai Gyote verwandt. Eines Tages hätten sie das Essen miteinander geteilt. Tante Mai Gyote habe von Frau Saw Hlas saurem Enteneiercurry bekommen und habe ihr dafür einen Teller der verschiedenen Gerichte gebracht, die sie anderweitig erhalten hatte. In der Nacht, nachdem sie diese in Obermyanmar „Verwandschaftscurry" genannte bunte Mischung verschiedener Essensreste verspeist hatte, bekam sie so heftigen Brechdurchfall, dass sie am Morgen, als es hell wurde, nur noch ein Häufchen Elend war. Da kein Krankenhaus in der Nähe war, wurde sie auf traditionelle Weise behandelt. Da das Erbrechen und der Durchfall nicht aufhörten, gab man auf. Aus Kokochin wurde ein Experte geholt. Kaum war dieser in den Eingang des Hauses getreten, verkündete er, dass die Kranke großes Glück gehabt habe, weil er noch rechtzeitig gekommen sei. Sie sei nämlich mit einem tödlichen Fluch belegt worden. Der Fluch sei durch ein Haar auf sie gekommen; von jemandem aus Frau Saw Hlas Verwandtschaft, stellte er fest. Eine Frau, die an diesem Tag im Haus gewesen sei und dick *Thanakha* aufgelegt gehabt habe. Den Namen würde er besser nicht nennen. Die Umstehenden sahen einander an. Jetzt war es also sicher: Tante Mai Gyote! Der Experte erklärte weiter: „Als Frau Saw Hla sich übergeben hat, sind auch reichlich Haare herausgekommen!" und zeigte es jedem, der das sehen wollte.

Damit wurde dieser Experte aus Kokochin richtig berühmt. Wann immer etwas vorfiel, wurde der Betroffene nunmehr ruck-zuck auf einen Ochsenkarren gepackt und sofort zu ihm nach Kokochin gebracht.

Ob es nun wahr ist oder nicht, weiß ich auch nicht. Aber einige behaupteten, Tante Mai Gyote sei nicht bloß eine einfache Hexe. Eine Kaway, eine böse Zauberin mit weit größeren Kräften, sei sie. Sie habe den ersten Regen mit einem Steinguttopf aufgefangen, vier, fünf Halme trockenes Schilf geknickt und hineingegeben, die dann als Garnelen zum Leben erwacht und darin herumgeschwommen seien, berichtete jemand, der es gesehen haben wollte.

Und dann hatte auch der *Le'pan* Baum in der Nähe ihres Hauses seine Geschichte. Niemals war er ohne Vögel. Vögel aller Arten ließen sich auf ihm nieder und abends dröhnte es nur so von ihrem Gezwitscher, Geschnatter und Gekrächze. Auch Schleiereulen, braune Fischuhus und Geier seien dabei, hieß es. Manche Leute aus dem Dorf behaupteten, dass Tante Mai Gyote manchmal selbst die Gestalt wechsle, um sich als Geier in der Krone des Baumes niederzulassen. Deshalb traute sich niemand in die Nähe der Hütte von Tante Mai Gyote, in der nachts niemals Licht brannte. War es nicht so, dass man sie niemals die üblichen buddhistischen Verse rezitieren hörte, mit denen man religiöse Verdienste teilt und der Welt sein Wohlwollen entgegen sendet, oder dass sie nie den dreieckigen Bronzegong schlug, mit dem man eine buddhistische Andacht einleitet?

Einmal hörte ich abends, wie meine Tante leise mit meiner Mutter sprach, weil sie wohl dachte, dass wir Kinder schliefen. Aber wir hörten es trotzdem. Heute morgen auf dem Markt sei es passiert, sagte sie. Sie hatte wie immer ihren Stand aufgebaut und die Waren ausgebreitet. Von Salay sei eine Gruppe Zauberkünstler gekommen und hätte auf dem Markt Zauberkunststücke vorgeführt. Da sie am Eingang des Marktes standen, sammelten sich schnell viele Leute um sie. Der große Meister war noch nicht aufgetreten, und nur seine Schüler hatten begonnen, zu Musik ihre Kunststücke vorzuführen. Sie hatten Schan-Kleidung an und sprachen mit dem typischen Akzent der Angehörigen des Schan-Volkes. Aus einem Korb holten sie Kettenvipern. Vier Stück gleich. Jede so dick wie der Knüppel, mit dem wir die Wäsche beim Waschen klopfen. Als dann eine Nummer kam, bei dem sich jemand von der Schlange beißen lassen sollte, um dann an ihm das zu verkaufende Gegengift zu demonstrieren, schoben alle den Herrn Hla Maung aus Thargara vor in die Mitte des Kreises. Der hatte auch keine Angst davor. Die Viper schoss vor und biss ihn. Das Blut, das aus der Bisswunde trat, sah schlimm aus. Kurz darauf wurde ihm schwindlig und während man noch dabei war, einen Ochsenkarren aufzutreiben, der ihn ins Krankenhaus nach Magwe bringen sollte, starb er. Währenddessen hatte in einer Ecke des Marktes Tante Mai Gyote im Schatten eines Baumes gesessen und sich „ausgeruht, weil sie erschöpft war". Man will gesehen haben, dass sie nach kurzer Zeit ihre Slipper mit der dünn gelaufenen Holzsohle auszog und verkehrt herum ineinander steckte. Aus ihrem Mund wollte man die Worte: „Wer hat gesagt, dass ihr in mein Dorf kommen und mich herausfordern dürft?", murmeln gehört haben.

Meine Tante erzählte dies mit zitternder Stimme. „Ob Tante Mai Gyote etwa weiß, dass ich dir dies erzähle?" „Puh", atmete Mutter hörbar aus. Nach kurzer Zeit flüsterte sie: „Behalt das nur für dich! Das ist ja grauenhaft!" Weiter hörte ich, wie Mutter sagte, dass sie, als sie spät nachts auf dem Heimweg von der Andacht im Vorbeigehen zum Haus von Tante Mai Gyote hinübergesehen hatte, bemerkte, wie diese ohne Bluse mit über die Brust hochgezogenem *Htamein* auf der Plattform stand. Und die Ellbogen habe sie so bewegt wie ein Geier mit den Flügeln schlägt. Sie aber habe Mutter, die auf der Straße vorbeiging, nicht einmal wahrgenommen.

Meine Tante sagte: „Hör bloß auf. Ich gehe mich noch eben vor dem Buddha verbeugen.", und stand auf. Auch Mutter nahm eine Kette Gebetsperlen vom Pfosten.

Als am nächsten Tante Mai Gyote zum *Moun Le'hsaung*-Trinken kam, erzählte Mutter ihr, dass sie nachts nach der Andacht noch an ihrem Haus vorbeigekommen sei. „Letzte Nacht? Da war ich nicht zu Hause", erwiderte Tante Mai Gyote. „Es war doch Vollmond, nicht wahr?" Die Gesichter von Mutter und meiner Tante schienen plötzlich blutleer. Zwar fürchtete das ganze Dorf Tante Mai Gyote, die dick mit *Thanakha* eingerieben und mit ihrem „Betelnussdutt" von Haus zu Haus kreuz und quer durch das Dorf wanderte. Aber Mutter und meine Tante fürchteten sie mehr als alle anderen. Und wie viel mehr…! Kein Wunder, diese Frau verbrachte ja auch fast täglich die Hälfte des Tages damit, in unserem Haus zu sitzen.

3

Nachdem er Frau Saw Hla geheilt hatte, kam der Experte aus Kokochin immer häufiger in unser Dorf. Einige waren richtig erleichtert, dass er bald alle drei, vier Tage mit dem Fahrrad aus Kokochin angefahren kam. Wenn man vermutete, dass irgendetwas mit Hexerei zu tun habe, musste er kommen. Und dieser Experte verfüge über nicht geringe Macht, hieß es. Er könne nicht nur mit Hexerei umgehen, sondern kenne sich auch mit Kräutermedizin aus. Einige heilte er mit Wasser, über dem er vorher Mantras rezitierte. Andere mit einem Amulett. Andere mit lediglich vier, fünf Stichen eines mit Mantras aufgeladenen, spitzen Kupferstabes. Wieder andere, indem er den sich den auslösenden Gegenstand übergeben ließ. So heilte er, hieß es. Wenn nach Sonnenuntergang ein Pferdewagen aus dem Dorf herausfuhr, dann war sicher, dass er den Experten, den *Saya* aus Kokochin, holte. Der kam auch häufig mit seinem Fahrrad ins Dorf. Alle mochten ihn. Jeder, der ihn auf der Straße traf, grüßte ihn freundlich mit *Saya*, und der *Saya* lächelte stets freundlich zurück. So freundete er sich auch von Tag zu Tag mehr mit Mutter an.

Immer wenn er ins Dorf kam, lehnte er sein Fahrrad an den Tamarindenbaum vor unserem Haus, um auf einen Tee hereinzuschauen. Dann sprachen sie über alles Mögliche. Seine Erfahrungen beim Heilen, Mittel und Techniken des Heilens, und wie er mit seinem Wissen schon gegen alle möglichen Hexen habe antreten müssen. Und wenn er gegen sie antrat, trug am Ende immer er den Sieg davon. Dass er schon mal unterlegen wäre, kam in seinen Erzählungen nicht vor. Dafür aber, wie viele Hexen vor seiner Macht hatten aufgeben und ihm ihr Wissen opfern mussten. Die Versöhnung mit erzürnten Familiengeistern, Verhindern, dass ein Kind, das in Wahrheit ein nur für kurze Zeit in die Welt der Menschen geborener Geist war, wieder in die Welt der Geister zurückgerufen würde und sterben müsste, das Abwehren von Angriffen von Hexen, Nats und Geistern, den Auswirkungen von magischen Quadraten, Zauberei und dunkeln Gestirnen bis hin zum Austreiben von bösen Geistern, die in tote Menschenkörpern einfahren – all das beherrschte er.

An jenem Tag erzählte er auch viel und trank dabei vier, fünf Tassen Tee, um dann weiter in Richtung Markt zu gehen. Als am Nachmittag Tante Mai Gyote kam, wirkte ihr Gesicht verärgert. Als Mutter und meine Tante das sahen, verdüsterten sich auch ihr Gesichter.

„Heute Vormittag war dieser Kerl, der „Kokochin *Saya*" bei euch, stimmts?"

„Ja, Tante Mai Gyote."

„Und was wollte der Kerl?"

„Oh, nichts Besonderes. Ist nur so vorbeigekommen."

„*Saya* nennen sie ihn. So was Würdeloses wie den... Glaubt ihr etwa an ihn?"

„Ach nein, Tante, natürlich nicht. Warum fragst du?"

„Ich kann ihn nicht ausstehen. Hat kaum Ahnung, ist aber eingebildet wie nur was", sagte Tante Mai Gyote, während sie den wie üblich für sie zubereiteten Teesalat kaute. Ihr dunkelhäutiges, pockennarbiges Gesicht, von dem zusammen mit den Schweißtropfen die helle *Thanakha*-Paste herunterlief, sah gescheckt aus, als hätte man die rußgeschwärzte Unterseite eines Kochtopfes mit Kalk bestreut. Mutter und Tante hockten wie üblich kleinlaut neben ihr.

„He, Hla Khin, etwas unangenehm ist's mir ja schon. Aber das Kokosöl, das dein Mann geschickt hat, ist wirklich gut. Füll' mir doch noch etwas in eine Flasche. Ich möchte mir damit die Haare einreiben."

„Kein Problem, Tante Mai Gyote. Das duftet ja auch so gut, nicht wahr?" Während Mutter etwas von ihrem Öl in eine leere Flasche goss, füllte meine Tante ihr von unserem Essen in ein Gefäß mit den Worten, „...weil ich möchte, dass Sie davon essen". Erst jetzt erhellte sich Tante Mai Gyotes Gesicht wieder und strahlte. Kurz darauf machte sie sich auf den Heimweg. Onkel Khin, der Mann meiner Tante, kam mit einem Ochsenkarren voller gerodeter Kichererbsenpflanzen und spürbarer Alkoholfahne nach Hause. Außerdem war er sehr wütend. Er stieg vom Karren und nahm sich nicht einmal die Zeit, zuerst die Ochsen auszuspannen.

„Mya Khin, komm her! Was hat die Mai Gyote wieder von uns mitgenommen?", schrie er.

„Etwas Essen. Das Kokosöl in der Flasche hat meine Schwester ihr gegeben."

„Das ist aber auch schlimm mit euch. Dieser alten Hexe braucht ihr überhaupt nichts zu geben!"

Mutter verlor die Fassung.

„He Khin, was redest du da! Du… Tsch, tsch, tsch, bewahre!"

„Schluss jetzt, Schwägerin. Je mehr ihr das macht, desto mehr Angst jagt die euch ein!"

Mutter und meine Tante sagten nichts. Onkel Khin stemmte die Karrendeichsel auf ihren Ständer, spannte die Ochsen aus und band sie an den Jujubenbaum.

„Für nichts und wieder nichts unterbrecht ihr eure Arbeit und verschwendet völlig sinnlos eure Zeit mit ihr. Seht zu, dass diese alte Schnepfe fortbleibt."

Meine Tante wusste, dass ihr Mann außer sich vor Wut war, und schwieg. Mutter aber sagte: „Wir jedenfalls wollen keinen Fluch abbekommen oder verhext werden."

„Was denn für einen Fluch? Es gibt überhaupt keinen Fluch. Je mehr ihr euch fürchtet, desto mehr freut sie sich. Die hat nicht nur euch, sondern das ganze Dorf mit einem Fluch belegt. Sowie ihr anfangt, euch vor ihr zu fürchten, seid ihr doch schon verhext. Kapiert das doch endlich! Und dann auch noch dieser *„Saya"* aus Kokochin, der dem Dorf zur Last fällt…"

„He, der *Saya* ist aber ein Guter, ein Held."

„Ach was, Held. Der ist genauso wie die. Als ich neulich nachmittags vom Feld zurückkam, hab' ich gesehen, wie der mit der Mai Gyote unter dem Pipalbaum saß und die beiden miteinander diskutiert haben. Der Heiler und die Hexe, die teilen sich den Profit! So, da hast du's."

Als Mutter und die Tante diese unfassbare Nachricht hörten, verschlug es ihnen vor Erstaunen die Sprache.

„Die eine verhext euch, der andere heilt euch wieder. Na, bestens!", brüllte Onkel Khin noch.

4

Wie auch immer. Es war ja nur Onkel Khin, der das sagte. Er musste schon früh morgens um drei in die Felder und kam erst nach Einbruch der Dunkelheit, wenn er schon ein paar Schnäpse getrunken hatte, wieder. Für Mutter und meine Tante aber ging es weiter wie immer. Im Dorf ebenfalls. Der *Saya* aus Kokochin kam weiterhin mit seinem Fahrrad ins Dorf gefahren und Tante Mai Gyote ging auch weiterhin mit *Thanakha* im Gesicht und Betelnussdutt durch das Dorf.

Auch wenn die Menschen im Dorf tief in ihrem Inneren nicht glücklich darüber waren. Auch wenn sie ihr gegenüber kein bisschen Wohlwollen empfanden. Nur immer freundlich lächeln. Nur reichlich beschenken. Tante Mai Gyote ist ja eine Hexe. Und ehe man sich versieht, hat sie einen womöglich schon verflucht.

Das ist doch nicht Vater

Nu Nu Yi (Innwa)

အဖေမဟုတ်ဘူးနော်

နုနုရည် (အင်းဝ)

Diese unverschämten Kerle! Benehmen sich, als ob das ihr Fähranleger wäre. Als ob sie hier sämtliche Autos kontrollierten. Die wollen alle Wagen, die vom anderen Ufer herüberkommen, alleine saubermachen. Und die Wagen, die von Yangon kommen, wollen sie auch noch machen. Kann man sich so was vorstellen! Saw San Htu, Naing Oo und Hlaing Gyi: diesen drei Kerlen würde ich am liebsten eins verpassen. Wie im Film möchte ich die an den Haaren ins Wasser tauchen. Und dann würde ich sie fragen, ob sie noch mal einem anderen, der zuerst da war, den Wagen wegschnappen werden. Ob sie sich noch mal bei einem Boot vordrängeln werden, bei dem ein anderer vor ihnen war. Das würde mir ziemlichen Spaß machen. Würde ich wirklich gerne machen. Und ich habe das nur noch nicht gemacht, weil die drei älter sind als ich, und natürlich auch stärker. Aber nicht, dass ich Angst vor denen hätte. Ich trau mich durchaus, es mit den dreien aufzunehmen. Ich hab mich schon mal mit denen, allein gegen drei, im Staub vorm Fähranleger geprügelt. Hab natürlich ganz schön was abbekommen. Die haben mich ziemlich durch den Staub gerollt. Ich hatte Glück, dass die Fahrer dazwischen gegangen sind. Auch wenn ich die drei nicht ausstehen kann, seit dem Tag wage ich es nicht mehr, Streit mit denen anzufangen. Und die andern trauen sich auch nicht, mit denen zu streiten. Genau wie ich.

„Okay. Macht nur. Ihr könnt gleich alle Autos waschen. Wir werden schon noch sehen. Er knüllte den nassen Lappen in der Hand zusammen und warf ihn hin, um einen heimlichen Blick auf die drei werfen zu können. Jeder mit einem eigenen Eimer und einem Lappen, waschen sie die drei Hilux ab. Sie beeilen sich, wischen sehr schnell. Natürlich, weil sie die ersten sein wollen, wenn die nächsten Autos ankommen. Die Wagen, die sie waschen, werden nie richtig sauber. Deren Gewische ist nicht mal fünf Kyat wert. Aber die Fahrer haben keine Ahnung, wofür sie da bezahlen. Die sehen ja nicht zu. Die schließen den Wagen ab und gehen weg. Wie sollen sie das dann mitbekommen.

Die große Fähre braucht diesmal lange am anderen Ufer. Bei der Fuhre müsste eigentlich der Wagen von einem Stammkunden von mir dabei sein. Seinen Wagen darf nur ich waschen. Da kommt kein anderer ran. Ich wasche sein Auto und kauf Betel und Zigaretten für ihn. Dafür gibt er mir immer einen Zehner. Und er gibt mir etwas Betel ab. Prima, wenn er diesmal mit dabei ist. Der Zehner, den er mir gibt, plus die fünf, die ich für ein Mal Autowaschen schon bekommen habe, damit hab ich genug für mein Frühstück zusammen. Das Essen in Nang Seins „Zwegabin"-Imbiss, ihre Schweinefleischcurrys, Fischcurrys und ihr Rindfleisch, sind richtig gut. Eine Portion mit einem Curry nach Wahl kostet fünfzehn Kyat. Essen, soviel man will, kostet zwanzig Kyat. Wenn mein Kunde wirklich kommt und ich jetzt noch einen Wagen abbekomme, dann werd' ich mich satt essen können.

Siehste, da kommt schon ein Wagen aus Yangon an. Da muss ich schnell sein. Die anderen drei sind ja mit ihren Wagen noch nicht fertig. Und alle übrigen sind Weicheier, echte Weicheier.

Als das gelbe Auto einparkt, wird ganz schön Staub aufgewirbelt. Ich bin der erste an der Fahrertür.

„Ein Mal abwischen oder mit Wasser waschen, Onkel?"

Während ich das frage, kommt ein anderer Kerl an und will sich an die Fahrertür drängeln, so dass ich ihm eins mit dem Ellenbogen versetzen muss. Und trotzdem ruft er noch: „Soll ich den Wagen saubermachen, Onkel? Ich mach ihn ihnen blitzeblank."

„He, was willst du?! Das habe ich schon gesagt, das ist mein Job."

„Na und! Hat er dir denn schon was zugesagt?"

„Und wenn schon... Ich war zuerst da."

Ich stoße ihn etwas zu kräftig, und der Kerl fällt in den Staub.

„He, ihr! Was ist denn hier los?! Aus dem Weg mit euch! Ich kann die Tür nicht aufmachen."

„Onkel, ich mach ihnen das Auto sauber, okay, Onkel?"

„Gar nichts machst du. Ihr verdammten Bengel! Ich brauch euch nicht, Schluss jetzt! Und wagt euch nicht noch einmal, in meiner Nähe herumzuschreien. Mann, ist die Fähre denn noch nicht da?"

Der Fahrer knallt die Wagentür zu und geht weg. Na toll! Keine Chance mehr, die fünf Kyat zu verdienen. Ich gehe zu den Reisenden, die hinten ausgestiegen sind. Es sind nicht besonders viele. Haben wahrscheinlich das Auto vorher geordert. Oh, dort! Da ist einem älteren Herrn, der sich neben dem Auto den Staub abschüttelt, sein Tuch heruntergefallen. Er hat es nicht bemerkt. Ich gehe zum Auto und hebe es heimlich auf. Ich verstecke es unter meinem Wischlappen und gehe weg.

„Oh, sieh nur! Sieht das nicht schön aus. Der Thanlwin-Fluss, und der Zwegabin, sieh nur!"

„Ja. Der Berg da drüben ist der Zwegabin, nicht wahr?"

„Ja, genau."

Als ich das höre, weiß ich Bescheid. Diese Reisenden waren noch nie zuvor hier gewesen. Ganz unschuldig gehe ich in die Nähe, wo das große Mädchen mit der schicken Sonnenbrille steht. Sie blickt zum anderen Ufer und sieht dann zu mir herunter.

„Auf dieser Seite, das ist Myaingalay, nicht wahr?"

„Ja. Und das da drüben ist Hpa-an."

„Muss man normalerweise lange auf die Autofähre warten?"

„Hm, das dauert immer. Wenn sie schneller rüber wollen, dann nehmen sie doch ein Personenboot. Es gibt Motorboote. Der Bootsanleger ist da drüben. Ich zeig's ihnen, wenn Sie wollen."

„Warte, einen Moment, nicht jetzt gleich. Ich weiß nicht, wie unser Papa sich das gedacht hat."

Dann eben nicht. Ist hier denn nirgendwie Geld zu machen? Mit dem Essen wird es jetzt schwer werden. Bleibt nur noch, auf die herüberkommende Fähre zu hoffen. Hoffentlich wird es mit dem Auto von meinem Stammkunden klappen und er ist auch wirklich dabei.

„Wie heißt du?"

„Pazun."

„Pazun, wirklich? Toller Name. Und wie alt bist du?"

„Neun."

„Wo wohnst du denn? Arbeitest du hier am Fähranleger?"

„Genau. Wohnen tue ich in der Thanlan-Siedlung. Da drüben, die

Häuser neben den Bahnschienen. Da wohne ich bei meinem Onkel. Das heißt, früher hab ich da gewohnt. Jetzt kaum noch. Jetzt wohn' ich hier am Anleger."

„Und deine Eltern?"

„Mutter ist gestorben. Und mein Vater ist weggegangen, woanders Arbeit suchen, haben sie gesagt. Der kommt nicht mehr zurück."

„Ach je, du Armer! Und hast du keine Geschwister?"

„Nein. Ich bin allein."

„Wirklich?"

Jetzt tue ich dem Mädchen mit der Brille richtig Leid. Das weiß ich. Also hab ich sie jetzt im Griff.

„He, Pazun! Was machst du denn da?"

Ach du je, so ein Mist! Meine große Schwester. Die kommt zum Baden an den Fluss. Den *Longyi* unserer Tante unordentlich um die Brust gebunden, kommt sie in meine Richtung gelaufen. Das Mädchen dreht sich auch schon nach ihr um. Verflixt.

„Du, geh schon, brauchst nicht herzukommen. Du kannst alleine baden gehen. – Das ist die Tochter meines Onkels, meine Cousine." Ich rufe zu meiner Schwester hinüber, dass sie ja nicht herkommt, und erkläre es dem Mädchen, was meine Schwester hoffentlich nicht hört. Wenn sie das hört, kapiert sie bestimmt überhaupt nichts und sagt, dass das gar nicht stimmt, und es kommt heraus, dass wir Geschwister sind, und alles ist im Eimer. Und wenn dann auch noch rauskommt, dass Mutter mit dem Baby nach Yangon zu Verwandten gezogen ist, das wäre Mist. Wenn alle meine Lügen auffliegen, werd' ich dem Mädchen natürlich nicht mehr Leid tun. Und Geld würde sie mir auch keins mehr geben. Hier am Anleger erzählen alle Jungs solche Geschichten, wenn sie die Reisenden nicht kennen. Nur so kann man deren Mitleid erregen, und sie geben einem Geld."

„Und wo schläfst du nachts?"

„Manchmal schlaf ich zwischen den Läden. Manchmal auch auf der Fähre."

„Bist du zur Schule gegangen?"

„Nein, aber ich kann meinen Namen schreiben. Ich kann das Alphabet, A-B-C und Ka-Kyi, Kha-Khwei. Hat mir der Mann, der die Fähre bewacht, nachts beigebracht."

„Na, immerhin was. Hier, nimm, etwas Trinkgeld für dich. Na, nimm's schon."

Super. Klappt doch. Sie gibt mir gleich mehrere Zehner. Ich werd sofort zum Essen laufen. Ich hab schon ganz schönen Hunger.

Nach dem Essen laufe ich zum Personenbootanleger hinüber. Die Fähre ist immer noch nicht da.

„Tante, geben Sie das mir. Ich trag's ihnen, Tantchen"

„Bootsmann! Hier, die wollen zur anderen Seite übersetzen."

Am Bootsanleger tönen die Stimmen von Jungs wie mir durcheinander. Verdammt, diese Kerle, Saw San Htu und seine Truppe, sind auch schon wieder da. Jeder versucht, als erster an den Booten zu sein. Oh, und da drüben ist das Mädchen mit der Brille und ihre Familie, die gerade ein Boot besteigen. Wollten wohl doch nicht länger auf die Fähre warten.

„Sie, Sie, geben Sie her, geben Sie mir die Tasche. Ich trag sie Ihnen."

„Okay. Danke, Pazun."

Ich halte den Bug des Bootes fest, bis alle aufgestiegen sind. Als das Boot voll ist und der Motor angelassen wird, springe ich vorne auf den Bug. „Pazun, fährst du bis zur anderen Seite mit?", fragt das Mädchen. Ich schüttle den Kopf, während ich die Hand zum Bootsbesitzer ausstrecke und ein Ein-Kyat-Schein darin landet. Ich halte den Schein fest mit der Hand umschlossen und springe ins Wasser. Die Leute auf dem Boot bekommen eine Dusche, und es gibt ein lautes Gezeter.

Das ist nichts Neues für mich. Ich schwimme zum Ufer zurück. Das Ufer ist voll von Menschen, die sich waschen oder im Wasser spielen.

Am lehmigen Steilufer gibt es eine Schanze, von der man, wenn man sie mit Wasser bespritzt hat, ins Wasser rutschen kann. Da klettere ich hoch. Auf dem Schlamm ins Wasser zu rutschen, macht einen Heidenspaß. Wenn ich da einmal gerutscht bin, will ich nicht wieder aus dem Wasser kommen. Einmal hat es mir solchen Spaß gemacht, dass mir nachher der Hintern gebrannt hat.

„Pazun, Pazun!"

Die schon wieder! Meine Schwester. Wo das Rutschen gerade so einen Spaß macht.

„Schnell, schnell, komm her!"

Keine Ahnung, was los ist. Sie sieht erschrocken aus. Benimmt sich ganz seltsam. Da werde ich wohl gehen müssen, jetzt wo es gerade so einen Spaß macht.

„Was ist denn? Sag schon!"

„Pazun, da bei den Restaurants, weil da so eine Menschenmenge stand, bin ich auch gucken gegangen. Da liegt ein älterer Mann, weißt du.

„Ach so… ich weiß. Der ist da seit gestern Abend. Ich hab ihn gesehen. Was ist denn mit dem?"

„Was, du hast ihn gesehen?"

Meine Schwester verzieht das Gesicht, und ihr kommen die Tränen.

„Weißt du das denn wirklich nicht? Das ist Vater!"

„Was?"

Ich bekomme einen Schreck. „Vater", sagt sie. Wirklich?

„Das ist doch nicht wahr. Das kommt dir nur so vor."

„Nein, wirklich! Komm, komm mit! Ich zeig's dir, komm!"

Meine Schwester zerrt mich energisch dahin. Neben dem Imbiss, wo wir immer essen, unter dem Blechdach, genau wie gestern Abend. Da liegt ein älterer Mann. Wir drängeln uns zwischen den Leuten hindurch.

„Sieh doch, sieh! Sieh genau hin! Klar ist das Vater."

Ich sehe ihn mir genau an. Lange Haare. Ein älterer Mann mit eingefallenen Wangen, dickem Bauch, großen Knien und ganz dünnen Waden. Ach wo, das ist doch nicht Vater. Solche älteren Leute habe ich schon öfter hier…, hier liegen gesehen.

„Vater, Vater, warum antwortest du nicht? Vater! Er wird doch nicht sterben… Los, Pazun, versuch du ihn zu rufen, Vater…"

„Was? Ich will das nicht. Das ist doch Quatsch. Das ist doch nicht Vater."

Meine Schwester weint, und ich laufe weg. Das war nicht Vater. Das kann nicht sein. Na ja, … ich hab keine Ahnung. Gerade legt die Fähre an. Das Auto von meinem Stammkunden ist auch dabei. Damit ist das Abendessen gesichert.

Diese Nacht, als ich auf dem Fährdeck liege und in die Sterne gucke, kommt der Mann, der die Fähre bewacht, an Bord. Mit seinem schlürfenden Gang und der hellen Taschenlampe leuchtend.

„He du, Pazun. Schläfst du schon?"

„Noch nicht."

Er setzt sich zu mir und zieht an seiner Zigarette, dass sie rot aufleuchtet.

„Der Mann, der gestern Nacht unter dem Blechdach vom Imbiss gelegen hat, ist gestorben."

„Gestorben?"

„Ja."

Na und? Und wenn schon... Von der rabenschwarzen Oberfläche des Flusses hört man die Geräusche der Wellen. Als ich noch ganz klein war, haben mein Vater und ich hier am Flussufer gebadet. Mein Vater hat mich im Arm gehalten.

Plötzlich kommen mir die Tränen. Oh... Was ist denn jetzt los? Was soll das denn? Warum sollte ich weinen? Er war doch nicht Vater. War doch nicht mein Vater...

Kohle ist eben schwarz!

Nyi Pu Lay

မီးသွေး ခဲမှို့မည်း သကိုး

ညီပုလေး

Sieh dir das an. Gleich verliert er den Ball an die Anderen. Genau wie ich mir's gedacht habe. Den lässt man am besten gar nicht erst spielen. Wenn doch, versaut er's sowieso nur. Versager! Der Trainer hätte diesen Htway Aung besser rausgenommen. Ich weiß nicht, was er sich dabei gedacht hat, Aung Khain auszuwechseln. Wenn das so weiter geht heute, wird das Spiel schwer zu gewinnen sein. Mensch, geh dazwischen! Ihr müsst mehr stören! Ja, genau. Dazwischengehen, attackieren. Weg mit dem Ball. Hauptsache, den Angriff abgewehrt.

Mann, wovor habt ihr denn Angst, ihr Feiglinge? Hau ihn weg! Genau, ins Aus damit! Das ist das Beste. Angriff und Mittelfeld zurückkommen, Leute! Die Nummer Sechs decken! Than Maung, lass deinen Mann da nicht so frei stehen! Der Kurze macht ihn sonst rein ins Tor. Kannst du nicht einmal den unter Kontrolle halten? Ich werd'… Ja, richtig, benutz' ruhig die Stollen, um ihn zu kriegen. Halt' ihn in Schach, los! Nein! Ist er doch drangekommen. Verdammt, pass doch auf! Wozu haben wir das denn trainiert? Was spielt ihr euch heute nur zusammen? Ihr Versager, ihr nichtsnutzigen!

Than Nyunt ist frei! Nicht so viel dribbeln! Oh Mist, zu spät. Verspielt. Mann, das sieht wirklich nicht gut aus. Ihr seid viel zu eingebildet. Zeigt mal etwas mehr Einsatz! Der Ball kommt ja gar nicht aus unserer Hälfte raus. Wir müssen jetzt kühlen Kopf bewahren. Aber was sag ich? Hier benutzt ja niemand seinen Kopf. Wo man besser abgespielt hätte, versucht ihr es allein, und wenn ihr den Ball halten sollt, schießt ihr einfach drauf los.

Mann, stell dich nicht so dämlich an! Das ist unser Einwurf. Die haben den Ball zuletzt berührt. Hast du das nicht gesehen? Jetzt wirf schon, wirf ein, schnell! Da hinten steht Ba Thein frei. Aber Ba Thein steht da wie angewurzelt…

Ja, abspielen! Bloß nicht verschenken jetzt! Ach, nun steht der Schiedsrichter genau im Weg. Pass auf, dass der nichts abkriegt! Von hinten kommt einer! Mist, schon passiert. Setz nach, los hinterher! Erkämpf dir den Ball zurück, den du verloren hast! Ja, zeig's ihm! Der hat doch auch nur zwei Beine. Keiner hat hier ein Bein mehr als der andere. Zeigt ab und zu mal, was ihr könnt!

Herrje, du sollst hochgucken beim Spielen! Wie oft soll ich das noch sagen? Gut gemacht. Nur, weil du ständig nach unten guckst, kann er dir den Ball von hinten abluchsen. Schieß nach vorn! Die Jungs da vorne lassen es sich gut gehen, und wir hier hinten dürfen es ausbaden. Kommt mal ein bisschen in der Verteidigung aushelfen! Kämpfen! Nicht aufgeben! Meine Güte, mit deiner Kraft, Thein Aung, was stellst du dich so an?

He du, da drüben ist Pay Si frei! Da musst du an Pay Si abgeben! Aber du willst zeigen, was du kannst, und es alleine machen. Nun sieh dir das an! Toll gemacht. Verliert die Kontrolle, und dann in letzter Not diese viel zu steile Vorlage mit der Fußspitze. Wärst du etwa an diesen Ball rangekommen? Eben.

Pay Si, so 'nem Pass brauchst du doch nicht hinterher zu laufen!

Was? Der Schiedsrichter schon wieder! Das war doch keine Absicht. Die Geschichte mit uns und diesem Schiedsrichter hört aber auch nie auf. Wirklich nur Probleme mit dem.

Ja, toll. Sehr schön. Schön die Beine auseinander. Dann können die den Ball schön hindurchschießen. Und du merkst es nicht einmal. Du Vollidiot! Nein, schon wieder! Dieser verdammte Schiedsrichter. Das war doch kein Handspiel! Die Hand ging überhaupt nicht zum Ball. Der Ball ist ihm an die Hand gesprungen. Kennst du den Unterschied nicht? Idiot! Ich glaub', das geht hier nicht mit rechten Dingen zu …

An Win Thein abspielen! Gut. Da drüben, auf dem linken Flügel ist Tin Nyunt frei. Genau. Zurück an Pay Si. Und zu Mya Min. Ach nein, Myat Tin schon wieder im Abseits. Einfach nicht clever genug. Einfach zu blöd! Than Nyunt, pass auf den da auf! Da musst du einen kleinen Dreher machen, und wenn er angerannt kommt, einen Schlenker in die Gegenrichtung. Außerdem stand dort Tin Nyunt frei. Hast du ihn nicht gesehen?

Wie oft soll ich noch sagen, dass du im Torraum den Ball nicht nach vorne wegschießen sollst! Glück gehabt, dass er das vertändelt hat. Du kennst ja unseren Torwart. Verlass dich nicht auf den, Paik Htway. Auf diesen Hundedieb sollte man nicht bauen.

Than Maung! Than Maung, wieso spielst du nicht ab? Ba Thein stand frei. Und wenn du passt, sollst du mit dem Spann schießen! Wieder eine Chance vertan.

Mann, Tin Nyunt, und das, wo du zuerst am Ball warst. Man hat den Eindruck, du hast keine Lust zu spielen. Dann kannst du auch rausgehen. Es geht auch um die Ehre des Trainers. Und seht euch mal das Publikum an. Die müssten uns noch viel mehr ausbuhen.

Vorsicht! Oh Mann, jetzt foule doch nicht so offensichtlich. Du handelst dir noch 'ne gelbe Karte ein.

Was?! Der Blaue da war doch im Abseits! Hast du das nicht gesehen? Ich glaub, der Linienrichter ist nur hier, um sich in Ruhe das Spiel anzusehen. Den kannst du echt vergessen, der hat wahrscheinlich 'ne fette Wette laufen.

Mensch, ihr sollt den Ball laufen lassen! Jeder muss auf seiner Position bleiben. Die Pässe im Mittelfeld müssen sicherer kommen. Das ist ja das totale Chaos! Habt ihr denn das Spielen verlernt? Was macht ihr da bloß? Verdammt.

Schon wieder! Dauernd diese unerreichbaren Pässe! Ihr werft ihnen den Ball ja direkt in den Rachen. Und die werden zuschlagen. He, Ba Thein! Meine Güte, nicht so brutal. Das ist viel zu offensichtlich... Was, das soll 'ne gelbe Karte gewesen sein? Dieser Schiedsrichter! Die Blauen foulen doch auch ständig nur. Und die gehen richtig auf die Knochen... Werden wohl indirekt schießen. Mauer! He, dicht machen da vorne! Und macht die Seite zu, wo Ba Htway sagt! Der kümmert sich um seine Seite schon allein. Win Thein, die Nummer 9 decken! Tin Nyunt, aufgepasst! Die 11 gedeckt halten! Passt bloß auf! He, einer zu mir, mach schon! Er schießt. Aufgepasst!

Nein, da ist es passiert. Tin Nyunt, du Hundesohn! Der ist dir genau über den Kopf geflogen. Mein Gott, jetzt gib nicht noch Than Maung die Schuld! Ich hab's doch selbst gesehen, der ist über dich rübergeflogen. Der Torwart war fast dran mit den Fingern, aber er muss gedacht habe, das war 'ne Rakete, konnte nur noch hinterhergucken. Verdammt. Null zu eins.

Strengt euch an jetzt! Es ist ja noch Zeit. Bloß nicht den Mut verlieren. Nun, sieh dir das wieder an! Was soll denn das? Und das, wo wir zurückliegen. Als ich gesagt hab, los geh, geh, habt ihr nicht gehört. Und jetzt, wo nicht die Zeit ist für Dribblings ... Der Ball muss nach vorne, das ist das Wichtigste. Aber nun, wo es so verdammt drauf ankommt, spielt ihr wieder zurück.

Und der Schiedsrichter..., der ist doch parteiisch. Wenn seine Lieblinge foulen, lässt er das durchgehen. Aber was soll's. Wenn man schon den Ball verliert, kann man nicht auch noch den Mann durchkommen lassen. Das war Körpereinsatz. In so einer Situation muss ein Body-Check kommen!

Verdammt, irgendwie ist es heute noch heißer als sonst. Der ganze Körper kocht.

Mann, Ba Thein, sollte das ein Kopfball werden? Triffst den Ball mit Hinterkopf und bekommst selbst nicht mit, wo der Ball hinfliegt. Deshalb sag' ich, du sollst nicht die Augen zukneifen beim Köpfen. Da sind unsere Leute, siehst du die Grünen nicht? Win Thein, bist du blind? Ihr sollt abspielen! Nicht den Ball verlieren jetzt! Aber man kann ja sagen, was man will, ihr spielt ja sowieso nicht danach. Wir wollten uns gründlich auf diese Spiel vorbereiten, aber kein einziger ist in Form.

Sieh dir den an. Der raucht immer wie ein Schlot, und nun qualmt ihm beim Spielen der Arsch. Wenn ihr ins Aus schießt, müsst ihr schon ein bisschen weiter schießen. So müssen wir in der Verteidigung das ausbaden. Die sind doch auch nicht stärker als wir! Was gibt es da nicht mitzuhalten? Scheiße. Ich glaube, einige sind hier bestochen worden.

Los, geh ran! Lass ihn nicht durchkommen! Bleib dran, Mensch! Sonst schießen die noch ein Tor.

Der Ball ist wirklich zu hart aufgepumpt, es ist, als ob man gegen einen Stein tritt.

Ja, spiel ab! Than Maung und Ba Thein sind frei!

Möchte wissen, was deren Zaubermittel ist. Die sind ja nur am hin und her Rennen.

Jetzt zeigt doch mal ein wenig Einsatz! Was ihr euch zusammenspielt, ist ja wirklich peinlich.

Donnerwetter, es sind ja bald noch mehr Zuschauer, als ich gedacht habe.

Die Grünen spielen wie erwartet ziemlich hart. Ein Glück, dass die Blauen sich so zurückhalten.

Wenn die jedes Foul mit einem eigenen Foul beantworten würden, wäre das Spiel nur schwer unter Kontrolle zu halten.

Siehst du, schon wieder Foul. Das geht so nicht. Ich muss eine Verwarnung aussprechen. Welche Nummer war das gleich? Beim nächsten Mal muss ich Gelb zeigen.

Oh je, die blaue Nummer 7 geht aber ran.

Der Linienrichter zeigt Aus an, und die Grünen versuchen zu tricksen und wollen sich einfach den Ball nehmen.

Wir Unparteiischen wissen, das ist ein sehr wichtiges Spiel heute. Da kommt es darauf an, richtig zu entscheiden, keine Fehlentscheidungen zu treffen.

Ich bin heute hier Schiedsrichter, weil ich dazu eingeteilt wurde. In diesem Spiel muss alles mit rechten Dingen zugehen. Das sind die Top-Mannschaften, die hier aufeinandertreffen.

Ich muss korrekt entscheiden. Hat sich der Grüne mit der Nummer 3 den Ball nicht viel zu weit vorne zurechtgelegt?

Ich kann doch nicht so herumrätseln. Zurück, weiter nach hinten, noch ein Stück, los!

Htun Khin und Thein Htun haben bis jetzt noch keinen Fehler gemacht.

Mache mir nur um Thein Htun Sorgen. Der ist manchmal so in das Spiel vertieft, dass er vergisst, die Fahne zu heben.

Ich muss dem Kapitän der Grünen sagen, dass er seine Mannschaft etwas beherrschter spielen lassen soll. Wenn die weiter so rabiat zur Sache gehen, werden sich die Zuschauer auf der Ost- und Nordtribüne das nicht mehr länger mit angucken. Dann fliegen Steine.

Gut, Htun Khin. Richtig, es muss Einwurf geben.

Weiter spielen. Da war nichts. Sowas wird international auch nicht mehr gepfiffen.

Nein, ausgerechnet jetzt, wo's drauf ankommt, gibt die Pfeife den Geist auf. Vielleicht ist zu viel Spucke drin.

Schon die 38. Minute.

Der Wind aus den Bergen sorgt für eine leichte Brise.
Schon wieder ein Foul! Da muss indirekten Freistoß geben.
Wie viel Minuten noch sind? Ich glaub', der Kerl ist fertig.
Foul! Das war Foul. Ihr sollt nicht so hart zur Sache gehen!

Schöner Spielzug. Gut. Hla Min, fummle nicht so viel, spiel ab! Wir haben völlig aufgemacht. Passt bloß auf. Die anderen sind kopflos vor Blamage. Da drüben sind Htun Than und Maung Maung Khin frei!

Ja! Gut. Maung Latt, decken! Finte! Mit 'ner Körpertäuschung kannst du den Trottel vorführen. Jetzt ist er durch. Halt ihn fest! Ja, richtig. Zusammen mit Khin Maung San, der wartet hinten. Genau. Hla Myint steht frei. Da musst du ganz frech zwischen den beiden hindurchschießen. Kein Problem, Brüderchen. Nächstes Mal schießt du aber ordentlich. Da werden die durchdrehen. Normalerweise schießt mein Brüderchen solche Dinger mit dem Außenrist.

Haltet euch etwas zurück. Die zeigen jetzt ihr wahres Gesicht. Nyein Chan, lass dich nicht auf deren Härte ein! Auf deren Niveau wollen wir uns nicht herablassen.

Maung Latt, Doppelpass mit Maung Maung Khin! Ja.

Das ist genau die Kombination, die wir trainiert haben. Da kommt einer von hinten. Spiel schon ab!

Gyit Tu, nicht immer diese hohen Bälle! Spiel lieber flach. Mit ihrer Körpergröße fangen die alles ab.

Lasst Htan Shan Koat den Einwurf machen. Htun Than Hlaing und Maung Latt bieten sich an. Und da hinten ist Maung Maung Khin frei. Ich glaub, der versucht durchzugehen. Ja, Maung Latt, Htun Than Hlaing, geht mit!

Super gemacht! Ganz knapp vorbei. Aber der Ball hat den Pfosten noch gestreift.

Da haben die aber ziemliches Glück gehabt. Das nächste Mal schieße mit dem Innenrist. So schießen unsere immer. Aber mit dem richtigen Kick, nicht auszudenken … Strengt euch an! Ein Tor brauchen wir noch, dann ziehen die endgültig den Schwanz ein.

Hla Myint, spiel mit Htun Than Hlaing zusammen! Htun Than Hlaing, dort ist Maung Latt frei. Ja, Steilpass die Linie entlang, genau.

Schade, nur einen Schritt zu spät. Diese verpassten Chancen sind wirklich schade. Die nächste muss aber ein Tor werden. Wir sind jetzt doch deutlich überlegen.

Khin Maung San, du sollst nicht mit dem Rücken zum Ball stehen! Guck hin! Weiter Druck machen!

Alle nach vorne! Nur der Libero bleibt hinten. Die ganze Mannschaft angreifen, Druck machen! Die hauen den Ball doch nur noch ins Aus.

Maung Latt, du musst schießen, wenn du im Strafraum bist! Der Torwart ist total von der Rolle. Sieh ihn dir doch an. Der steht völlig neben sich.

Nyein Chan, nun entschuldige dich! Tue wenigstens so, auch wenn du keine Lust dazu hast. Muss ja nicht ehrlich sein. Die Anderen schimpfen trotzdem, aber Hauptsache das Publikum wird ein wenig besänftigt. Eine kleine Geste reicht da.

Ja, weiter Druck machen! Wir stürmen wie ein Wirbelwind.

Noch eine Ecke für uns. Verschenkt die jetzt nicht! Um den Elfmeterpunkt stehen ein paar von unseren Leuten, der ganze Strafraum ist voll mit Blauen.

Schade, der Ball geht weit oben drüber. Aber nicht mit dem Schicksal hadern. Aus der nächsten solchen Chance machen wir ein Tor! Die Kerle hauen wir endgültig raus! Htan Shan Koat, du hältst den Ball viel zu lange. Spiel ab, Freund! Da steht Maung Maung Khin frei. Mann, das gibt's doch nicht, schon wieder gefoult! Was soll denn das? Hast du das Rindvieh nicht heranstürmen sehen? Ich bin ja schon recht stämmig. Aber der wird wahrscheinlich noch mehr Power haben. Wo hat's dich erwischt? Am Knie? Etwa die alte Verletzung? Khin Maung San, die sollen etwas Eis bringen. Nicht so drücken.

Kommt schon! Wir spielen mit zehn Mann weiter. Freunde, ihr müsst Htan Shan Koats Ausfall kompensieren. Jeder muss sich jetzt doppelt anstrengen.

Koati, wo willst du denn hin? Kannst du wirklich weitermachen? Dieses Spiel können wir auch so nach Hause bringen. Das Finale ist wichtiger. Schone dich lieber dafür. Du brauchst es jetzt nicht zu zwingen. Versuch erst mal vorsichtig, ob du noch rennen kannst. Okay, Koati. An dem Htan Shan Koat könnt ihr euch alle ein Beispiel nehmen.

Khin Maung San, zaubere nicht so viel rum! Ein normales Dribbling tut es auch. Da sind überall unsere Blauen, und dort ist San Linn frei. Ja, präziser Pass. So wird's gemacht.

San Linn, da, Nyein Chan geht durch! Lupf ihn rüber!

Schön über den Mann rübergespielt. Der hätte nicht besser kommen können. So einen Pass sieht man nicht alle Tage. Das ist wahre Genialität im Fußball!

Gib zu Maung Maung Latt! Latt, geh! Ja, 'rum um den Flitzer. Schön. Ein Stückchen vorlegen... He, das war festgehalten! Er hat ihn am Trikot gezogen!

Das Trikot ist hinüber, zerfetzt. Ein Glück, dass er nur das Trikot erwischt hat. Manchmal ist der ein ganz schöner Ausfeger, haut alles weg.

Der Schiedsrichter ist viel zu kleinlich. Bloß nicht übereifrig werden jetzt. Das Spiel ist gleich vorbei. Nicht dass sich noch jemand verletzt und beim Finale nicht dabei sein kann.

Gyit Tu, Maung Latt steht frei. Maung Latt, Htun Than Hlaing stößt vor! Das muss jetzt aber was werden. Er kann sich lösen. Der Torwart kommt raus. Die linke Ecke ist ganz offen. Ja...

Meine Güte, ganz knapp am Pfosten vorbei ins Aus. Was sind denn das für Torschüsse?

Der Torwart ist total verdattert

Da rast plötzlich einer wie ein geölter Blitz aus dem Gewimmel, überrennt alle. Wer war das? Nummer 10, Htun Than Hlaing. Der kann schießen. Hat der Ball eine Wucht, so schnell.

Oh Mann ... Unterschätze mir den kurzen Hla Myint nicht. Wenn ihr den aus den Augen verliert, kommt ihr in Teufels Küche. Decken! Lass ihn da nicht so frei rumstehen! Der war es, der dafür gesorgt hat, dass sich der Keeper der Mannschaft vom Bauministerium seinen Ruf versaut hat.

Da vorne liegen Pay Si und Win Thein auf der Lauer. Klar, was anderes können die Jungs nicht. Schöner Spielzug. Die Grünen sind völlig entnervt.

Nur weil der Torwart früh genug rausgekommen ist, sonst hätte der Junge an der Anzeigetafel ganz schön zu tun gekriegt.

Wenn's so bleibt, haben diejenigen, die auf ein Tor Vorsprung für die anderen gewettet haben, Pech gehabt. Die sind schon vom ersten voll.

Ja, lauf, schneller! So wie du rennst, kann Gyit Tu zwischendurch noch ein Nickerchen machen und ist noch schneller als du.

Schon wieder gefoult! Diesmal aber richtig. Ich glaub, der hat sich was gebrochen.

Wer ist das? Khin Maung San? Nein, die Nummer 2.

Hilfe, die bringen sich gegenseitig um hier.

Das war jetzt wirklich zu viel! He, ihr verdammten …!

Das ist ein wirklich unterhaltsames Spiel heute. Und als Zugabe gibt es vielleicht noch einen Boxkampf oben drauf.

Das war wieder schön. So was wollen wir sehen.

Die Nummer 6 ist wirklich schnell.

Na toll. Ausgerechnet jetzt, wo es spannend wird, müssen einen die Zigaretten-Händler stören.

Sieh dir das an! Der Ochse will es mit Gewalt versuchen. Der ist verrückt geworden. Mann, ist das peinlich. Benimmt sich wie'n echter Ochse.

Schon wieder eine Chance. Kann sich lösen, ist ganz allein, nur er und der Torwart.

Tor! Ha, ha, Tor! Super, Maung Latt! Maung Latt, du bist einfach Spitze!

Jetzt aber in die Verteidigung zurückziehen. Jetzt ist die Stunde der Wahrheit gekommen. Die wilden Stiere gehen durch.

Gleich noch mal. Ich glaub', das wird wieder ein Tor. Werdet ja nicht übermütig! Nicht dass im nächsten Spiel vor Verletzungen keiner mehr mitspielen kann.

He, ihr … ihr Gauner. Nicht fies werden jetzt! Nun zeigen sie ihr wahres Gesicht und werden richtig eklig.

Die auf einen Ein-Tor-Sieg gewettet haben, haben nun endgültig verloren. Für die gibt's kaum noch Hoffnung.

Wieder schön gespielt. Diesmal ist die linke Spitze durch. Dort, überall Blaue!

Das Spiel hat sich wirklich gelohnt heute. Die Jungs haben alles gegeben.

Schon wieder Foul.

He, lass dir das nicht gefallen! Gib's ihm zurück!

Da muss der Schiedsrichter doch die rote Karte zeigen!

Dieser Schiedsrichter! Der ist echt Weltklasse. Wechselt bloß diesen Weltklasse-Schiedsrichter aus!

Der Ball kommt überhaupt nicht mehr aus deren Hälfte raus. Und unser Torwart wird hier von den Mücken zerstochen. Der holt er sich noch das Rheuma vom ewigen Herumstehen.

Das eben hat der Schiedsrichter durchgehen lassen, und jetzt pfeift er. Das versteht doch kein Mensch.

Hla Myint macht jetzt was er will mit den anderen. Der wird es dieses Jahr wohl in die Provinzauswahl schaffen.

Das Finale wird dann bestimmt noch spannender werden. Bin gespannt, wer topgesetzt sein wird. Wer ist denn ihr Favorit?

He, schon wieder ins Aus geschlagen. Wenn es euch da besser gefällt, geht doch gleich im Wald spielen!

Die anderen sind jetzt zur Manndeckung von Maung Maung Khin und Hla Myint übergegangen. Aber selbst so bekommen sie die beiden nicht unter Kontrolle. Und das Spiel ist so gut wie vorbei.

Gleich ist es aus. Vielleicht noch eine Minute.

Wir müssen noch die Fahrräder rausholen. Lass uns schon mal gehen.

Die meisten machen sich auf den Heimweg.

Die Trommler haben schon eingepackt. Dann werden sie auch gleich die Tschinellen in Longyis einwickeln und das Stadion verlassen.

Zum Finale sollten wir recht früh hier sein.

Schau an, die geben sich immer noch nicht zufrieden. Kämpfen wirklich bis zum Letzten. Schöne Kombination!

Die auf den Favoriten gewettet haben, gehen heute mit leeren Taschen heim. Sie werden noch zu Hause an die schönen Angriffe der Spieler in Blau denken, die eigentlich verlieren sollten, und noch mal erleben, wie sie mit hohem Einsatz und solidarisch gekämpft haben.

Einige Fans der Blauen werden sicher noch ein zweites Spielchen im Sein Win-Restaurant oder in den Bars „Am Wasserturm" oder „Zum Unparteiischen" in der Mingala-Straße veranstalten und ihre Mannschaft hochleben lassen.

Die Zigaretten-Jungs, die Kinder, die geröstete Erdnüsse und Sonnenblumenkerne verkaufen, und die Trinkwasserverkäuferinnen, sie alle machen sich nun, die eingenommenen Kyat-Scheine sicher am Körper verstaut und ein Lied auf den Lippen, auf den Heimweg.

Die Kolonne der großen, grünen Lastwagen der Mannschaft in den grünen Trikots und deren Anhängern fährt vom Bahtu-Sportfeld zurück in Richtung Palastgraben und Stadtmauern. Die Spieler sind so müde und ausgelaugt, dass niemand mehr Lust hat zu sprechen.

Auf dem uralten Wagen, mit dem Htun Than Hlaing, Hla Myint, Maung Maung Khin, Maung Latt, Khin Maung San, Nyein Chan, Htan Shan Koat, Gyiit Tu, Zaw Win, San Linn, Ko Gyi und die Ersatzspieler immer fahren, wird das gewonnene Spiel lautstark kommentiert

Sie fahren in Richtung der Universität mit ihren vielen Margosa-Bäumen.

Am heutigen Tage jubelt wohl sogar der rote Bach, der an der Universität vorbei fließt.

Zu welcher Zeit auch immer

Nyo Thi San

ဘယ်သော အခါ

ညိုသီစံ

Heute sind es fünf Tage, die Mya Win nicht einmal zum Schlafen nach Hause gekommen ist. Immer wenn er bei Fußballspielen wettet oder Karten spielt, schläft er irgendwo dort in der Nähe. Schon seit langem kommt er auch tagsüber nicht mehr nach Hause, wenn es Hahnenkämpfe gibt. Ich mache ich mir deshalb keine großen Sorgen, habe mich daran gewöhnt. Wenn ich den ganzen Tag verkauft habe, möchte ich schlafen. Aber noch kann ich nicht schlafen. Im ganzen Haus Moskitonetze. An der *Kopfseite* des Hauses das Moskitonetz der Schwiegermutter. Die alte Dame scheint noch nicht zu schlafen. Bewegt sich unter dem Netz noch hin und her. An der *Fußseite* des Hauses, in einem Familiennetz liegen kreuz und quer die Kinder. Unter dem Moskitonetz schaut hier und dort einer ihrer Füße heraus. Keine Ahnung, wie viele Mücken schon unter das Netz gelangt sind. Im linken Teil der Fußseite schläft die Große. Ja, für die Große müssen wir noch einen Palmdachanbau ans Haus bauen, damit sie ein eigenes Zimmer hat. Für ein Mädchen in ihrem Alter gehört es sich nicht mehr, im *Vorderzimmer* des Hauses zu schlafen. Aber das Dach des Hauses macht nicht noch eine Regenzeit mit. Da wir schon dieses Jahr kein neues Palmblattdach kaufen konnten, mussten wir flicken, und überall tropfte es durch. Ein Glück, dass jetzt der Monsun vorbei ist. Von der Hütte der Nachtwache schlägt es elf. Ich drücke die bis zum Filter aufgerauchte Zigarre aus und zünde eine neue an. Wenn Mya Win zurückkommen sollte, muss ich sowieso aufstehen. Besser noch kurz warten. Das mit Ziegelsteinen abgestützte Klohäuschen ist auf einer Seite schief. Zwei Monate können wir es wohl noch so benutzen. Wenn wir Pech haben, bricht es noch innerhalb dieser zwei Monate zusammen. Die Seitenwände sind aus Plastiksäcken. Die Große will schon nicht mehr draufgehen. Sie schämt sich, weil man von außen ihren Schatten sieht, sagt sie. Na klar. In ihrem Alter fängt man an, sich zu schämen. Den Bambusgitterboden in der Küche müsste man auch austauschen. Er ist hin, und einige Stäbe sind schon gebrochen. Wenn die alte Dame da durchfällt, weil sie nichts sieht, wird ihr noch etwas Ernstes zustoßen.

Wenn ich Mya Win sage, er soll sich dieses Jahr aufs Reparieren von Regenschirmen konzentrieren, bringt das gar nichts. Er ist ein Schirmreparierer, also soll er das bitteschön auch tun! Das kann er wenigstens. Knopf reparieren, Bespannung in Ordnung bringen, die Sperrkugel in Klappschirmen austauschen, das bringt schon zwei-, dreihundert. Doch er will es nicht machen, es ist ihm zu anstrengend. Wenn ich es ihm sage, überhört er's einfach. Wetten, Billard, Hahnenkampf, Karten ... was nicht alles. Er setzt nur das, was er gewinnt, sagt er – als ob das reichte. Da sind wir schon arm, und er macht uns noch ärmer. Wie ein Hund, der sich in die Asche legt, um schäbig zu werden – so bist du. Und lange schon machst du solchen Mist. Sollen sie dich eines Tages erwischen. Wenn du im Gefängnis bist, habe ich weniger Last, muss deinen Anblick nicht ertragen. Ha! Was zu Hause los ist, interessiert dich schon lange nicht mehr. Den ganzen Tag im *Le'pe'yei-hsain*, in der Kartenrunde, beim Hahnenkampf, am Billardtisch.

Der Glücksspieler als solcher – leicht verdientes Geld, leicht ausgegeben, leicht pleite. Nicht nur zurückzuzahlende Spielschulden. Wettschulden und Spielschulden wollen die Leute nicht begleichen. Solche Schulden kann man nicht dem Blockvorsteher anzeigen und einklagen. Wenn man einen Schlichter dazuholt, muss der auch bezahlt werden. Da der von Kommission lebt, bleibt eh kaum was übrig.

Zwischendurch will er dann auch noch Billard spielen. Du weißt in deinem Alter immer noch nicht, warum die Billardläden so zunehmen . Hahnenkämpfe interessieren dich auch noch. Karten willst du auch noch spielen. Ach nein, bei der letzten *Doppelzahl* bist du Buchmacher gewesen ... Halb wie ein Reicher, halb wie ein Hund...! Sieht aus, als ob du bis zum Tod nur spielen willst. Bevor wir geheiratet haben, wirktest du so anständig. Wie Ko Hsan da drüben, der jeden Tag lernt. Wie in dem Sprichwort: „Wenn der Hammer groß ist, taugt er nur als Amboss, wenn der Mensch groß ist, wird er zügellos, wenn der Haarknoten groß ist, hängt er schief, wenn der Mensch groß ist, wird er zum Taugenichts" – so bist du. *Ashin Gyi*, *Ashin Lei* seht das nicht tatenlos mit an. Ich wünschte, ihr hättet Mitleid mit mir und würdet ihn mal richtig zur Rede stellen. Genau, erteilt ihm mal eine richtige Lehre, die er nicht so schnell vergisst. Wirklich!

Die Schwiegermutter im Haus zu haben, ist auch nicht leicht. Ich muss ihr schon ausweichen, weil sie immer über ihren Sohn schimpft. Er repariert keine Regenschirme. Jeden Tag schimpft und keift sie nur. Aufs Land zu ihrer Tochter würde sie zurückgehen, sagt sie. Aber dann tut sie's doch nicht.

Oft kriege ich den Reis dieses Spielers kaum den Hals runter. Muss mir Sorgen machen, ob er eines Tages im Gefängnis landet. Weil ich wohlmöglich dann vor Schreck sterben würde. Seine Bücher hier verstecken, dort verstecken. Wie viel Geld er schon verloren hat, weil die Listen und Quittungen derer, die auf Kredit bei ihm gespielt hatten, in der Hast, Beweismittel zu vernichten, mit verbrannt waren … Und seiner Mutter kann man auch nichts sagen! Sobald sie Zeit hat, versteckt sie seine Bücher und Quittungen irgendwo. Nachts träumt sie und schreit: „Mya Win lauf, lauf…!" Wenn das nicht schlechte Vorzeichen sind, die auf Unglück deuten! Es ist zum Verrücktwerden.

Sein Sohn ist auch nicht besser. Geht noch in die Vorschule. Er hat haargenau dieselbe Veranlagung wie sein Vater. Hat alle Fotos im Haus von den Wänden genommen, um damit mit der Kleinen Karten zu spielen. Voller Wut hab' ich ihn deshalb verprügelt. Eines Tages kam er in die Küche gelaufen und rief: „Mama, die Polizei ist an der Haustür!" Vor Schreck wusste ich gar nicht, was ich tun sollte. Jetzt verhaften sie uns. Wie der abgetrennte Schwanz eines Geckos wand ich mich und sprang hin und her. Aber nein. Nur Soldaten, die um Trinkwasser baten. Warte nur, wenn die Soldaten erst gegangen sind, verpasse ich dir Kopfnüsse, dass dir der Kopf heiß wird. Aber weil mir das Herz noch rast, muss ich erst mal richtig viel kaltes Wasser trinken. Dieser Kerl kostet mich reichlich Nerven.

Und die Kleine? Wenn Gäste kommen und fragen: „Wo ist denn dein Papa?", antwortet sie: „Papa? Billard spielen, beim Hahnenkampf wetten, Karten spielen, was weiß ich – jedenfalls nicht zu Hause." Sie plappert nach, was die Mutter sagt. Mir aber ist danach, ihr dafür eine Ohrfeige zu verpassen.

Die Kinder werden auch schon zu Spielern. Frühmorgens reden sie über ihre Träume. Die Tochter hat nachts von Bu-Thi, einer Art Kürbis, geträumt. Bu-Thi… Bu…steht für die Fünf. Thi für die Sechs. Fünf-Sechs. Sie ist erst auf dem Rückweg ins Dorf gekommen, also rückwärts. Sechs-Fünf. Der Sohn hat von A-Lu, Kartoffeln, geträumt. A ist eine Eins. Lu Vier. Also Eins-Vier! Er verdirbt sie sinnlos. Wenn ich ihm das sage, stellt er sich taub.

Welche „*Wan Chein*", welche „*Pawa*", die Übertragung der thailändischen Lottozahlen im Satellitenfernsehen, welcher *Sayadaw* die Zahlen sicher vorhersagt…

Also wirklich, als ob jemals jemand mit Glücksspielen reich geworden wäre. Und selbst wenn, hat denn solches leicht gemachte Geld denselben Wert wie mit ehrlicher Arbeit erworbenes? Darüber denkt er nicht nach. Wenn er Zeit hat, spielt er Billard, zwischendurch wieder Karten, und wenn die Polizei kommt, um die Runde zu verhaften, muss er abhauen wie ein Hund. Aber er lernt daraus nichts.

„Aye Thi, schläfst du noch nicht?" Die im Dunkeln rot glimmende Zigarre verrät, dass die Worte von der Großmutter kommen. Sie schläft wohl nicht mehr so gut, weil sie schon so alt ist. Oder weil sie sich Sorgen um ihren Sohn macht…

„Schwiegermutter, schlaf doch schon. Ich warte. Bestimmt schläft er, wie sonst auch, wo es gerade passt."

„Mya Win ist erwachsen, aber Verstand hat er immer noch nicht."

Nachdem ich die letzte Zigarre ausgedrückt habe, will ich schließlich auch ins Bett gehen. Moment… noch nicht ins Bett. Ich mache ihm besser noch einen Teller Essen fertig. Vielleicht kommt er nachts doch zurück. Ich stehe noch einmal auf, mache die Öllampe an und gehe hinüber, um nach dem Reistopf zu sehen. Ganz wenig Reis und Curry sind noch da. Es ist auch kaum zu erkennen, was das mal sein sollte. Aber es ist ja nur, damit der was zu beißen hat. Als er aus der Küche das Klappern von Tellern und Töpfen hört, wacht der Kleine auf. „Mama! … Mama!" – „He, steh bloß nicht auf! Du fällst im Dunkeln noch auf die Nase! Mist! Ich komme schon!…Mama kommt schon!"

Er schläft erst wieder ein, als ich mich zu ihm unters Moskitonetz lege und ihn langsam beruhige. Aus seinem kleinen Sohn soll ein gebildeter Mensch werden, hat Mya Win gesagt. Das wird aber nur was, wenn wir ihn in die Schule schicken können. Wenn er keine Bildung bekommt, wird er sich so abrackern müssen wie ich, oder er wird ein Spieler wie Mya Win. Der kann auch nicht nachdenken. Jetzt ist der Kleine in der Vorschule. Was er schon so halb kann, ist schön zuhören: „Alle die Lehrerin begrüßen! *Pyinsa ukan ahangami, asiya ukan ahangami. Mingalaba Sayama!*" hat er rezitiert. Mya Win war stolz ohne Ende. Ja, ja – er ist auch noch Vater.

Als der Kleine endlich schläft, muss ich wieder aufstehen. Das Gemüse zum Verkaufen morgen muss noch mit Wasser besprengt werden. Die nicht verkauften Rettiche, Wasserwindenstängel, Katzenzungenfrüchte, die ich zu Sauergemüse gemacht habe, sind ziemlich sauer geworden. Bis morgen Abend muss ich sie verkauft haben. Genauso die Seifenakazienblätter. Wenn nicht, vergammelt alles. Noch schneller geht es mit dem Verwelken. Wenn die Kunden die Gurken in die Hand nehmen und sie nicht mehr fest, sondern gummiartig weich sind, mag sie keiner mehr. Und wenn die Bohnen schrumpelig werden, kann ich sie auch wegwerfen. Dann verliere ich meinen Einsatz.

Ja, das Sprichwort: ‚Schwer hat es die Frau eines schlechten Ehemannes', meint wohl so etwas wie mich. Nicht nur, dass ich es schwer habe, auch um das Geschäft meines Mannes muss ich mir Sorgen machen, um die Kinder, um die Schwiegermutter, ums Haus, um die Beziehungen zur Nachbarschaft… In dieser Welt sind die Sorgen einer Hausfrau nicht klein. Wer hat denn bloß festgelegt, dass nur die Hausfrauen dafür zuständig sind, sich Sorgen um all dies zu machen?!

Von der Hütte der Nachtwache schlägt es zwölf. Während ich denke, dass es nun wirklich Zeit zu schlafen sei, wandert mein Blick zur Tür. Hm, es scheint sicher, dass er heute Nacht nicht mehr nach Hause kommt. Jetzt schlaf ich aber. Morgen muss ich früh aufstehen und Essen kochen, auf den Thirimingala Großmarkt einkaufen fahren, dann selber verkaufen.

Kaum dass ich meinen Kopf aufs Kopfkissen lege, übermannt mich die Erschöpfung des ganzen Tages und ich schlafe sofort ein. Als es an der Tür klopft, fahre ich erschrocken hoch. Was für ein Geräusch? Türklopfen… Ich kriege gar nicht gleich die Augen auf. Das Klopfen wird lauter.

„Ja, ja, ich komm ja schon, verdammt!" Als ich die Tür geöffnet habe, erkenne ich verschwommen Mya Wins Gesicht. Er sieht aus, als ob er von einem Fußballabend wiederkäme.

„Aye Thi, mach mir schnell noch was zu essen!"
„Hast du denn da nichts gekriegt?"
„Nein, beim Fußballspiel lief es nicht so gut."
„Es ist aber auch spät geworden!"
„Das Spiel ist schon lange vorbei. War noch auf der Beerdigung von Frau Tin Myaing Karten spielen. Schläft Mutter schon?"

Ich bin nicht wach genug, um ihm etwas Passendes darauf zu entgegnen und höre nur zur Hälfte, was er sagt. Obwohl ich meine Augen immer noch nicht so richtig aufkriege, hat meine Hand inzwischen das Feuerzeug auf der Querleiste an der Wand gefunden. Abrupt wird es hell. Einen Teller hatte ich ihm ja schon zurechtgemacht. Weil Reis und Curry kalt sind, gieße ich ihm wenigstens noch einen heißen Tee aus der Thermoskanne ein.

Ja – Hausfrau, Hausfrau. Wie ist das Hausfrauenleben doch frustrierend. Meine Augen brennen vor Müdigkeit. Wie auch immer. Jeden Tag muss ich als Hausfrau meinen Pflichten nachkommen. In welcher Situation auch immer man sich befindet. Zu welcher Zeit auch immer.

Der Ruf des Tokkeh

Pain Soe Way

တောက်တဲ့ရဲ့ အင်ထရို

ပိန်စိုးဝေ

[Die Tiere] sind so gelassen und in sich ruhend.
Sie jammern und sorgen sich nicht
um ihren Zustand;
Sie liegen nicht wach in der Nacht,
über ihre Sünden zu weinen;
Sie reizen mich nicht damit,
dass sie ihre Pflichten Gott gegenüber diskutieren.
Kein einziges ist unzufrieden,
keins der Gier nach Besitz verfallen…

Walt Whitman,
aus *„Ich glaube, ich könnte mich ändern"*

Vor vielen Jahren hatte er sich einmal für die Rufe der Tokkehs interessiert. Menschen sollten sich für die Rufe der Tokkehs interessieren. Mit Blick auf deine weitere Entwicklung und deinen Erfolg solltest du dich auch dafür interessieren. So pflegte er andere Menschen zu belehren.

Gleich, ob er gerade unterwegs war, zu Hause saß und etwas las oder einer Arbeit nachging – wenn er den Ruf eines Tokkeh hörte, war seine ganze Aufmerksamkeit nur noch darauf gerichtet. Vor allem abends, wenn er im Bett unter dem Moskitonetz lag natürlich.

Nehmen wir einmal an, es sei der Beginn der Monsunzeit. Die Tokkehs sitzen in den Wipfeln der Bäume und geben hier und dort Laute von sich. Auch vom Dach des Hauses riefen sie. Bevor ein Tokkeh laut rief, testete er erst seine Stimme, indem er etwa zweimal ein tiefes „tock..tock..tock..tock…, tock..tock..tock..tock" von sich gab. Was man zu diesem Zeitpunkt machen musste, war, schnellstens einen Gegenstand suchen, der in eine Hand passt, und diesen mit der

Hand fest drücken. Gegenstände, die man so drücken konnte, waren leicht zu findende und bequem festzuhaltende Dinge wie ein Feuerzeug, ein Kugelschreiber oder ein Schlüssel. Es genügte jedoch nicht, dass dieser Gegenstand im Moment gut zu greifen war, nein, er musste auch geeignet sein, dass man ihn ein Leben lang mit sich herumzutragen konnte, er musste haltbar und stabil sein. Besser als ein langer, dünner Gegenstand war ein kleiner runder.

Nehmen wir also an, man hatte den benötigten Gegenstand gefunden und hielt ihn mit der rechten Hand fest umschlossen. Vom ersten Ruf des Tokkeh an zählte man laut: „Eins, zwei, drei, vier, …", mit. Oder man zählte leise, in Gedanken.

Beim Rufen waren einige Tiere faul und riefen nur vier, fünf, sechs Mal, bevor sie wieder verstummten. Andere waren übereifrig und riefen zehn, elf Mal. Was man brauchte, war ein Tier, das genau neunmal rief. Wenn man ein solches Tier erwischte, war alles klar. Den Gegenstand in der Hand müsste man ein Leben lang als Amulett bei sich führen. Wenn man diesen Gegenstand bei sich hätte, würde man immer reichlich Geld haben, viel verdienen. Und alles, was man sich wünschte, würde in Erfüllung gehen.

Seinen Freunden erklärte er die Sache mit den Rufen des Tokkeh. Wenn er mit ihnen im *Le'pe'yei-hsain* saß, hatten sie jetzt ein neues Thema. Bis dahin ging es um individuelle Geisteskräfte, um die magische Neun und darum, wie man alchimistische Elixiere braut, darum, wie viele der 84 Talismane man analysieren und ansammeln müsse und es ging um das Bedeutungsspektrum der Verse des Adikappa Dvadarasi, eines esoterischen Traktates über Astrologie. Jetzt aber wurde ihre Gesprächsrunde vom Ruf des Tokkeh beherrscht.

Während die Menschen massenhaft dorthin drängten, wo es etwas zu holen gab, bemühte er sich, seine Freunde um sich zu sammeln, um einen Tokkeh-Ruf-Klub zu gründen. Wenn er nur die Chance eines neunfachen Tokkeh-Rufes erhielte, würde all das Geld, das die anderen scheffelten, ganz von allein in seine Hände gelangen, glaubte er.

Aber – bis jetzt hatte er noch nie einen Tokkeh genau neunmal rufen gehört. Die Sache mit dem Tokkeh-Ruf hatte ihm, als er einmal in Meiktila war, um dort etwas zu erledigen, ein Meister der traditionellen esoterischen Künste verraten, der in derselben Herberge übernachtete.

„Glauben Sie mir", hatte der gesagt, „ es ist mir schon einmal gelungen. Und damals, es ist kaum zu beschreiben, wie viel Geld ich plötzlich bekam. Jeden Tag hunderte, tausende Kyat. Und auch meine Arbeit war erfolgreich wie nie zuvor." Die Überzeugung des *Saya* war auf ihn übergegangen. Was der *Saya* auch sagte, er stimmte zu und nickte nur immer mit dem Kopf.

„Und, haben Sie ihn jetzt noch, *Saya*? Zeigen Sie es doch mal, Ihr Amulett!", hatte er voller Begeisterung gebeten. Ein Schatten von Wehmut lief über das Gesicht des *Saya*. Aber mit dem Tonfall von jemandem, der den schmerzlichen Verlust einer Sache überwunden hatte, sagte er ernst:

„Ach, es war ja in der Zeit des Krieges. Seit wir vor den Japanern flüchten mussten, weiß ich nicht mehr genau, wo ich ihn hineingesteckt hatte. Möglich, dass er mir unterwegs aus der Tasche gefallen ist... Ja, alles ist eben vergänglich."

Wie dem auch sei, er jedenfalls glaubte den Worten des *Saya*. Versuchte alles genauestens nach seinen Anweisungen zu machen. Wartete und horchte auf die Rufe der Tokkehs. Unterwegs hatte er immer einen leicht zu greifenden Gegenstand in der Tasche. Während er es über Jahre hinweg versuchte und nicht ein einziges Mal einen Tokkeh genau neunmal rufen hörte, ließen mit der Zeit sein Eifer und sein Interesse nach. Irgendwann hörte er auf, die Rufe der Tokkehs zu zählen.

In diesem Jahr schloss seine Tochter die siebte Klasse ab und sollte mit dem Preis für die Zweitbeste der Klasse ausgezeichnet werden. Nicht nur das, auch in der vierten, fünften und sechsten Klasse war sie die Beste, Zweitbeste oder Drittbeste ihrer Klasse gewesen. Aber aus verschiedenen Gründen hatten in jenen Jahren keine Veranstaltungen zur feierlichen Preisverleihung stattgefunden. Erst jetzt, als sie die siebte Klasse absolviert hatte, sollte es zum ersten Mal eine gemeinsame Feier zu diesem Zweck geben.

Seine Tochter freute sich. Seine Frau war voller Stolz. Mutter und Tochter sprühten vor Elan. Wer nicht enthusiastisch sein konnte, war er. Für die Preisverleihung müsse neue Kleidung gekauft werden.

Sie habe nichts Gutes mehr anzuziehen. Die grünweiße Schuluniform sei sehr abgetragen, sagte die Kleine. Auch ihre Mutter drängte ihn, etwas Neues zu kaufen. Er aber hatte kein Geld übrig und auch nichts, was er hätte verkaufen oder verpfänden können. Zurückzuzahlen gab es ohnehin schon einiges. Mal hatte er sich von diesem, mal von jenem etwas geliehen, und weil das schon länger so ging, waren seine Schulden nicht gerade gering. Und da er sein Leben lang kein wirtschaftlich erfolgreiches Geschäft aufgebaut hatte, reichte das Einkommen nicht für die Bedürfnisse seiner Familie.

Obwohl er sich nie selbständig etwas aufgebaut hatte, so hatte er doch ständig jede Menge großer Ideen, wie man zu Geld kommen könnte. Mutter und Tochter kamen nun dorthin, wo er saß und ein Buch las, und setzten sich zu ihm. Eine Sitzung des Familienrates schien anzustehen.

„So, Vater. Was ist denn nun? Geld brauchen wir, Geld!" rief seine Frau. Er bewegte sich nicht, tat, als ob er weiter lesen wollte, und dachte angestrengt nach.

„Zieh doch einfach an, was du hast."

„Och, Papa. Soll ich denn das alte Zeug tragen? Ich hab doch bloß noch eine grüne Schuluniform. An so einem Tag trägt niemand eine Schuluniform. Und The The Oo hat gesagt, dass sie einen Jeansrock anzieht!", beschwerte sich seine Tochter enttäuscht.

Seine Frau warf ihm böse Blicke zu. „Irgendwas müssen wir schon machen", sagte sie.

„Geh' halt nicht zur Preisverleihung."

„Bitte, was???"

„Och, Papa, das kannst du doch nicht machen."

Beide klangen sehr enttäuscht. Und einen Tokkeh hörte er auch nicht rufen.

„Jean Paul Sartre hat sogar den Nobelpreis abgelehnt. Nun sei du bloß nicht so gierig auf diesen Preis", entfuhr es ihm spontan.

„Was für ein Jean Paul Sartre? Was erzählst du denn da für einen Blödsinn?" Die Stimme seiner Frau wurde etwas schriller. Seine Tochter sagte nichts, war aber den Tränen nahe. Nein, so ging es nicht. Irgendwas musste er sich ausdenken. Sonst würde seine Tochter noch ganz entmutigt.

„He, ich habe dich doch nur auf den Arm nehmen wollen. Das wird schon", tröstete er sie.

Als er nachmittags wieder nach Hause kam, hatte er fünfhundert Kyat dabei. Seine Tochter sah kurz von ihrem Buch auf und las weiter. Seine Frau sah ihn fragend an, stand auf und setzte sich zu ihm.

„So. Da hast du fünfhundert. Geh du ihr etwas zum Anziehen kaufen."

Seine Frau prüfte das Geld und zählte die Scheine, um sie dann in ihre Tasche zu stecken.

„Von wem hast du das denn geliehen?"

Nun kam wieder eine Befragung. Er hatte keine Lust zu antworten. Nachdem er Geld aufgetrieben hatte, wollte er nicht mehr darüber reden. Wollte sich nicht noch mal den Kopf darüber zerbrechen.

„Ist doch egal, von wem ich das geliehen habe. Nun hast du das Geld, nun sei auch zufrieden."

„Ja stimmt, ist egal, von wem. Aber wir werden auf Dauer Schwierigkeiten kriegen, wenn wir unsere Probleme immer nur lösen, indem du dir irgendwo Geld leihst."

Die ernsten Worte seiner Frau waren ihm unangenehm.

„Wie Benjamin Franklin mal gesagt hat: ‚Willst du den Wert des Geldes kennen lernen, geh und versuche dir welches zu borgen.' Und ich habe auch …"

„Reicht! Woher kommt denn dieser Benjamin oder so?" sagte seine Frau ungeduldig, und er musste lachen.

„Ha, ha, ha … aus welchem Dorf der nun kommt, weiß ich auch nicht. Ich habe das mal in einem Buch gelesen und da kam es mir gerade wieder auf die Lippen."

Geldangelegenheiten machten ihm häufig sehr zu schaffen. Und oft verlor er ihretwegen vor anderen das Gesicht.

Einmal kamen zwei Gäste aus seinem Geburtsort. Sie sammelten Spenden, um in ihrem Heimatdorf eine neue Ziegelmauer um das buddhistische Kloster zu bauen. Von allen Dorfbewohnern hatten sie schon Spenden gesammelt, aber es bedurfte auch noch der Spenden aller in die Stadt gezogenen Dörfler. Im Dorf hatten sie vorher festgelegt, wie viel jeder beitragen sollte, und dann von allen das Geld eingesammelt. Für die in der Stadt Lebenden war das nicht festgelegt worden, sie durften so viel spenden, wie es ihrem Wohlwollen dem Kloster und der Dorfgemeinschaft gegenüber entsprach. Aber es wurde bekannt gemacht, wer wie viel gegeben hatte: der eine dreihundert Kyat, ein anderer fünfhundert und so weiter. Bloß einer hatte nur hundert gegeben. Und so hörte er still zu, während die beiden Gäste ihm klarmachten, dass es ja wohl auch für ihn angemessen sei, wenigstens hundert Kyat beizutragen. Schließlich musste er um Vergebung bitten – er habe gerade kein Geld im Hause und würde später jemandem, der ins Dorf fuhr, etwas mitgeben.

Er erinnerte sich auch an andere Angelegenheiten, die mit seinem Heimatdorf zu tun hatten. Als sein alter Lehrer, ein Mönch aus dem Dorfkloster, verschied, wurden Spenden für seine Totenfeier gesammelt. Auch damals konnte er nichts dazu beitragen. Vor fünf Jahren war seine Mutter gestorben. Er war ihr einziges lebendes Kind. Die Verwandtschaft hatte von ihm erwartet, dass er ihr ein Grabmal errichten solle, aber er hatte es verschoben, bis es ihm finanziell besser gehen und er wieder ins Dorf kommen würde. Bis heute war er noch nicht wieder dort gewesen. Sein älterer Bruder und seine große Schwester waren ebenfalls tot. Sein Schwager und seine Schwägerin blieben mit ihren Kindern in großen Schwierigkeiten zurück. Und obwohl es seine Pflicht gewesen wäre, für die Familie zu sorgen, konnte er dieser Pflicht nicht gerecht werden.

Obwohl er gerne etwas wirtschaftlich Erfolgreiches beginnen wollte, verbrachte er Tag für Tag damit, sich lediglich vorzustellen, was er machen könnte.

Im nächsten Jahr würde sein Sohn in die vierte Klasse gehen. Das war zwar nichts Besonderes, zeigte aber, dass er groß geworden war. Seine alten Schwiegereltern drängten ihn immer wieder, ein *Shinpyu*-Fest für ihren Enkel zu veranstalten. Aber sie hatten auch nicht die Mittel, um den Großteil der Kosten einer solchen Feier zu übernehmen. War es nicht die Pflicht aller buddhistischen Eltern, eine *Shinpyu*-Feier zu veranstalten und sie in den Novizenstand zu erheben? Ist es nicht Brauch im buddhistischen Myanmar, dass jeder unablässig für die Religion spenden sollte?

Als er eines Tages aus dem Büro heimkam, bemerkte er etwas Sonderbares. Hinter seinem Haus stand ein großer, alter Pipal-Baum.

Es hieß, dass dieser von einem überaus mächtigen *Nat* bewacht werde, den früher die Hindus verehrt haben. Gab es zuvor unter dem Baum nichts außer seinen Wurzeln, sah er, dass man nun um den Stamm des Baumes eine etwa einen Fuß breite und zwei Fuß hohe Mauer gebaut hatte. Und sie war noch nicht fertig. Es gab in der Nähe noch einen Haufen Ziegel, Kalk, Sand und Zement, um weiter daran zu bauen. Und auf der Südseite des Baumes war ein kleiner Schrein gebaut worden, um dort eine *Nat*-Figur aufzustellen und ihr zu opfern.

Abends erklärte ihm seine Frau: „Die Leute aus dem großen Steinhaus auf der Ostseite von unserem sind gekommen und haben das gebaut. Es sei ein sehr mächtiger *Nat*, haben sie gesagt. Die sind so erfolgreich, weil sie diesen Baum verehrt und zu dem *Nat* gebetet haben, meinen sie. Und zum Dank bauen sie ihm jetzt diese Mauer und den Schrein. Sie haben ihm Räucherstäbchen und Öllämpchen geopfert und ihn um die Dinge gebeten, die sie sich wünschten. Geh du doch ab jetzt auch jeden Tag den *Nat* verehren und bete zu ihm!"

Von jenem Tag an gab es in dem *Nat*-Schrein unter dem Pipal-Baum immer Räucherstäbchen, Kerzen, Öllichte und geopferte Süßigkeiten. Aber obwohl seine Frau ihn energisch dazu drängte, wollte er den Baum nicht verehren und anbeten. Und er schämte sich, das zu tun. „Ha, wir sind doch Buddhisten. Da brauchen wir doch nicht auch noch die *Nats* zu verehren. Und das ist ja noch nicht mal ein myanmarischer *Nat*. Das ist doch einer von den *Kalas*, den Indern!" sträubte er sich.

Dann wieder sah er neben dem buddhistischen Hausaltar das Porträt eines Heiligen, das der Schnitzer seiner Frau geschenkt hatte, wie sie angab. Dieser Heilige helfe jedem, der ihn anbete, hatte er gesagt, und mache ihn reich und glücklich.

Aber bis jetzt hatte er noch keinen Nutzen gebracht. Aber wie sollte er auch? Ein Heiliger mochte doch keinen Alkohol. Er aber pflegte direkt unter dem Heiligen zu sitzen und seinen Schnaps zu trinken. Und immer, wenn dann wieder eine Flasche leer und er betrunken war, entschuldigte er sich untröstlich weinend bei dem Heiligen dafür. „Herr, ich bin ein schlechter Mensch, ein völlig nutzloser Mensch. Habe schon wieder getrunken. Vergib mir und sende mir etwas als Zeichen deiner Vergebung. Weil ich betrunken und schlecht bin, gib mir nicht so viel wie den anderen. Herr, gib mir nur ein bisschen (aber auch nicht zu wenig) …!". Und noch bevor er auch nur die Hälfte seiner Wünsche vorbringen konnte, schlief er ein.

Und so war es immer wieder dasselbe im Leben. „Geld, Geld, Geld", pflegte er gleich einem Verrückten vor sich hin zu murmeln. Er hatte mal Nay Min Pain Soes übles Gedicht „Kein-Geld-Haben und andere Krankheiten" gelesen. Er hatte schon viele Wege gesucht, um an Geld zu kommen. Sehr zu Buche geschlagen hatte es allerdings nicht. Einen legendären Donnerkeil aus Gold und Kupfer, der verhinderte, dass die Gewehrkugel den Lauf verließ, wenn jemand auf einen schoss, oder das magische Taubenei, das seinen Besitzer immer auf der Sonnenseite des Lebens hielt, hatte er schon versucht zu finden. Nichts davon war ihm gelungen.

An einem Tag hatte er im *Le'pe'yei-hsain* gesessen und mit einem Freund über Amulette, die Gewehrkugeln abwehren, gesprochen und war darüber auf das Kawaythara-Traktat über die Essenz der Magie gekommen. Davon ausgehend waren sie zur Art und Weise gelangt, wie nach dem Adikappa Dvadarasi die Symbolreihen in dem Quadrat für astrologische Berechnungen angeordnet werden sollten. Bei der Frage welche Silben in die fünfte Reihe einzutragen wären, kam es zum Streit zwischen ihnen. Als er sagte, man müsse „hno – zan – thi – kha – hme – u – dha" schreiben, sagte der Freund, er habe unrecht. Voller Überzeugung behauptete der, es müsse „wa – u – hme – kin – thi – hsan – kin" heißen. So ging es, bis alle Leute, die in dem *Le'pe'yei-hsain* saßen, auf ihren Streit aufmerksam geworden waren. Weil aber niemand etwas von diesem Thema verstand, beteiligte sich auch niemand an der Diskussion. Obwohl ihre Diskussion immer lautstärker wurde, warf sie der alte Herr, dem der Laden gehörte, nicht hinaus. Er fand sogar Gefallen daran und sorgte sich, dass sie mit dem Diskutieren aufhören könnten. Als sie aufstanden, um jeder für sich nach Hause zu gehen, weil das Thema zur Gänze ausdiskutiert war und es nichts mehr zu sagen gab, war es mittags um zwölf. Erst da fiel ihm ein, dass er morgens um sieben aus dem Haus gegangen war, weil ihn seine Frau „mal eben schnell" Reis kaufen geschickt hatte. Nachdem er den Tee bezahlt hatte, reichte das Geld nicht mehr für die zwei *Pyi* Reis, die er mitbringen sollte, sondern nur noch für anderthalb.

Gestern Nacht aber konnte er nicht schlafen. Er dachte hin und her über Geld nach, bis er ganz wirr im Kopfe war. Er saß auf der Treppe an der Rückseite des Hauses und grübelte. Zu dieser Zeit war im *Nat*-Schrein unter dem Pipal-Baum hinter dem Haus eine Kerze, die jemand geopfert hatte, kurz geworden, aber noch nicht erloschen. Hell brannte und flackerte sie noch. Dieser Kerzenstumpf und der *Nat*-Schrein zogen seine Aufmerksamkeit an. Er sah das Steinhaus der Nachbarn, die diesen Baum-*Nat* verehrten, eindrucksvoll und prächtig in den Himmel aufragen.

Hm, wenn ich ihn gläubig und voller Inbrunst verehre, wird mir dieser *Nat* bestimmt auch zu etwas verhelfen, dachte er. Und während er so dachte, bewegte er sich Schritt für Schritt auf den *Nat*-Schrein zu. Obwohl viele Leute den Baum-*Nat* verehrten, wussten doch alle, dass er nicht daran glaubte. Außerdem hatte er das auch neulich erst zu seiner Frau gesagt. Aber, wer würde denn jetzt sehen, wenn er sich vor dem *Nat* verbeugte? Sie schlafen doch alle. Und selbst wenn jemand es sähe, was wäre denn dabei? Er tat es eben, weil er es tun wollte. Vor dem *Nat*-Schrein kniete er nieder, verneigte sich, indem er sich vorbeugte, um dreimal mit der Stirn den Boden zu berühren, und betete:

„Oh Herr, Wächter des Pipal-Baumes, steht mit bei. Gewährt mir Eure Gnade. Gebt mir in Eurer Güte ganz viel Geld. Ich habe so viele Schulden. Bei aller Welt habe ich so viele Schulden. Und auch was ich meinen ins nächste Leben hinübergegangenen Eltern schulde, konnte ich noch nicht erfüllen. Auch den Pflichten meinen Kindern gegenüber kann ich nicht nachkommen. Oh Herr des Pipal-Baumes, auch meinem Heimatdorf schulde ich noch Geld. Meiner Verwandschaft und meinen Freunden schulde ich Geld. Oh Herr, macht, dass ich in der Lotterie oft den Hauptgewinn von hunderttausend Kyat ziehe!"

Während er so ins Gebet versunken war, hörte er nicht, wie die ersten Hähne krähten, und merkte nicht, dass der Himmel sich im Osten zu röten begann. In diesem Moment drang aus der Krone des Pipal-Baumes ein Geräusch in sein Ohr. „Tock...tock...tock". Na so was, ein

Tokkeh. Richtig, daran war er früher einmal sehr interessiert gewesen. Unvermittelt begann er genau zu horchen. Gleich wird er rufen. Gleich ruft er… Mit klopfendem Herzen wartete und horchte er, wie der Tokkeh seine Stimme zum zweiten Mal testete und wieder verstummte. „Tokkeh" … eins, „Tokkeh" … zwei, „Tokkeh" …drei, „Tokkeh" … vier, „Tokkeh" …fünf, „Tokkeh" … sechs, „Tokkeh" … sieben, „Tokkeh" …acht, „Tokkeh" …neun.

„Ha! … Genau! Endlich!"

Als ob ihn die Freude von allein hochgerissen hätte, sprang er auf. „Frau … Frau!", rief er, während er ins Haus rannte. Er rannte bis ans Bett seiner Frau, um sie zu wecken. Sie war jedoch bereits von seinem ersten Ruf aufgewacht. Stürmisch umarmte er seine Frau, die schon unter dem Moskitonetz hervorgekrochen war. „Genau neunmal hat er gerufen! Ha, endlich ist es passiert!" jubelte er.

„Wirklich?"

Seine Frau freute sich genauso sehr wie er. Wie könnte es auch anders sein? Sie wusste ja auch, wie viele Jahre er schon darauf gehofft und gewartet hatte.

„Mensch, ist das ein Glück. Was für einen Gegenstand hast du denn in der Hand gehalten? Zeig doch mal her …!"

„Oh…".

Erst jetzt bemerkte er, dass er nichts in der Hand hatte.

Die Zeitmaschine

Thet Htun (Hsay Theippan)

ကာလယန္တ ယား

သက်ထွန်း (ဆေးသိပ္ပံ)

„Ist es denn sicher, dass es nicht möglich ist?", sagte er.

Die Jungen spielten Fußball. Ein Psychologe war zu ihnen gekommen und fragte: „In einer Stunde wird die Welt mit einem riesig großen Meteoriten zusammenstoßen. Was macht ihr?" Die Kinder waren sehr erschrocken. Einige setzten sich hin und weinten. Andere rannten heim, um bei ihren Eltern Schutz zu suchen. Manche gingen, um noch schnell Süßigkeiten zu kaufen, soviel sie mit dem Geld in ihren Taschen bezahlen konnten. Wieder andere liefen zum Gotteshaus, um zu beten. Alle waren chaotisch. Nur einer blieb die Ruhe selbst. „He Junge, machst du denn gar nichts?", fragte der Psychologe ihn. „Wenn die alle wiederkommen, will ich das Spiel zu Ende spielen."

Wenn das Unausweichliche schon sicher scheint, habe ich auch noch ein Spiel zu Ende zu bringen. Wenn Ihnen meine Worte lächerlich erscheinen, dann lachen Sie eben. Sie halten mich sicher für einen, der überhaupt nichts mehr zustande bringt, stimmt's? Passen Sie auf – ich kann noch sprechen. Ich kann meine Hände noch bewegen. Bedenken Sie, bis jetzt habe ich immer noch das Sagen im Haus. Sehen Sie dort den Sarg mit der Aufschrift „Aung Nyein, 80 Jahre"? Der ist für mich gedacht, um mich dort hineinzulegen, wenn ich tot bin. Haben Sie schon mal gehört, dass in einem myanmarischen Haus ein im Voraus gekaufter Sarg steht? Ein Gegenstand, der weder schön noch elegant ist. Ich habe es trotzdem gemacht, habe ihn anfertigen lassen. Er ist der Beweis dafür, dass im Haus das Sagen habe und weder Frau noch Kinder es wagen, mir etwas zu verbieten. Widersprecht mir nicht! Keine Diskussionen, Schluss, aus! Ich weiß natürlich, dass ich bald sterbe. Nicht nur, weil ich Arzt bin. Jeder weiß doch, dass jeder Mensch eines Tages sterben muss. Alle sagen, man solle darauf vorbereitet sein zu sterben. Aber, was bereiten sie denn vor? Wer bereitet sich denn wirklich vor? Ich kann wenigstens noch sehen, dass der Sarg, in den sie mich legen werden, wenn ich tot bin, nach meinen Wünschen und wirklich schön ist. Und das ist das Mindeste.

Wenn ich auch nicht genau weiß, wann ich sterbe, so kann ich es doch wenigstens ungefähr abschätzen. Ist das nun Lohn des Arztseins – oder Fluch?

Der weise Sokrates sagte, dass er nur wüsste, dass er nichts weiß. Das Einzige, das in dieser Welt, in der nichts von Dauer ist, ewig bleibt, sei das Gesetz der Vergänglichkeit. Eine Art des Unglaubens. Was für wirre Worte!

Ein anderer schrieb *„Everything is Possible Under the Milky Way"* – alles sei möglich unter der silbernen Spur aus Sternen, die Milchstraße genannt wird.

Und ein Kerl namens Napoleon wiederum sagte, dass das Wort „unmöglich" nur im Wortschatz der Verrückten existiere. Und als dann noch einer kam und sagte: „Ist es sicher, dass es nicht möglich ist?", wollte ich schreien: „Komm noch mal zurück!".

Außerdem möchte ich noch etwas sagen: Können denn diese „Meister des Jungbrunnens" verhindern, dass ich sterbe? Der Versuch, die Krebszellen zu töten, die in meinem Körper immer mehr werden, ist, als wollte man *Bo Bo Aungs Kreis* zerstören. Nicht angeben! Sie besiegen sie? Wenn ich Ihnen sieben Senfkörner aus dem Haus einer Familie besorge, in der noch niemand gestorben ist? Das können Sie leicht sagen. Wenn es nur etwas wäre, das so selten ist wie zur Zeit des Golfkrieges ein Magazin, in dem nichts über Saddam Hussein steht, dann ginge es ja noch. Nichts über den Tod, nichts über *anicca*, das Gesetz der Vergänglichkeit, nichts über vorbestimmte tödliche Krankheiten. Oder?

In Ordnung. Ich möchte zweimal in den Meisterwaddy-Fluss steigen. Lassen Sie das Wasser, das unter der Innwa Brücke durchgeflossen ist, noch einmal dort entlang fließen. Zeigen Sie mir, wie Sie die Fackel, die Sie bei Einbruch der Nacht angezündet hatten, um Mitternacht noch einmal anzünden.

Ich, Dr. Aung Nyein, 80 Jahre alt, möchte noch mal der Schüler der vierten Klasse Maung Aung Nyein sein.

„Opa, wir wollen jetzt Hühnerbrühe trinken!", fordert meine Enkelin, Dr. Amara Lay mich auf. Na, mach schon, Mädchen. Ich liebe sie über alles, sie ist mein Herzchen, von meinem Blut. Wie ich ist sie Arzt. Wie ich schreibt sie und ist dabei fanatisch.

Ich habe zwar gesagt „mach schon", aber mein Mund kann ja nicht mehr trinken. Sie zieht die Hühnerbrühe mit einer 50 Milliliter Spritze auf und drückt sie in den Schlauch, der durch meine Nase gelegt wurde. In einer Stunde wird sie die Medizin in Wasser auflösen und mir auf dieselbe Art und Weise verabreichen.

„Opa, ein Gast ist gekommen. Dr. Khain Marlar, heißt sie. Willst du sie sehen?"

Ich kann zwar nicht reden, aber meine Enkelin schaut nur auf meine Augen und weiß, was ich will. Wenn ich nur reden könnte, würde ich mich gerne unterhalten. Glaub mir. Dann könntest du in meinen Armen liegen, Khain. Aber jetzt möchte ich niemanden mehr treffen.

Was würden Besucher schon sagen? „Ist es besser?", „Wie geht es dir?" würden sie fragen. Sie würden vergessen, dass ich auch Arzt bin, und mich anlügen, mir sagen, dass es bald besser würde. Lasst mich das bisschen Zeit, das mir bleibt, mit niemandem teilen müssen. Ich muss das angefangene Spiel noch zu Ende spielen.

Ich möchte weiterlesen. Bücher, die ich mag und immer wieder lese, und solche, von denen meine Enkelin annimmt, dass ich sie jetzt lesen möchte, hat sie in Reichweite neben mir gestapelt.

Wegen der alten Dame namens Dr. Khain Marlar greife ich zu dem Buch „Ist sie jetzt auch wie die Fremden?" und lasse es wieder sinken. Ist nichts mehr mit „Khain und Maung", „Der Hass einer schönen Frau", „Khin Mun, Partnerin in der Tugend", „Solche wie dich gibt's viele!", „Zusammen mit den Polizei-Kameraden", „Aufzeichnungen und Gedanken eines Lebens", „*Kampa-hpala*", „Gast im Schan-Land", „Setze der edlen ersten Ranke eine Liebeskrone auf". Bücher, die ich noch einmal lesen möchte. Nur noch einmal. Nur noch einmal möge es mir erlaubt sein. Ohne weitere Zeit zu verschwenden, schlage ich ein Buch auf. Den Ablauf meines Lebens.

Mein Lebenslauf ist nicht besonders erzählenswert. Um es nicht in Gossensprache, sondern etwas vornehmer auszudrücken: In meinem Werdegang gibt es nichts, dessen sich mein Sohn und meine Enkel rühmen könnten. Sagen wir, ein *Nobody* ohne Geschichte. Einfach so geboren. Und wird einfach so wieder sterben.

Wenn man aber meint, ich solle die schlichte Geschichte meines einfachen Lebens erzählen, dann so: Ich stamme aus einer Familie von einfachen königlichen Beamten. Mein Vater war ein mittlerer Staatsbeamter, meine Mutter Schullehrerin. Wir sind vier Geschwister.

Obwohl ich gerade von einem Geschlecht königlicher Beamter gesprochen habe, ist unter meinen Großeltern und ihren Großeltern kein ein einziger Stadtgouverneur, Kriegsherr, kein Prinz, keine Prinzessin. Als ich klein war, hatte ich auch keine Schirmträger. Was ich sagen will, ist, ich musste mich nicht im Schlamm abrackern. Brauchte nicht mit der Wage auf dem Markt hantieren. Ich hatte keinen goldenen Schirm, komme aber auch nicht aus der Gosse. Eben ganz normal.

Seit früher Jugend lese ich gern und sammle Bücher. Da mein Intelligenzquotient über dem Durchschnitt lag, absolvierte ich spielend jedes Jahr eine Schulklasse, ohne mich dabei anzustrengen, und hatte schließlich die Zehnte hinter mir. Da ich mit ziemlich guten Noten abgeschlossen hatte, ging ich, dem Willen meiner Eltern folgend, auf die medizinische Hochschule.

Als es so weit war, wurde ich dann Arzt. Einfach so. Obwohl das Medizinstudium nicht gerade leicht ist, ist es auch nicht so schwierig, wie immer behauptet wird. Da man nicht viel selber denken muss, kann man sagen, dass es, abgesehen davon, dass man viel auswendig lernen muss, einfach ist. Zwar bin ich nicht ein einziges Mal durch eine Prüfung gefallen, aber besonders herausragend war ich auch nicht. Wirklich jemand wie alle anderen.

Was mich danach ein bisschen von den meisten Ärzten im Praktikum unterschied, war, dass ich als jemand, der gern las, nun auch selber schreiben wollte und so im zweiten Jahr als Arzt im Praktikum anfing zu schreiben. Im dritten Jahr war ich dann Schriftsteller. Bevor ich AS, das heißt Assistenzarzt, wurde, diente ich noch drei Jahre als Sanitätsleutnant in der Armee.

Zur Blütezeit meines Lebens heiratete ich, und als die Zeit des Früchtetragens kam, bekam ich dann eine Tochter. Wem eine Tochter geboren wird, der wird echte Enkel tragen dürfen, nicht wahr? Die Enkelin, die ich getragen und geformt habe, ist jetzt wie ich Ärztin. Seit langem schon bin ich im Ruhestand. So richtig zur Ruhe gesetzt habe ich mich nicht. Zwar praktiziere ich nicht mehr als Arzt, aber ich schreibe ich noch. Das heißt, soweit ich die Hände bewegen kann.

Deshalb ist meine Handlung noch nicht zu Ende. Der Vorhang fällt erst, wenn ich sterbe. Jetzt sterbe ich noch nicht. Aber es ist nicht mehr lange hin. Das ist nun der Vorteil, Arzt zu sein: Sagen zu können, dass es nicht mehr lange hin ist, bis es zu Ende geht. Andernfalls könnte ich wie ein bei der „Büchse der Pandora" übrig gebliebenes Wesen denken, ich könnte nicht sterben, obwohl ich doch schon solche Schmerzen ertrage. Und außerdem würde ich mich noch in *bhavatanha*, dem Verlangen nach Leben, *vibhavatanha,* dem Verlangen nach Selbstvernichtung, *kamupadani,* der sinnlichen Hingabe, *sakkayaditthi,* dem Irrglauben, es gäbe ein Selbst in mir, *vicikiccha*, dem zwanghaften Zweifel an den Lehren Buddhas verwickeln und dem Leben anhaften wie die Made dem Mist.

Jetzt aber habe ich alles erledigt, was es noch zu tun gab. Habe einen letzten Artikel zu Ende geschrieben. Auch zu lesende Bücher sind kaum noch übrig.

Die Welt ist seit etwa fünf Milliarden Jahren ständig dabei, sich zu verändern. Anders gesagt: Werden, vergehen, werden, vergehen. Ob sie sich dabei entwickelt oder ob sie verfällt, mag jeder sehen, wie er will.

Die Menschen aber – wer auch immer, in welchem Zeitalter auch immer, an welchem Ort auch immer – nehmen sich sehr wichtig. Denken, dass sie die Besten ihrer Zeit sind. Dass der Tag, an dem sie Mensch wurden, der beste von allen war, und vergehen vor Sehnsucht und Nostalgie nach ihm. So sind die Menschen. Sogar wenn sie nach ihrem Tod zu Nat werden, sind sie frustriert, da sie sich dann nur von Gasförmigem ernähren und nichts kauen können.

Wenn Sie das nicht glauben, schauen Sie nur. In der Zeit der absoluten Monarchie musste man Angst vor dem König haben und vor allen seinen Handlangern. Warum sehnten sich unsere Vorfahren (jetzt sind wohl keine mehr von ihnen übrig) zurück: „Ach, damals, als wir jung waren…"? Dass sie nach der Unabhängigkeit mit „eigenem Herrscher im eigenen Palast" verlangten, werfe ich ihnen nicht vor.

Jetzt haben wir ein eigenes Land, eine eigene Regierung mit voller Souveränität und ein Leben in Unabhängigkeit. Warum wollen dann einige Herrschaften etwas Besonderes sein und katzbuckeln weiter mit „Yes, Sir",„Yes, Sir"? Weil sie die „Sklavenzeit", die Kolonialzeit „go-went-gone" hinter sich lassen wollen? – Das betrifft einige der langlebigen alten Damen und Herren.

Ich werde zu Ende reden: Es ist schon erstaunlich, dass es noch Leute gibt, die die Zeit, als das ganze Land von den Beschimpfungen und Flüchen der Japaner widerhallte und selbst die Angehörigen des Mönchsordens schallend geohrfeigt und mit heißem Wasser übergossen wurden, als sie am ganzen Körper die Krätze hatten und sich ständig kratzen mussten, in angenehmer Erinnerung haben und sich danach zurücksehnen.

„In unserer Jugend mochten wir keine Fernseher, Videos und VCDs. Uns gefiel, wenn sich das ganze Dorf im Haus des Dorfvorstehers versammelte, um auf den Sandalen sitzend dem einzigen Radio zuzuhören", erinnern sie sich. „E-Mail, Satellitenfernsehen, Internet? Daran hätten wir nie geglaubt. Aber wir hätten geglaubt, wenn uns jemand gesagt hätte, dass morgen der mythische *Hintha*-Vogel im Dorfteich landet, und hätten ihm mit der Zwille aufgelauert. Und wir glaubten Vorhersagen, dass in diesem Jahr der Gott Indra auf dem Rücken einer Kuh reitet und eine Fackel trägt. Einmal eins ist eins, zweimal eins ist zwei – dafür musste man nicht mal einen Kurs besuchen. Das war schneller als ein Computer."

Also, das war nicht schwierig? Ich bin auch so wie sie.

Als ich klein war, habe ich Chorgesänge wie *„Mithazu Kado Pwe"*, *„Tha-ngechin tou zani maung hnan"* oder *„Kyun Shwei Wa"* gehasst. Sonntag Mittag um zwölf kam im Radio immer „Märchen-Geschenk". Wenn das vorbei war, dann kam „Geschichten zum Zuhören" und danach kamen besagte Chorlieder. Was ich sagen will, ist, dass in diesem Moment der Sonntag mehr als zur Hälfte um war. Abends musste ich dann wieder für die Schule lernen. Deshalb war mir immer zum Weinen zu Mute, wenn ich diese Lieder hörte.

Jetzt aber möchte ich sie hören. Es ist so schön, dabei in Erinnerungen an die Schulzeit zu schwelgen. Manchmal aber ist es, als ob mir diese Lieder meinen eigenen Sonnenuntergang ankündigen, und mir ist wie früher als Kind zum Weinen. Dann haben diese Lieder wieder für mich die Bedeutung des Omens, das das Ende einer angenehmen Zeit ankündigt.

Damals wurden zum Neujahrsfest *thankya'* vorgetragen, satirische Wechselgesänge. Es wurde gesungen und getanzt. Heutzutage singt man auch genauso *„Maung you, Maung you"* und *„Tu-po, tu-po"*. Mit modernen Instrumenten spielen, singen und tanzen sie, aber, obwohl die Reime der *thankya'* voll von noch treffenderem Spott sind, macht es mir nicht mehr so viel Spaß wie früher. Ich habe den Geschmack daran verloren.

Viele Jahre lang hatte ich eine eigene Praxis und habe Patienten behandelt. Nicht wenigen Menschen habe ich das Leben gerettet. Aber am liebsten erinnere ich mich an die kleine, schäbige Praxis im Kyo Kone Viertel, die ich als frischgebackener junger Arzt zuerst eröffnet hatte.

Während ich als Arzt arbeitete, wurde ich bestimmt so oft mit „Herr Doktor" angesprochen, wie es Sandkörner am Strand von Ngapali gibt. Aber soviel Freude wie die Worte meiner ersten ernsthaft kranken Patientin Myin Khin: „Herr Doktor, ich verdanke Ihnen mein Leben!", hat es mir seitdem nie wieder bereitet.

Ich habe inzwischen zahlreiche Artikel, Geschichten und Bücher geschrieben. Zu Hause haben wir zwei Autos. Zu welcher Magazinredaktion, welchem Verlagshaus soll das Manuskript? Kein Problem. Ich muss mich nicht mal anstrengen. Tatsächlich brauche ich meine Manuskripte nicht selbst abzuliefern. Ich gehöre zu den etablierten Schriftstellern, zu denen die Verleger kommen, um einem mit Bitten um neue Manuskripte in den Ohren zu liegen. Ein Anruf genügt.

Aber das Gefühl ist schal. Ich bin lange nicht mehr so aufgeregt wie damals, als ich als junger Mann unter der heißen Sonne zu Fuß die Straßen auf und ab lief, von Redaktion zu Redaktion, um mich zaghaft in die Zimmer der Chefredakteure zu trauen und vor ihren

Schreibtischen stehend voller Respekt zu fragen, ob sie meine Manuskripte angenommen oder abgelehnt hätten.

Die Rollen, die ich auf der Bühne des Lebens gespielt habe, waren die eines Arztes, eines Soldaten, eines Staatsbediensteten, eines Schriftstellers. Na, ist da nicht eine Vielfalt an Charakterzügen enthalten? Also, es gibt auch schnapstrunkene Kapitel.

Mit dem Schwarzgebrannten, den ich als junger Mann in Monywa mitten in der Nacht an Wachposten und streunenden Hunden vorbei besorgt hatte, um ihn mit dem Schriftsteller Maung Ye Khain zu *Ngapi Htaung* und *Hsipyu*-Beeren zu trinken, ist nicht mal der Chivas Regal Whisky zu vergleichen, den ich zuletzt in der Filmpreisverleihungsnacht eines befreundeten Schauspielers getrunken habe. Wie ich diesen Geschmack vermisse…

Sehnsucht oder Vergnügen, Reichtum oder Mittellosigkeit, Fortschritt oder Abstieg, Villa oder Hütte, SE-Fahren oder in Gummilatschen herumlaufen – keine Frage, was besser ist. Aber warum nur haben die Menschen immer Sehnsucht nach der Vergangenheit? Warum sehnt man sich danach, im Regen zu duschen, wenn man ein gefliestes Badezimmer mit warmem und kaltem Wasser hat? Immer wieder singen sie die alte, sehnsüchtige Schnulze „Ich denk' zurück an meine Kindheit"? Habe ich nicht Recht?

Fragen Sie mal Rhett Butler und Scarlet O'Hara aus „Vom Winde verweht". Haben die keine Sehnsucht nach der Zeit des amerikanischen Bürgerkrieges? Oder heute in Israel? Die alten Opas und Omas, die Eichmanns Hölle entkommen sind – wer sagt denn, dass die sich nicht wehmütig an die Tage erinnern, an denen sie sich, um in Polen der Nazi-Gestapo zu entkommen, angstvoll versteckt hielten?

Als Arzt war meine glänzendste, fröhlichste, verrückteste Zeit, als ich in dem Dorf Hpa Auk eine Praxis hatte. Ich öffnete sie nur morgens und abends und fuhr über Mittag an den 30 Meilen entfernten Strand von Setse, um zu schwimmen. Trank dort ein paar Schnäpse. Erging mich in Erinnerungen an mein gebrochenes Herz.

Vom U Khanti-Hügel in Mawlamyine sah ich hinüber nach Kyaikmaraw. Blickte wehmütig nach Bilu Kyun. Wie wir nach Mitternacht mit einer ganzen Gruppe Mopeds zu Festivals in Mawlamyine oder Mudon gefahren sind, wie am ersten Tag des neuen Jahres auf dem

Fest um die Rogo Pagode mit Wasser gespritzt wurde, wie ich, ohne mich vor Banditen und Rebellen zu fürchten, mit dem Moped auf den kleinen Feldwegen über die Berge von Kyaikmaraw nach Hpa Auk zurückgefahren bin – an alles das denke ich voller Nostalgie zurück.

Damals, als ich in der Armee war, mussten wir mit der Offensive 883 zur Schlacht um das feindliche Lager 6689 ohne Pause nach Möng Yawng marschieren. Einen ganzen Tag, die ganze Nacht und den nächsten Morgen marschierten wir, ohne zu schlafen. Rauf auf den Berg und wieder runter, mitten in der finsteren Nacht durch einen hüfttiefen Graben mussten wir. Weil wir nur trockene *„Defender 6"* Kekse zu essen hatten, erbettelten wir uns beim Durchqueren eines Feldlagers etwas gekochten Reis von einem Kameraden.

Es war nur eine Handvoll Reis, gewälzt in einem Chilimörser, in dem zuvor *Ngapi* gestampft worden war. Und Blätter zum Einwickeln oder Teller gab es auch nicht. Wir mussten beide Hände zusammenlegen und beim Laufen daraus essen. Diesen Reis aber möchte ich jetzt noch einmal essen. Wie sehr möchte ich zurückkehren zu den Dingen der Vergangenheit, die ich so vermisse. Aber wie könnte das gehen? Man kann nur träumen, wehmütig sein und Sehnsucht haben.

Ich kann nach Möng Yawng zurückkehren. Mit dem Zug oder Auto nach Mawlamyine, Hpa Auk, Monywa fahren. Aber diese Orte werden nicht mehr die Orte sein, an denen damals der Soldat Aung Nyein oder der Doktor Aung Nyein war. Es werden nur Orte sein, die Opa Aung Nyein besucht.

Die Reise, die ich machen möchte, ist eine Zeitreise. Keine Reise von Ort zu Ort oder durch den Raum. Aber wie sollte das gehen, die Zeit zurückzudrehen?

Obwohl … Vor unseren Augen sind schon viele Sachen passiert, von denen es hieß, sie seien nicht möglich. Man kann jetzt Töne einfangen, Fotos vom Mars zur Erde schicken. Was, glauben Sie, wäre geschehen, wenn das vor zweihundert Jahren jemand behauptet hätte? Man hätte ihn einen Verrückten genannt, vielleicht sogar auf dem Scheiterhaufen verbrannt. Ich habe mal in einem Buch gelesen, dass die Zeit rückwärts läuft, wenn man sich schneller als das Licht bewegt. Das heißt also, dass es möglich ist, Zeitreisen zu unternehmen. Aber, wo ist sie denn, die Zeitmaschine, die sich schneller bewegt als mit Lichtgeschwindigkeit?

Ich denke nicht, dass die Wissenschaftler sie noch erfinden werden, bevor ich sterbe. Also, muss ich meine eigene Zeitmaschine entwickeln. Die Verrückten sind die, die sagen, etwas sei nicht möglich.

Ich habe meine Zeitmaschine erschaffen und werde mich nun auf eine Zeitreise begeben. Das Fußballspiel, das ich noch zu Ende bringen musste, ist auch vorbei. Alle Bücher, die ich lesen wollte, habe ich gelesen. In der Ecke meines Zimmers steht der Schreibtisch, an dem ich zu schreiben pflegte. Meinen ersten Artikel habe ich geschrieben, während ich an diesem Schreibtisch saß und so tat, als ob ich für die Universität lerne. Alles, was ich geschrieben habe, ist an diesem Tisch entstanden. Wonach ich mich am meisten zurücksehne, sind die Tage, an denen ich an diesem Schreibtisch gesessen und geschrieben habe.

Neun – acht – sieben – sechs – fünf – vier – drei – zwei – eins. Die Zeitreise hat begonnen. Den Sauerstoffschlauch und den Nahrungsschlauch ziehe ich heraus. In Sekundenbruchteilen bin ich fünfzehn Jahre zurückgereist. Wundern Sie sich nicht!

Ich bin erst 65 Jahre alt. Habe keinerlei Krankheiten. Lebe nach meinen Vorstellungen. Habe meinen Sarg bestellt. Nach meinen Anordnungen musste mich meine Enkelin pflegen, wie man einen alten Mann versorgt, der dem Tod nahe ist. Weil ich zu dem von der Erinnerung vergoldeten Tag zurückkehren wollte, zu dem es sonst nie möglich ist, zurückzukehren.

Ich an meinem Schreibtisch und will schreiben. Worüber? Eine Geschichte über meine Zeitreise. Der Titel wird sein:

„Es ist überhaupt nicht möglich, dass etwas nicht möglich ist“

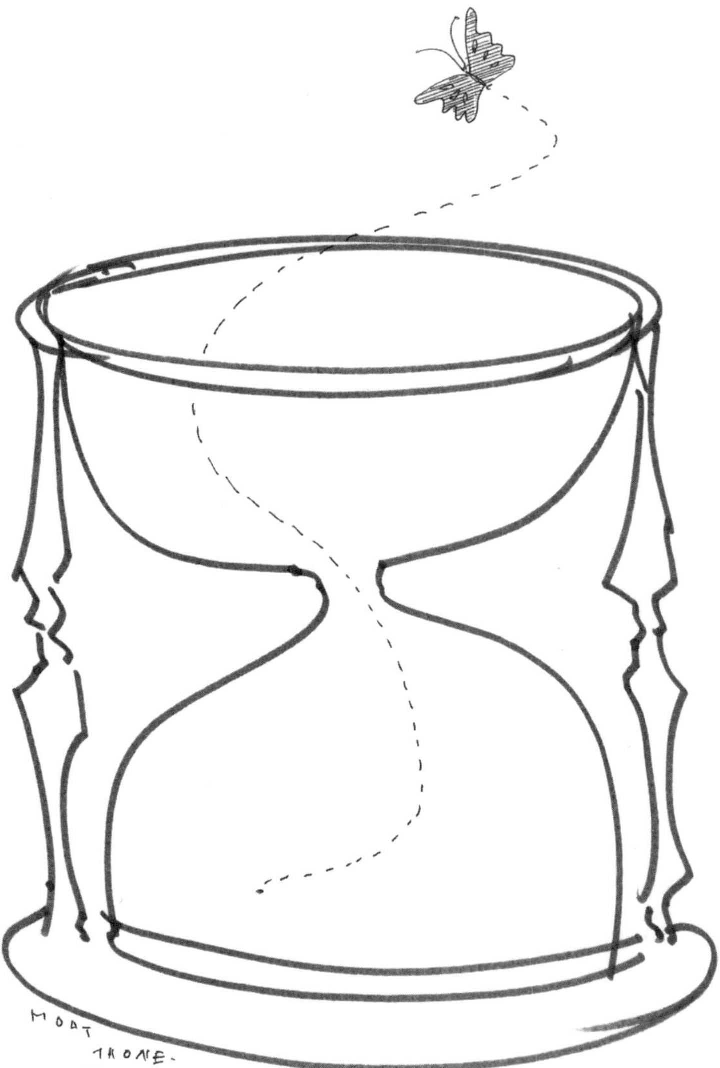
MOAT
TRONE.
2008

Das Ich-Versteh-Nicht Hemd

Thitsar Ni

နား မလည်ဘူး အင်္ကျီ

သစ္စာ နီ

1

Mein Hemd heißt „Ich-Versteh-Nicht-Hemd". Das Muster dieses Hemdes ist von leicht bitterem Geschmack.

Die blöden Schafe haben keine Hemden.

Die neugierigen Affen haben keine Hemden.

Auch die streitlustigen Füchse haben keine Hemden.

Und die…

Und die… haben auch keine Hemden.

Ich habe ein Hemd.

Das Hemd, das ein Hemd trägt, heißt „Ich-Versteh-Nicht-Hemd". Das Muster dieses Hemdes ist von leicht bitterem Geschmack.

„Ich versteh dich nicht." (Hatte mein Schatz gesagt.) „Wir verstehen dich nicht." (Hatten meine Eltern gesagt.) „Wir verstehen Sie nicht." (Hatten meine Freunde und Feinde gesagt.)

„Ich bin doch kein Buch!" (Hatte ich gesagt. Es war in den Zeiten, als ich nicht wusste, dass man sich für's Widersprechen schämen muss.)

Mag es auch niemand verstehen, ich kann dieses Hemd nicht ausziehen, weil es mir zur Gewohnheit geworden ist, als ob es maßgeschneidert wäre.

Jener sucht in den am Straßenrand aufgehäuften Bündeln alter Kleidung. Der, der dieses zerschlissene, muffige, stinkende Hemd billig erworben hat und trägt, hat ein nicht mehr aktuelles Politik-Buch unter den Arm geklemmt, sehe ich.

Jener hält ein Stück Stoff mit albern grinsendem Muster und unbeständiger Farbe in der Hand, während er in einer Schneiderei steht und („Etwas weit geschnitten nähen bitte!") ruft. Ob diese Schneiderei wohl „Zeitgeschmack" heißt?

2

Jener hingegen ist dabei, in einem Minimarkt ein Hemd von der Stange zu kaufen, nachdem er sich das Etikett angesehen hat. Wenn man wie jetzt fertig genähte Hemden kaufen und tragen kann, hat man keine Last damit, sagte er noch, denke ich.

Menschen tragen unterschiedliche Hemden mit verschiedenen Designs. Enge Knopflöcher, die Platons Augen ähneln. Große Taschen wie maßlose Gier. (Bei manchen Hemden sind Diebestaschen so angebracht, dass man sie nicht sehen kann.) Scharfe Kragen, wie Julius Cäsars Dolch. Aber diese Hemden sind alle gleich in der Art, wie sie mit Bedacht gemacht sind. (Zum Beispiel mit gleichmäßig ordentlichen Nähten). Die Hemden haben, so wie meins („Ich-Versteh-Nicht"), jedes mindestens einen Namen. Zum Beispiel „Engstirnigkeit", „Bigotterie", „Neid", „Meine Wahrheit" und so weiter. Der Name meines Hemdes aber ist „Ich-Versteh-Nicht".

Ich bin keine Rechenaufgabe, bei der ein Ergebnis herauskommen muss. Ich bin ein Mensch. Ich bin kein Ding, das nach Weisungen funktioniert. Ich bin ein Mensch. Ich bin keine Jasminblüte, die sich öffnen muss, wenn es regnet. Ich bin ein Mensch. Ich bin nicht Einsteins Relativitätstheorie. Ich bin ein Mensch. Ich bin nicht die Nahrung, die gesetzte Logikergehirne zum Frühstück zu sich nehmen können. Ich bin ein Mensch. Ich bin keine Flasche eisgekühlten Bieres, deren Deckel jeder öffnen darf, der hundert Kyat bezahlt. Ich bin ein Mensch. Das, was ich mir auf dieser Welt am wenigsten erhoffe, ist das Verstehen der Menschen.

3

Das Hemd, das ich trage, heißt „Ich-Versteh-Nicht-Hemd". Dieses Hemd ist genäht mit Nichtverstehen – einem für Menschen unverständlichen Himmel, einem für Menschen nicht verständlichen Paar Flügel, einem für Menschen nicht verstehbaren Licht, einem für die Menschen nicht fassbaren Garten, einem für die Menschen unverständlichen Musikinstrument, einem für Menschen unverständlichen ....

Um dieses Hemd tragen zu können, habe ich nur einen kleinen Preis bezahlt. Dieser Preis war der Hass der Menschen. (Der Hass der Menschen ist für mich etwas, das nicht mal eine halbe Erbse wert ist.) Wer dieses Hemd trägt, muss drei Voraussetzungen vollständig erfüllen. Dies sind:

die Gewohnheit, frei zu denken,
die Gewohnheit, frei zu denken und
die Gewohnheit, frei zu denken.

Wenn du, wie ich, diese Voraussetzungen vollständig erfüllst, kannst du jetzt so ein Hemd wie ich bekommen. Du kannst es unter der unten stehenden Adresse anfordern. Die Adresse ist in dem, was man das von dir am weitesten Entfernte nennen kann – in deinem eigenen Herzen.

Die Früchte der Bosheit

Thu Maung

ပြေလေပြီဒီဝဋ်ကြွေး

သုမောင်

Als Than Nyunt vom Tod Bu Dis erfuhr, war sie ein wenig schockiert. Trauer allerdings kam nicht auf. Geliebt hatte sie sie nicht. Sogar einen Anflug von Freude mag sie empfunden haben. Sie waren zwar keine Feinde, aber Schwägerinnen, die einander von Anfang an nicht mochten. An Bu Di lag das nicht, sie liebte ihre Schwägerin sogar. Aber Than Nyunt lehnte sie irgendwie ab.Woher das kam, aus welchen früheren Existenzen, wusste sie nicht. Es war eben so, dass sie den Anblick von Bu Di nicht ertragen konnte, seit sie diese zum ersten Mal gesehen hatte. Sagen wir, seit Maung Than und Bu Di miteinander gingen. Wahr ist: Than Nyunt liebte ihren jüngeren Bruder sehr. Da war es ihr nicht recht, wenn er sich mit Frauen abgab, und es gefiel ihr nicht, wenn er ein Mädchen aufmerksam ansah. Da die Eltern von Maung Than und Than Nyunt sehr früh gestorben waren und die Geschwister inmitten dieser Welt verloren zurückgelassen hatten, waren sie einander sehr zugetan. Während die Geschwister sich mit einem kleinen Straßenladen mühsam durchschlugen, Than Nyunt noch für Stücklohn nähte, Maung Than Puder verkaufte und als sie dann mit etwas Wohlstand rechnen konnten, fiel sein Auge auf Bu Di. Natürlich machte sich die arme Than Nyunt Sorgen, dass sich jemand sowohl in ihre Liebe als auch ins Geschäft drängen würde.

Schlecht war Bu Di nicht. Als Grundschullehrerin hatte sie Einkommen und Würde, war aber nicht so wohlhabend wie Than Nyunt. Verhindern ließ es sich nicht, weil für Maung Than alle außer Bu Di wie Reiskleie waren – minderwertig. Verwandte und Nachbarschaft waren einverstanden. In der Tat hat Than Nyunt das auch nicht unterlaufen. Dass sie nicht einverstanden war, schluckte sie runter, sagte es nicht einmal Maung Than, auch nicht andeutungsweise. Und dass sie die diversen Hochzeitsangelegenheiten gerichtet hat, geschah durchaus mit Hintersinn.

Sie hat es ziemlich geschickt angestellt und ihre Tücke dabei völlig kaschiert. Nicht einmal Bu Di, um die es ging, ließ sie es merken, geschweige denn Maung Than. Zum Beispiel: Maung Than liebte Bu Di zwar, aber sein Naturell war sehr aufbrausend. Brüllte plötzlich los. Was machte nun Than Nyunt? Wenn Bu Di auch nur einen kleinen Fehler begangen hatte, nicht der Rede wert, beschwichtigte sie ihn im Voraus: „Schimpf nicht, schnauze sie nicht an, sie tut mir Leid, meine kleine Schwägerin." usw. und heizte ihn mit diesen unnötigen Vorhaltungen nur noch mehr an.

Der Mensch ist nun mal so: Sagt man ihm: „Mach das nicht!", dann will er es um so mehr. Also sagte er: „Halte dich raus, Schwester!" und wütete ohne jede Notwendigkeit. Dann nahm sie noch für die Schwägerin Partei und widersprach ihm. Damit stachelte sie ihn weiter an. Feuer schüren, nennt man das. Wie aber sah das die Nachbarschaft? Die Schwägerinnen halten zusammen gegen Maung Than, sagte man, und lobte Than Nyunt.

Es gab noch eine andere Hinterlist. Vor Maung Than verhielt sie sich zu ihrer Schwägerin recht distanziert, weil nämlich Maung Than überflüssiges Getue und Affektiertheit nicht mochte. Distanziertheit gegenüber seiner Frau nur hielt er für eine stabile, nicht oberflächliche Beziehung. In seiner Abwesenheit hingegen schwatzte sie locker mit ihr, stellte dabei besonders seine Schwächen und Defizite heraus. In den Augen des Umfelds aber war sie ein wirklich gutes Mädchen.

Einmal hatten Maung Than und Bu Di eine schwere Auseinandersetzung. Es ging nicht um ein großes Problem – kleiner Anlass, große Wirkung.

Das war so:

Maung Than, selbst sehr fleißig, konnte nicht leiden, wenn seine Leute müßig waren. Besonders schlimm für ihn war Schlafen während der Arbeitszeit. Wenn jemand um die Mittagszeit ein Nickerchen hielt, war er erbost. Er selbst wurde auch mittags nicht schläfrig. Sogar auf langen Reisen döste er nicht. Er hatte Anweisung erteilt, dass sowohl seine Haushaltsmitglieder als auch seine Arbeiter nicht einnicken dürfen.

Eines Tages war er geschäftlich außer Haus gegangen. Da es ein *Uposatha-Tag* war, hatte Bu Di schulfrei und stellte zu Hause Puder her. Mittags war es heiß, und so legte sie sich beim Verpacken des Puders ein Weilchen hin und schlief ein. Genau in diesem Moment kam Maung Maung Than unerwartet zurück. Was tat nun Than Nyunt? Ihm, wie andere Leute es tun würden, einen Wink geben, dass seine Frau schläft? Aber nein! Than Nyunt war gerissen. Flugs lief sie zu Bu Di, legte sich neben sie und stellte sich schlafend. Als Maung Than die Schwägerinnen so einträchtig schlafen sah, bekam er einen Wutanfall und tobte. Und als Bu Di sich mühsam aufrappelte, tat Than Nyunt es ihr nach. Hätte allein die Schwester geschlafen, hätte Maung Maung Than das mit einem kleinen Rüffel bewenden lassen können, ebenso, wenn es allein die Frau gewesen wäre. Dass aber beide so einmütig schlummerten, wurde für ihn zu einem nicht tolerierbaren Problem. Natürlich schimpfte er vor allem mit der Schwester, sie hätte es vorgemacht.

Damit hatte Bu Di Probleme. Sie wagte weder, auf Seiten ihres Mannes zu stehen, noch, ihrer Schwägerin zu helfen. Also fühlte sie sich schuldig. So entzündete sich aus nichtigem Grund ein Streit zwischen den Ehepartnern, bei dem ein Wort das andere gab bis hin zur Scheidungsdrohung. Die an sich immer ruhige Bu Di war aufgebracht wie noch nie, weil die Schwägerin ihretwegen ausgeschimpft wurde. Dieser Streit schlug dann noch ziemliche Wellen in ihren Kreisen. Than Nyunts Plan war also wunderbar aufgegangen. Die arme Bu Di wagte mittags gar nicht mehr, die Augen zu schließen. Maung Than hatte sie nämlich damals sehr verletzt, indem er sie mit einer Statue auf der Shinbin Nankain Pagode verglich. Diese liegt auf dem Rücken und tropft ständig. Das gemein Anzügliche war, dass ein Wort, das genauso lautet wie „Tropfen", „seelig schlummern" bedeutet. Das war beleidigend.

Von da an wagte die arme Bu Di nicht einmal mehr unbefangen zu schlafen, wenn sie gemeinsam mit ihrem Mann ruhte. So wurde eine unbedeutende Kleinigkeit auf die Dauer zu etwas Wichtigem, wuchsen sich Zänkereien zu Feindseligkeit aus.

Es war nichts Besonderes mehr, dass sich die Eheleute oft wegen Lappalien in den Haaren lagen. Trennen aber konnten sie sich nicht.

Waren da nicht die Kinder? Wo sollte man sich wohlfühlen, wenn nicht im eigenen Heim? Auch Than Nyunt legte es nicht auf eine Scheidung an. Schließlich hatte ihr Bruder ein Gesicht zu verlieren.

So lebten sie dahin und wurden miteinander alt. Kinder kamen, sogar drei Enkel. Aber Maung Than und Bu Di hatten bis ins hohe Alter hinein keine guten Beziehungen zueinander. Zwar ging es nicht mehr so hoch her wie in jungen Jahren, aber sie regten sich ständig über die Schwächen des anderen auf. Weil Than Nyunt nun Großenkel hatte, gewann sie an seelischer Reife. Ihre spitzen Bemerkungen allerdings steuerte sie weiter bei.

Noch etwas. Von all den Kindern Bu Dis liebte Than Nyunt besonders den zweiten, Pauk Kyaing. Er war von Geburt an kränklich und schlief nachts nicht. Es heißt: „Wer nicht schläft, lebt lange." Das bezieht sich auf einen Helden der Überlieferung, Pauk Kyaing, der sein Leben rettete, weil er gewitzt war, wach blieb und seinen Feind erledigen konnte. Deshalb benannte man den Knaben liebevoll nach ihm.

Wie üblich musste Bu Di nach Ablauf des Mutterschutzes wieder unterrichten und die Kinder der häuslichen Fürsorge überlassen. Pauk Kyaing wurde wegen seiner schwachen Gesundheit Than Nyunt anvertraut, und zwischen der alten Jungfer und dem Säugling entwickelte sich eine tiefe Beziehung. Da er auch von seiner Mutter kaum gestillt werden konnte, musste der Arme an den Brüsten der alten Jungfer Than Nyunt herumnuckeln. So wurde Pauk Kyaing Than Nyunts Ein und Alles.

Ob das nun an der Kränklichkeit lag – auch als junger Mann war Pauk Kyaing Spätentwickler. Geheiratet hat er erst, als er über Dreißig war. Dementsprechend hat er auch spät Kinder bekommen. Wie auch immer, für Than Nyunt war Pauk Kyaing, der quasi von Geburt an in ihren Händen war, wie ein leibliches Kind. Sie nörgelte nicht mehr herum. Ob das nun Pauk Kyaing zu danken war, weiß man nicht. Mit zunehmendem Alter hatten Bu Di und Than Nyunt keine größeren Probleme mehr. Und Pauk Kyaing schlief bis zur Heirat im Zimmer seiner Tante. Näher als der leiblichen Mutter stand er Than Nyunt. Sie beide hielten zusammen.

Nach seiner Heirat ging Pauk Kyaing ins Ausland arbeiten. Mit der Begründung, dass es dort niemanden gab, der für ihn sorgte, holte er seine Tante Than Nyunt nach, nicht aber seine Frau. Sie war nämlich kurz vor seiner Abreise schwanger geworden. Sollte Than Nyunt, die ihm in Liebe zugetan war, ihn begleiten oder sich um seinen Nachwuchs kümmern? Schließlich gab das Wort „Mama" den Ausschlag, und sie reiste mit ins Ausland. Seine leibliche Mutter nannte er förmlich nur „Mutter".

Bald danach starb Bu Di. Deshalb war Than Nyunt, wie eingangs gesagt, im Zwiespalt, ob sie traurig oder froh sein sollte. Das Gute war, dass sie, gerade im Ausland angekommen, nicht gleich wieder zurückfahren konnte, und so hatte sie Glück. Andernfalls hätte sie vor dem Problem gestanden, ob sie vor dem Leichnam weinen oder lachen sollte.

Zwar war sie froh, dass sie nicht reisen konnte, als Bu Di starb, aber nachdem Pauk Kyaings Frau entbunden hatte, drängte es sie heimzufahren. Wie das Leben so spielt – weil Pauk Kyaings alte Krankheit wieder ausbrach, ging das nicht. So musste sie die Sehnsucht mit den übersandten Bildern und Videos stillen.

Das Kind was süß, ein Mädchen. Genau dort lag das Problem. Die ganze Familie sagte nämlich, dass in ihr Bu Di wiedergeboren wurde. Erst einen Monat alt, erkannte das Baby die Familienmitglieder, und sein Opa Maung Than war sein Liebling. Und wenn es ein Foto seines Vaters sah, lachte es. Dass das Mädchen eine Reinkarnation war, glaubte man auch wegen des roten Muttermals am Knie. Genau dort hatte auch Bu Di so eins. Und wenn es die Hausmädchen von Bu Di sah, kicherte es. Das war nicht altersgerecht. Es kannte die Leute und die Örtlichkeiten. Da war ein Arbeiter, den Bu Di nicht hatte ausstehen können – er war nämlich Alkoholiker. Wenn das Kind diesen Arbeiter sah, schrie es heftig. Das gab Than Nyunt zu denken. Wie wird es reagieren, wenn es mich sieht? Aufmerksam betrachtete sie die Fotos. Eh, das Kind lacht nicht, weint nicht, schaut nur immer unverwandt, sagen sie. Es ist ja noch kein bewusst handelnder Mensch. Bedenkenswert aber ist es schon: Bu Di bringt das doch glatt fertig, in Pauk Kyaings Tochter wiedergeboren zu werden. Und das mir!

Das ist unwichtig. Wenn Pauk Kyaing genesen ist, werden sie nach Yangon fahren. Natürlich, er wollte Frau und Kind sehen. Das Problem lag bei Than Nyunt. Sie war unschlüssig wegen dieser vermaledeiten

Inkarnation. So ein Kind lacht oder weint doch von sich aus. Vielleicht ist es gar keine Wiedergeburt. Man redet davon. Was ist schon passiert? Dahingeschieden ist sie. – So konnte sie nicht denken. Sie empfand die Konfrontation mit dem Kind, als ob eine Schuld bestünde. Solche Überlegungen sind schon begründet. Die in jungen Jahren verstohlene Unverträglichkeit der Schwägerinnen ist im Alter offenkundig geworden. So wusste das ganze Haus, dass Bu Di und Than Nyunt miteinander lebten, ohne sich leiden zu können. Auch die Arbeiter wussten es. Wenn nun nach der Heimkehr das Kind sie anstarrt und weint …! Dann wäre völlig sicher, dass es eine Reinkarnation ist. Tja, man kann nur beten, dass es keine ist. Wie auch immer – nicht heimzufahren, war unmöglich.

Schau an! Schon im Flugzeug war sie angsterfüllt. In so hohem Alter einem Winzling von Kind gegenüberzustehen, ist schwierig. Eigentlich wollte sie ja ihre geliebte Schwiegertochter und ihre Enkelin sehen. Der Mensch ist schon was Schwieriges! Je älter man wird, desto mehr glaubt man, dass man im Leben immer Schuld auf sich lädt, für die man büßen muss. „Für nichts und wieder nichts mache ich mir einen Kopf, dass dieses Kind Rache üben wird. Schließlich habe ich bis zur Erschöpfung gebetet, dass es keine Reinkarnation sein möge! Habe sogar vergessen, Schutzverse für die Reise aufzusagen. Wie lange muss ich mich denn bei diesem Kind aufhalten? Eine so gewaltige Schuld habe ich doch zu Lebzeiten Bu Dis gar nicht auf mich geladen. Schlimmstenfalls – sollte das Kind Probleme machen, kann ich mich als Großmutter noch immer ungeschlagen zurückziehen. Schimpfen und mit den Füßen stampfen aber geht nicht. Immerhin ist das Kind vom Fleische Pauk Kyaings. Oje oje, ist das schwierig! Dass ich als gereifter Mensch über Zwist mit einer Neugeborenen nachdenken muss!"

Als sie auf dem Flughafen ankamen und die Abholer sahen, befiel sie schreckliche Angst. Sie hatte gehofft, dass sie das Kind nicht mitbringen, dass nur Erwachsene zur Begrüßung kommen. Aber nein, die waren mit Kind und Kegel erschienen!

Da war nichts zu machen. Nachdem die Kontrollen durchlaufen und die Gepäckstücke geholt waren, wandte sie sich von all den

Abholern zuerst der hübschen Schwiegertochter zu. Das Gesicht des Kindes an ihrer Brust konnte sie noch nicht sehen, war hinter einer Stoffwindel verborgen. Es schreckte sie, jetzt etwas sagen zu müssen. Aber egal – der Erwachsene muss auf das Kind zugehen, oder?

Zuerst hob sie ein wenig den Rand der Windel vom Gesicht. O weh, wenn es jetzt gleich zu schreien anfängt, das wäre gar zu beschämend. Trotzdem zog sie die Windel zaghaft beiseite. So ein Glück, das Kind schlief, und ihr fiel ein Stein vom Herzen. Natürlich, wenn es wach wäre, würde es weinen oder lachen. Ja, sowohl das Weinen als auch das Lachen wäre eine Reaktion, oder? Wenn es weint, zeigt es sich unversöhnlich. Lacht es aber, ist es, als ob es sagt: „Ich verzeihe dir, Schwester!"

Schau nur, wie es schläft! Ganz seine Oma Bu Di, die kleine Oberlippe vorgestülpt. Genau, wenn Bu Di schlief, hat sie auch immer die Oberlippe so vorgeschoben. Die Haut zartbraun. Eh, es will wohl gleich an den Fingern saugen, der kleine Daumen liegt auf der Unterlippe. Es nützt nichts. Ein Kind muss man animieren, nicht wahr? Than Nyunt stupste den Daumen des Kindes mit ihrem Zeigefinger an. He, guckt mal, im Schlaf ergriff das Kind den Zeigefinger Than Nyunts. Ach du Schreck, nicht aufwachen, nicht die Augen öffnen! Großer Gott!

Da passierte etwas Unerwartetes: Das Kind zog Than Nyunts Zeigefinger heran. Und als sie mitging, brabbelte es „pjäpjä" und steckte ihn in sein Mündchen. Hat wohl Milch erwartet. Sie gab weiter nach, und das Kind fing an, kräftig am Finger zu saugen, ohne die Augen zu öffnen und ohne aufzuwachen. Die arme Than Nyunt aber schrie verwirrt auf: „Aua, es beißt!"

Was mag wohl Maung Than in den Sinn gekommen sein, als er lachend sagte: „Aber Schwester, die Kleine hat doch noch gar keine Zähne! Du reagierst über!"

Than Nyunt aber liefen völlig unvermittelt die Tränen übers Gesicht. Noch nie in ihrem Leben hatte sie solche Tränen geweint. Bu Dis Güte war zurückgekehrt.

Ein lebender Leuchtturm

Thwin Hsan Maung

သက်ရှိမီးပြတိုက်

သွင်ဆန်းမောင်

Das schwülheiße Wetter war – unter dem Decknamen „Winter" – wieder da, in enger Gemeinschaft mit König *Thuriya*, der Sonne. Und man sorgte sich weiter um die Grünpflanzen, die nach Regen lechzten. Für die armen Leute aber war es ein Geschenk, dass sie sich keine warmen Sachen kaufen mussten.

Vom unteren Ende des Dorfes her kamen Mönche und Novizen und machten ihre Almosenrunde. Das Rufen eines Schuljungen durchdrang den Zaun und erinnerte daran, dass es Zeit war, religiöse Verdienste zu erwerben.

„Mama, sie sind da! Ich spende ihnen das Essen!"

Durch der Worte Waing Chits wurde Nyo Ma, die eine Zigarre nach der anderen rollte, aus ihren Gedanken gerissen.

„O je, es ist noch kein Reis gekocht. Geh' mal irgendwohin spielen! Diese Zigarren müssen heute noch fertig werden."

Seit fünf Tagen konnte Nyo Mas Ehemann nicht auf Fischfang gehen, da er Fieber hatte. Die Überreste von Malariaerregern, die er vom Feuerholzsuchen im Dschungel als „Geschenk der Berge" mitgebracht hatte, waren erneut zum Angriff übergegangen.

„Mama, heute ist in der Schule das Fest zur Ehrung der Lehrer. Wir haben der Lehrerin noch kein Geld geschenkt. Ich möchte auch hingehen."

„Wir brauchen kein Geld zu geben. Du brauchst auch nicht zur Schule zu gehen. Wenn ich diese Zigarren wegbringe, werden sie mir womöglich noch meine Schulden vom Lohn abziehen. Ich würde dich am liebsten aus der Schule nehmen und Büffel hüten lassen. Wegen dieses Halbtoten da…"

Der in einer Ecke des Raumes zusammengerollt schlafende Soe Chit war momentan noch unbehelligt von dem Problem seiner Frau und seines und Sohnes.

„Huhuuu, ich will keine Büffel hüten, ich will zur Schule gehen! Huhuuu..."

„Heul' doch nicht gleich los, du machst dich ja lächerlich! Du kennst mich doch, Waing Chit!"

Fast alle Lehrerinnen und Lehrer hatten Mitleid mit Waing Chit. Meinte es ein ungerechtes *Kamma* so schlecht mit diesem aufgeweckten Kind? Er war jetzt in der dritten Klasse.

Seine Eltern gaben sich sehr wenig Mühe und dachten kaum ernsthaft über die Zukunft des Kleinen nach.

„Waing Chit, ... Waing Chit!"

Aye Thidar, seine Lehrerin, stand im Hauseingang. Sie stützte sich auf Krücken, weil ihr rechtes Bein von Geburt an gelähmt war.

„Kommen Sie, Frau Lehrerin, kommen Sie ins Haus! Ich hätte heute früh schon kommen sollen. Seinem Vater geht es nicht gut, deshalb haben wir wenig Geld..."

„Was...? Nein, liebe Frau Nyo Ma, ich komme wegen einer anderen Sache. Nicht wegen des Geldes für Waing Chits Bücher."

Durch das Gespräch zwischen der Lehrerin und Nyo Ma wurde Soe Chit langsam wach. Er tat aber, als ob ihn das nichts anginge, und schlief wieder ein.

„Sie sind zu uns gekommen. Wollen Sie das Geld haben?"

„Nein, mein Junge. Ich will dich abholen, damit du in der Schule ein Märchen vorträgst."

Waing Chit sah erwartungsvoll zu seiner Mutter hoch. Er war sehr gescheit wie ein kleiner Erwachsener.

„Junge, mach dich frisch dich und zieh dich um, wir gehen in die Schule. Deine Freunde warten auf dich."

„Frau Lehrerin, nehmen Sie meinen Sohn nicht mit! Er ist ziemlich bedrückt, weil er Ihnen das Geld nicht geben kann. Ich möchte nicht, dass er sich unglücklich und verletzt fühlt. Frau Lehrerin, irgendwie kriege ich das hin und bringe Ihnen morgen ganz bestimmt das Geld für die Bücher!"

Das sonst heitere Gesicht der Lehrerin Aye Thidar wirkte bewegt. Während sie über die Krücken auf ihrem Schoß strich, suchte sie nach Worten.

„Herr Soe Chit und Frau Nyo Ma, seien Sie so lieb und hören Sie bitte genau zu: Das Leben meiner Schüler ist mein Leben. Ich habe immer alles vermieden, was sie betrüben könnte. Ich bin nicht Lehrerin geworden, weil ich zufällig gestolpert und vom Weg abgekommen bin."

Innere Bewegung ließ ihre Stimme vibrieren und schnürte ihr die Kehle zu. Mühsam hielt sie die Tränen zurück.

Waing Chit nahm die Worte und das Tun seiner Lehrerin mit ganzem Herzen auf. Dass ihm vom Waschen fröstelte, hatte er vergessen.

„Waing Chit, geh und zieh dir ein Hemd an!"

„ Nein, ich möchte hören, was die Lehrerin sagt!"

Die Lehrerin registrierte zufrieden und erfreut seinen besonderen Charakter. Waing Chit würde sich so entwickeln, wie sie es ihm wünschte, ohne ihn mühsam erziehen zu müssen.

„Geh, Söhnchen, ich werde warten, ohne zu reden."

Die Lehrerin hatte nicht darüber sprechen wollen. Aber nur, wenn die Eltern über sie Bescheid wüssten, werden sie mehr Verständnis haben.

„Frau Lehrerin, da bin ich!"

Er hatte ein noch ungewaschenes Hemdchen angezogen und kam heran, um dem Gespräch zuzuhören.

„Eigentlich möchte ich über diese Sache nicht reden. Aber nur, wenn ich es sage, wird Ihnen klar werden, was ich meine. Ich weiß, dass es Leute gibt, die als Lehrer arbeiten, weil sie Schwierigkeiten haben, einen anderen Job zu finden. In meinem Leben aber war es genau andersherum."

Die Lehrerin blickte gedankenverloren zu den Reisfeldern hinüber. In ihren Augen war eine Spur von Traurigkeit.

„Als ich in der zehnten Klasse war, hatte ich einen Lehrer, wie man ihn nur selten trifft; später ist er dann zu meinem Förderer geworden. In jenem Jahr kam ein neuer Mitschüler in unsere Klasse. Ich, die ich mich sonst ruhig auf den Unterricht konzentrierte, sah ihn, und mein Gemüt geriet in Aufruhr. Von allen Jungen, die ich je gesehen habe, ist er der schönste, dachte ich. Seit jenem Tag schämte ich mich dafür, dass ich mit Krücken zur Schule kommen musste. Ich wollte nicht mehr zur Schule gehen. Ich war am Boden zerstört. Noch schlimmer machte es ein Satz, den er zu mir sagte: „Ich hatte ein Auge auf dich geworfen, aber ich wusste nicht, dass du an Krücken gehst." Ich war drauf und dran, mein passables Gesicht mit dem Messer zu zerschneiden. Wenn der Lehrer, mein Wohltäter, von der Sache nichts mitbekommen hätte, wäre ich nicht Lehrerin geworden. Mein Leben hätte schon sehr früh zu Ende sein können. Seine Ermahnungen und Ermutigungen haben mir Kraft gegeben. Da habe ich den außerordentlich großen Wert guter Lehrer begriffen, gleichsam lebende Leuchttürme. Er hat mich aus der bitteren Finsternis meiner unglücklichen Liebe wieder ans Licht geholt. Nach Abschluss der zehnten Klasse habe ich mich dann bewusst – obwohl ich dank guter Noten auch etwas anderes hätte werden können – für den Lehrerberuf entschieden."

Die Lehrerin tupfte mit dem Taschentuch einige Tränen ab. Auch Waing Chit hatte Tränen in den Augen.

„Söhnchen, ich sage dir etwas Tolles. Ich habe ein Bild verkauft, das ich in meiner Freizeit gemalt hatte. Und ich habe mir überlegt, mit dem Geld euch Kindern ein Geschenk zu machen, an das ihr euch erinnern werdet. Was halten Sie davon, Frau Nyo Ma?"

Nyo Ma hatte das Rollen der Zigarren unterbrochen und den Worten der Lehrerin aufmerksam zugehört. Soe Chit war aufgestanden und hinter das Haus gegangen, um sich das Gesicht zu waschen. Es sah nicht mehr so aus, dass er den Jungen daran hindern wollte, mit der Lehrerin zu gehen. Bedauern über seine voreiligen Worte überkam ihn.

„Ich möchte, dass Waing Chit eine Geschichte vorträgt. Vorher werde ich in der Klasse Fragen ausgeben. Wer aufmerksam zugehört hat , wird sie beantworten können. Es sind natürlich Fragen, die zum Nachdenken anregen. Dann gebe ich ihnen Preise. Zumindestens bekommt jeder einen Bonbon. Ist das nicht eine gute Idee? Die Geschichten sind nicht schwierig. Du kennst sie ja schon – „Der Wettlauf zwischen Hase und Schildkröte" und „Die kleine Htway", die ich schon oft erzählt habe…"

Die Lehrerin Aye Thidar holte ein weißes Hemd und einen grünen *Longyi* aus ihrer Tasche. Dann rief sie Waing Chit herbei und zog ihn ordentlich an. Im Geiste jedoch blickte sie mit Anerkennung auf den kleinen großen Märchenerzähler. Ein vielversprechendes Juwel, von ihrer Hand poliert.

„So, jetzt bist du viel hübscher. Wenn wir in die Schule kommen, werden dich deine Kameraden nicht wiedererkennen. Ma Nyo, ich nehme ihn mit, ja? Die offenen Bücherrechnungen habe ich ausgelegt."

Waing Chit und seine Lehrerin Aye Thidar gingen zur Schule hinüber. Waing Chits Füße berührten kaum den Boden – wie bei einem Fußballspieler, der das Siegtor geschossen hatte. Schön, dass der frischgestärkte *Longyi* so steif herunterhing. Aber was war nun wieder los? Seine Schritte wurden langsamer.

„Frau Lehrerin, wenn das Erzählen vorbei ist, muss ich den *Longyi* und das Hemd zurückgeben, nicht? Ich habe vergessen, etwas zum Wechseln mitzunehmen. Ich muss noch mal nach Hause, ja? Warten Sie bitte einen Augenblick?"

Waing Chits Worte versetzten der Lehrerin einen Stich ins Herz. Was für ein ehrliches Kind!

„Du brauchst sie nicht zurückzugeben, mein Junge. Sie sind ein Geschenk für dich."

Waing Chit wird sicher vor Freude einen Luftsprung machen, dachte die Lehrerin. Aber der kleine Geschichtenerzähler überlegte angestrengt.

„Sie haben mal gesagt, dass man nichts umsonst bekommt... Ich möchte sie nicht umsonst. Das Hemd und der *Longyi* gefallen mir schon gut. Aber meine Eltern haben kein Geld."

Im Innern von Aye Thidar wechselten Freude und Traurigkeit wie Licht und Schatten.

„Wenn das so ist, musst du mir etwas versprechen. Was es auch ist, machst du's?"

„Ja, ich versprech's. Ich werde fleißig lernen, um ein guter Lehrer zu werden wie Sie, wenn ich groß bin ."

Aye Thida sah auf Waing Chits kleinen Rücken und musste lächeln.

„Du bist noch jung. Um das zu sagen, ist es viel zu früh. Das Versprechen, das ich haben will, ist, dass du nicht wie der flinke Hase im Märchen faul bist und schläfst. Das ist alles."

Von der Schule her klang die Melodie der Schülerstimmen, die den Lehrern Dank sagten, weit ins Land.

Und die Schatten spendenden Bäume vor ihr schwankten, als ob sie sich im Takt der Melodie wiegen würden. Die Zukunft der Kleinen hing vom Himmel über ihren Köpfen ab. Möge das Wetter gut und frei von dunklen Schatten sein!

Mitgefühl von 59 nach 13

U Tin Oo (Tuition)

၅၉မှ ၁၃ သို့ မေတ္တာမိုးကြီး ဖြိုးဖြိုးသွန်း

ဦးတင်ဦး (ကျူရှင်)

Als Maung Ko Ko (Amarapura) im November 2002 im Myana' Maun Magazin sein Herz ausschüttete, traute ich meinen Augen nicht, und mir wurde ganz seltsam zumute. In meiner Brust stieg eine heiße Woge von Kummer und Schmerz auf. Es gibt zwei Texte, die ich in den schlaflosen Nächten nach dem Tod meiner Tochter schrieb. Sie sind nicht als Literatur gestaltet, sondern eher seelischer Trost. Deshalb sind es keine Artikel, aber auch keine Kurzgeschichten; für einen einzelnen Magazinbeitrag zu lang und nicht gut genug, um über zwei Ausgaben verteilt zu erscheinen. Da ich nicht die Absicht hatte, sie an ein Magazin zu schicken, blieben sie in unserem Haus in Tharwady liegen.

Ich war hin- und hergerissen, ob ich über meine Tochter schreiben sollte oder nicht. Ein Grund, es nicht zu tun, war, dass ich nicht den Eindruck erwecken wollte, meine persönlichen Gefühle zu wichtig zu nehmen und öffentlich darstellen zu wollen. Ein weiterer Grund war, dass ich den brennenden Schmerz in meinem Herzen nicht erneut anfachen wollte. Andererseits wollte ich über sie schreiben, um mein Wissen über diese Art von Krankheit weiterzugeben und um mich bei den Lesern, Freunden und anderen Menschen, die uns geholfen haben, zu bedanken. Da ich glaubte, keinen guten, klaren Text verfassen zu können, solange der Schmerz noch frisch war, hatte ich es mir in Gedanken für eine spätere Gelegenheit vorgemerkt.

Jetzt erfuhr ich, dass Maung Ko Ko in Yangon in Schwierigkeiten war. Er sei nun dabei, die Geschichte „Bett 59“ zu schreiben, hieß es. (Obwohl sich der Schmerz in meiner Brust noch nicht gelegt hatte, wollte ich jetzt wieder schreiben.)

Richtig. Als ich ihn in der neunzehnten Straße traf, hatte ich ihm die Bettnummer meiner Tochter genannt. Er trank ein Glas Bier. Da

MOAT
THONE
2008

ich kein Verlangen nach Alkohol hatte, bestellte er einen Softdrink für mich. Ich sah, wie er bezahlte. Ich hielt für mich vorerst fest, dass seine Hemdtasche flach, also nicht voller Geldscheine war. Am nächsten Tag tauchte er nicht wieder auf. Wer Sorgen hat, dem kann schon ein kurzes Gespräch Erleichterung verschaffen, und so wartete ich auch am darauf folgenden Tag auf ihn. Als er nicht auftauchte, bestätigte sich für mich, was ich an jenem Tag angenommen hatte.

Da ich etwas älter bin als er, verstehe ich das menschliche Leben besser. Als ich 1996 nach meiner Entlassung aus dem Krankenhaus Taungoo befürchtete, dass mich meine Freunde bis nach Yangon bringen würden, versteckte ich mich in Yezin. Das war jedoch vergeblich, und als sie mich dort abholten, kam ich nicht umhin, mich schließlich doch nach Yangon in Behandlung zu begeben. Die umfassende Untersuchung ergab, dass keine besondere Therapie notwendig war. Mit ein paar Medikamenten wurde ich wieder gesund. Während ich also keiner weiteren medizinischen Behandlung bedurfte, wurde meine Tochter, die mich begleitet hatte, innerhalb einer Woche zweimal operiert. Das erste Mal, um einen Knoten an ihrem rechten Bein zu entfernen, das zweite Mal, weil man bei der ersten Operation überraschend schwarz verfärbtes Fleisch gefunden und, nachdem man Proben zur Analyse in ein Speziallabor geschickt hatte, die Krankheit als „malignes Melanom“ diagnostiziert hatte. Ich hatte keine Ahnung, worum es sich handelte, und hörte zum ersten Mal von einer solchen Krankheit. Da aber der operierende Arzt die Krankheit kannte, schickte er uns zu Professor Than Than Oo, einer Krebsspezialistin, um ihren Rat einzuholen.

Im Gespräch mit mir hatte sie zwar gesagt: „Am besten wir amputieren das Bein“, in ihrem Brief an den behandelnden Arzt aber auf Englisch lediglich geschrieben: „Die Patientin sollte sich schnellstmöglich einer Operation unterziehen“. Deshalb operierte der Arzt ein zweites Mal und schnitt das schwarze Fleisch um den Knoten heraus. Wenn die Krebszellen entfernt sind und die Wunde verheilt ist, wird das schon wieder gut, sagte er noch.

Ich erinnere mich, damals, 1996, kam Maung Ko Ko, der aus dem Gasthaus, das in einer seiner Geschichten vorkam, ausgezogen war und irgendwo in Kyimindine wohnte, uns genau an dem Tag, an dem wir nach Hause fuhren, besuchen und brachte allerhand zum Essen mit. Er ging erst wieder, als unser Zug abgefahren war. Vom weit entfernten Kyimindine konnte er damals zum Kwan Chan Bahnhof kommen, jetzt aber schaffte er es nicht einmal aus der einunddreißigsten Straße bis in das nahe gelegene Krankenhaus. Er sei in Schwierigkeiten. Ich weiß, so etwas kommt vor in dieser Welt.

„Wenn du später kommst, wirst du deine Nichte, der du einen *Htamein* aus Amarapura schenken möchtest, nicht mehr in Bett 59 antreffen, Maung Ko Ko. Sie liegt jetzt in Bett 13!“, möchte ich schreien.

Ende Dezember 2001 kamen wir in Yangon an. Am 07.01.2002 wurde meine Tochter ins Krankenhaus eingeliefert. Wenn man von 1996 an rechnet, nach sechs Jahren. Vor den Operationen von 1996 kann man für das Entstehen des Knotens etwa weitere zwei Jahre ansetzen. Sie litt also seit wenigstens acht Jahren an einer Krankheit, gegen die es keine Medizin gab. „Die Krankheit ist in einem fortgeschrittenen Stadium“, diagnostizierte Oberarzt Soe Aung, nachdem er die Patientin in der „Royal Asia Clinic“ gründlich untersucht hatte. Nachdem er eine erste Chemotherapie durchgeführt hatte und die jüngeren Knoten verschwunden waren, wurde Dr. Soe Aung zuversichtlich. Wissend, dass ich arm bin, sagte er trotzdem: „Herr Tin Oo, geben Sie ihr doch einen zweiten Versuch!“, und engagierte sich für ihre Behandlung. Durch die Kombination mit Bestrahlungen versuchte er, die Wirkung zu verstärken. Am 22.03.2002 entschied ich, dass weitere Therapien sinnlos seien, und suchte Dr. Soe Aung in seinem Zimmer auf, um ihm zu erklären, dass ich meine Tochter nach Hause holen wolle. Aber da er dagegen war und auch meine Tochter sagte: „Papa…, was machen wir denn dann, wenn ich so wie jetzt die ganze Nacht nicht schlafen kann, weil es so weh tut?“, beriet ich mich mit meinen Yangoner Neffen und Nichten und entschied, dass wir sie schließlich in Yangon einäschern würden.

Als an jenem Nachmittag gegen drei Uhr Dr. Soe Aung „zufällig“ vorbeikam, schien die Sonne auf das an der Westseite des Krankenhauses stehende Bett meiner Tochter. „Es ist bestimmt zu heiß für Way Way Soe, verlegt sie doch nach unten!“, wies er die Krankenschwester an. Obwohl es im Erdgeschoss noch einige freie Betten gab, gab man ihr das Bett Nummer 13.

Völlig unpassend zur Situation musste ich in Gedanken lächeln. Sie war nicht mehr dreizehn und ihr einunddreißigstes Lebensjahr würde sie nie erleben. Sollte sie sterben, wird man es der Unglückszahl 13 anlasten können.

Oberarzt Dr. Soe Aung kam auch am nächsten Tag, einem Samstag, ins Krankenhaus, um nach meiner Tochter zu sehen. Am Sonntag dann besuchte sie eine besorgte Nichte, nachdem sie bei einem Mönch das Horoskop meiner Tochter erfragt hatte. Der hatte verkündet, dass die Behandlung bis zum 29. Mai erfolgen müsste, sagte sie. Gegenwärtig sei sie unter dem schlechten Einfluss des Planeten Saturn. Der Mönch hatte geraten, diesen Einfluss abzuwenden, indem wir einen Fisch, den meine Nichte gekauft hatte, noch vor zehn Uhr im Royal Lake freilassen. Als ich sie zur Bushaltestelle begleitete, stoppte ich, weil plötzlich in die Einfahrt zur Freifläche vor dem Krankenhaus, dort, wo die Verkaufsstände beginnen, ein Auto einbog und anhielt. Erst als der Fahrer den Kopf aus dem Fenster streckte, erkannte ich Dr. Soe Aung. „Wie ging es Way Way Soe letzte Nacht?", fragte er. Obwohl er sich bemühte, Haltung zu bewahren, war doch erkennbar, dass er innerlich darauf brannte, es zu erfahren.

Dass ein so beschäftigter Arzt, ohne auch nur eine Apfelsine von mir zusätzlich zu erhalten, sich selbst am Sonntag nicht frei nimmt und stattdessen nach einer einzelnen Patientin sieht, ist nicht wenig *Kudhou*. Das freute mich, aber Way Way Soe ging es nicht gut. Sie konnte nicht ausgestreckt liegen und musste ihr Gesicht auf ein Tischchen legen, das über ihr Bett gestellt war. Sie benutzte zwar das Wort „schlafen", aber wie sollte sie gut schlafen? Sie konnte kein Wasser lassen, war durstig, die Blutuntersuchung hatte einen Hämoglobinwert von 5,8 ergeben. Normal wäre ein Wert von mindestens 11 bis 12, also war eine Bluttransfusion nötig. – Blut übertragen. Wenn nicht zur Hand, unbedingt auftreiben! „Metro" spritzen. Becef spritzen! Da Becef nicht in ausreichender Menge vorhanden ist, das vergleichbare Sefrin injizieren! An einem einzigen Tag 17000 Kyat für Medizin! Aber sie konnte wieder Wasser lassen. Kein Durchfall und keine Blähungen mehr. Da sie eine volle schmerzende Blase fürchtete, traute sie sich nicht zu trinken. Nicht mal Reisgrütze wollte sie essen, konnte nur einen Löffel Ovomaltine trinken. Das anfangs geschwollene Bein war besser geworden, dafür konnte sie wieder kein Wasser mehr lassen. Die Blase war voll. Sie konnte es kaum aushalten.

Da das Erdgeschoss voll belegt war, konnten wir Eltern nicht wie sonst ein freies Bett bekommen, sondern mussten auf dem Estrichfußboden schlafen. Ihre Mutter hatte Fieber und musste sich hinlegen. Für erkrankte Begleitpersonen von Patienten war der diensthabende Arzt nicht zuständig. Sie müsste in die Notaufnahme gehen und sich behandeln lassen. Nur wenn sie in stationäre Behandlung überwiesen würde, könnte der diensthabende Arzt sie behandeln. Die Mutter wollte ihre Tochter nicht allein lassen, um in die Notaufnahme zu gehen. Musste es so aushalten.

Ich selbst bekam nichts herunter und schlief schlecht. Es schmerzte hier und zwickte da. Für den Fall, dass Way Way Soe die Schmerzen nicht aushielte, hatte mir der Assistenzarzt Spritzen mit einem Schlafmittel gegeben. Auf einer Tafel standen Anweisungen, welche Medikamente nötigenfalls an Bett 13 gespritzt werden dürfen. (Die Krankenschwestern dürfen nicht ohne Anweisung Spritzen verabreichen.)

Am Anfang konnte sie nach diesen Spritzen schlafen. Jetzt halfen sie auch nichts mehr. Die Mutter lag flach. Bevor auch ich mich hinlege … Way Way Soe war in Gedanken versunken. Ihr kamen die Tränen. „Lass mich noch Wasser lassen!", bat sie. Sie fürchtete, dass sie wegen des Schlafmittels einschlafen würde, ohne die Blase geleert zu haben. Es war in dem Sinne: „Wenn ich Wasser lasse, wird es mir besser gehen, wenn nicht, dann schmerzt meine Blase, und es geht mir schlecht."

Wenn bei ihr, der Patientin in Bett 13, die Schwellung zurückging, konnte sie Wasser lassen. Danach aber nahm die Schwellung wieder zu und sie konnte wieder kein Wasser lassen. Das rechte Bein mit den Knoten war bis zum Oberschenkel dunkel geschwollen.

Wie es im Krankenhaus so ist, klagten und stöhnten in der Nähe andere Patienten, deren Krankheiten auf ihre jeweils eigene Weise schlimm sind wie die eigene.

Meine Tochter war niedergeschlagen. Ich glaube, sie dachte über das Ende nach: „Wenn ich schon zu sterben habe, dann will ich nach Hause und sterben. Papa, lass uns heimfahren!", sagte sie, während sie sich tränenüberströmt an meine Brust lehnte. Da ich sie von hinten fest umarmt hielt, sah sie meine Tränen nicht.

Ich ließ sie in Gesellschaft ihrer kranken Mutter und ging zu Dr. Soe Aung. Weil ich fürchtete zu weinen, wenn ich lange erklären müsste, sagte ich nur kurz: „Herr Doktor, ich kann nicht mehr mit ansehen, wie meine Tochter weint, kann es nicht mehr ertragen. Erlauben Sie uns, gemeinsam nach Hause zu fahren."

Obwohl aus Dr. Soe Aungs Augen keine Träne fiel, weinte er doch in seinem Herzen. „Wenn ich sage, Sie können nach Hause fahren, werden Sie denken, ich hätte aufgegeben…" Noch ehe er zu Ende gesprochen hatte, signalisierte er verständnisvoll seine Zustimmung. „Aber ich werde ihre eine vierte „Chemo" geben. Wenn die Medizin wirkt, profitiert sie davon, wenn nicht, bleibt uns, was wir jetzt haben", sagte er und legte ihr die Infusion. Am Morgen unserer Abreise hatte er mich in sein Büro bestellt, und ich gab ihm 20.000 Kyat abgezählt in einem Kuvert mit den Worten: „Soviel ich erübrigen kann." Als wir uns am Nachmittag von ihm verabschieden wollten, trafen wir Dr. Soe Aung, der in den letzten drei, vier Monaten niemals nach Hause gefahren war, ohne noch einmal nach Way Way Soe gesehen zu haben, nicht mehr an. Er sei noch nie um diese Zeit nach Hause gefahren, hieß es. Jetzt hatte er das getan. Hatte das Leiden der Patientin ihn so betroffen gemacht? Ich denke, er brachte es nicht übers Herz, sie ein letztes Mal zu sehen.

Am 04.04.2002 abends um sechs Uhr fuhren wir mit einem gemieteten Auto vom Krankenhaus ab und trafen am 05.04.2002 um drei Uhr morgens zu Hause ein.

Dort aß Way Way Soe und war fröhlich. Jedem Besucher erklärte sie lächelnd alles. Am 07.04.2002 weinten ihre Cousinen (meine Nichten), ihre Mutter und ihre Tante, als sie aus dem hinteren Teil unseres Hauses kamen. Als ich nach dem Grund fragte, erfuhr ich, dass sie zu einer Freundin, die sie nach Yangon begleitet und eine Woche lang betreut hatte, sagte: „Da ich fürchte, dass Leute, die einen Krankenbesuch machen, bedrückt werden, spiele ich ihnen etwas vor, lächle und lache. Selber aber weiß ich, dass mir keine Zeit mehr bleibt. Oh, ich würde gerne fünf Mönche einladen, um ihnen Essen zu spenden. Ich weiß aber nicht, ob Papa Geld dafür hat oder nicht."

Da am nächsten Tag Markttag war, wäre es gegen die Bräuche der Region gewesen, so etwas an diesem Tag zu veranstalten. Daher lud ich am 09.04.2002 fünf Mitglieder des *Sangha* ein und speiste sie. Gemeinsam mit der Verwandtschaft hörten wir ihre Predigt.

Unsere Verwandten, meine Schüler, ihre Kollegen aus der Myo Hla Zuckerfabrik und der Taung Sin Aye Zuckerfabrik kamen, eine Gruppe nach der anderen um sich nach der Kranken zu erkundigen. Ohne auch nur einen einzigen Seufzer empfing und bewirtete sie alle und berichtete, gerade so, wie ein gesunder Mensch die Handlung eines Filmes wiedergibt.

Am 19. April konnte sie kein Wasser mehr lassen, hatte keinen Stuhlgang mehr und konnte nichts mehr essen. Das ganze rechte Bein war als ob man einen Sack mit Beton ausgegossen hätte. Aus eigener Kraft konnte sie es nicht bewegen. (Es war auch sehr schwer). Ihre Pfleger mussten das Bein wie einen Holzklotz anheben und in die gewünschte Position legen. Da sie schon lange auf dem Bett lag, war eine Seite des Gesäßes wund, und sie konnte nicht mehr darauf liegen. Lag sie auf der linken Seite, drückte das schwere rechte Bein von oben, deshalb ging es nur auf der rechten Seite.

Der junge Arzt, der, seit wir aus Yangon zurückgekommen waren, jeden Tag nach ihr gesehen und ihr die nötigen Medikamente verabreicht hatte, sagte an jenem Abend zu mir: „Wenn sie noch etwas Besonderes essen möchte, bereiten Sie es jetzt für sie zu. Ihr Herz macht es nicht mehr lange… "

Da mich an eben jenem Tag ein Besucher auf *Saya* Maw aus Pyinmana hingewiesen hatte, ging ich abends zum Haus meiner Tante. „Morgen werde ich nach Pyinmana fahren, zu diesem *Saya*. Aber ich denke nicht, dass Way Ways Krankheit mit menschlichem Wissen noch beizukommen ist. Was die Kräfte der *Nat* vermögen, weiß ich nicht. Wie auch immer, damit sie sich besser fühlt, werde ich morgen fahren", sagte ich zu ihr und fuhr auch tatsächlich. *Saya* Maw verfügte nicht über *Nat*-Kräfte und konnte sie nicht retten. Aber nachdem sie seine Medizin genommen hatte, konnte sie wieder Wasser lassen, hatte regelmäßigen Stuhlgang, konnte wieder essen und tat es mit Genuss wie zu gesunden Zeiten. (Meiner Meinung nach wäre sie ohne *Saya* Maws Medizin schon am 24. oder 25. April gestorben.)

Obwohl die Wirkung von *Saya* Maws Medizin Way Way Soes Leben etwas verlängerte, hatten sich die Krebszellen vermehrt und sich bis in die Brust ausgebreitet, denke ich. Die Brust war bis oben hin verhärtet. Vorher war es leicht gewesen, den Körper, dessen Oberarme nur noch den Umfang einer Maisblatt-Zigarre hatten, zu heben, um sie auf die Toilette zu setzen. Obwohl sie jetzt nur noch aus Haut und Knochen zu bestehen schien, war sie nicht mehr so leicht zu bewegen. Ich musste mich sicher neben sie stellen und ihren Körper heben – er war erstarrt.

2001 erhielten die Briten Paul Nurse und Timothy Hunt gemeinsam mit dem Amerikaner Leland Hartwell den Nobelpreis für Medizin. Sie erhielten den Preis für ihre Studien über die Reproduktion von Zellen. Zellen verbreiten sich im Körper, indem sie Kopien ihrer Chromosomen produzieren. Diesen Prozess nennt man Zellzyklus. Die Wissenschaftler hätten über dreißig Jahre hinweg diesen Zellzyklus studiert, hieß es. Seit etwa 1970 habe Hartwell Hefezellen untersucht. Er könne so sagen, dass die Reproduktion zum Erliegen kommt, wenn das genetische Material einer Zelle beschädigt wird. Weiter hieß es, Paul Nurse habe herausgefunden, dass die in der Hefe enthaltenen Gene auch in menschlichen Zellen vorkämen. Diese hätte er CD benannt und festgestellt, dass man mit CD die verschiedenen Abschnitte des Zellzyklus kontrollieren konnte. Dieses Ergebnis sei für die Forschung über bislang noch nicht kontrollierbare Krebszellen von großem Nutzen.

Hunt hingegen habe ein Zyklin genanntes Protein entdeckt. Durch die Kenntnis des Reproduktionsprozesses von Zellen und der Umstände, unter denen dieser zum Erliegen kommt, werde man erfahren, wie die Ausbreitung gefährlicher Krebszellen zum Stillstand gebracht werden kann. So könne man dann Medikamente zur Bekämpfung von Krebs entwickeln, hieß es. Nach dem Auftreten von Krebszellen im Körper könne deren Verbreitung verhindert und die Zellen mit Medikamenten zersetzt werden. Dann besteht keine Lebensgefahr mehr für Menschen wie meine Tochter. Daher hatte man den drei Wissenschaftlern, deren Forschungsergebnisse der Entwicklung von Medikamenten gegen Krebs dienen, den Nobelpreis verliehen.

Jetzt aber gab es diese Medizin noch nicht. Am 22. Mai aß meine Tochter die *Hpe'htou'*-Suppe, die ihre Freundin mitgebracht hatte, und sagte: „Hm, lecker", um ihr eine Freude zu machen. Am nächsten Tag aber konnte sie nichts mehr zu sich nehmen. Voller Lebenswillen und nicht bereit zu sterben, erinnerte sie ihre Mutter: „Mama, Zeit für die Medizin", denn sie wollte sie unbedingt nehmen, aber die Muskeln in ihrer Kehle arbeiteten nicht mehr. Als ich ihr mit einem Löffel Wasser zu trinken gab, griff sie selbst nach dem Löffel, konnte ihn aber nicht mehr heben. Am nächsten Tag musste ich ihr Wasser mit einem kleinen Teelöffel einflößen. Am Tag darauf musste ich kleine Wattebäuschchen mit Wasser tränken und auf ihre Lippen ausdrücken. Auch sprechen konnte sie nicht mehr. Als am 25. Mai meine ältere Tochter zu Besuch kam, sammelte sie alle verbleibende Kraft, um noch ein freudiges „Schwester!" herauszubringen. Als am 27. Mai mein großer Sohn zu Besuch kam, konnte sie nur noch verzweifelt schauen. Er sagte: „He Schwesterchen, ich bin da, dein Bruder Htun Htun, weißt du?", doch sie konnte nicht mal mehr mit einer Geste ihrer Hände reagieren. Ihr Bewusstsein mochte ihn wohl erkannt haben. Aber die Muskeln ihres Körpers hatten aufgehört zu funktionieren.

Es war beeindruckend, wie sie einer derart schlimmen Krankheit standhielt. Im Krankenhaus hatte sie nur zweimal geweint. Zu Hause, als der Tag ihres Todes immer näher rückte, beschwerte sie sich nur ein einziges Mal: „Oh Papa, wenn ich tot bin, verbrenn' dieses Bein, das mir soviel Ärger gemacht hat", hatte sie zornentbrannt gesagt. Da es ihr schlecht ging, gaben wir ihr fünf Valium, und sie schlief. Dann half auch das nicht mehr. Wir gaben ihr zehn. Als auch das nicht wirkte, rezitierten wir immer wieder das *Bojjhanga Sutta*. Wir predigten ihr den *Dhamma* und erklärten ihr, wie sie ihr Bewusstsein fokussieren müsste, um meditative Konzentration zu erlangen. Sie hörte zu: „Papa, ich achte auf meinen Atem. Aber es geht nicht." Buddha hatte gepredigt, dass Gesundheit eine der Voraussetzungen für die Meditation sei. Da half auch das *Bojjhanga Sutta* nicht mehr. „Ich habe schon Situationen erlebt, in denen ich leicht eine Verfehlung mit anderer Leute Ehefrau oder Tochter hätte begehen können, habe mich jedoch durch Achtsamkeit beherrschen können. Möge dieser Treue wegen das Leiden meiner Tochter gelindert sein und sie ruhig schlafen können!", schwor ich. Anfangs ging es noch, und sie schlief tatsächlich. Später gewann ein mächtigeres *Kamma* die Oberhand, und sie konnte nicht mehr schlafen. Während sie nicht zur Ruhe kam und es kaum mehr aushielt, biss sie die Zähne zusammen und sagte aus Sorge um den Schlaf ihrer Mutter: „Mama, schlaf … schlaf!" Dann konnte sie auch das nicht mehr sagen.

Als ihr Bruder am 27. kam, konnte sie ihm nicht mal mehr ein Zeichen geben.

Am 29. Mai gab mein Sohn mir das Geld, das er bei sich hatte. „Lass mal, ich komme schon zurecht. Fahr, wenn du zurück musst", sagte ich. Er nahm an einem Lehrgang für Staatsbedienstete teil. Am nächsten Tag Nachmittag um fünf Uhr war Rückmeldeappell, und am Tag darauf würden sie Prüfung haben. „Ich denke, deine Schwester wird heute Abend sterben. Wie ich es einschätze, wird sie Mitternacht nicht mehr erleben."

Obwohl er schon jemanden nach Pyinmana geschickt hatte, um eine Busfahrkarte zu kaufen, beschloss er nach meinen Worten, nicht zu fahren, wie ich später erfuhr. (Er hatte auch keine Fahrkarte bekommen.)

Ich hatte mich auf eine Bank am Fußende von Way Way Soe's Bett gelegt und döste, als meine an ihrer Seite wachende Schwester Htway zu weinen begann und rief: „Bruder, steh auf und komm, Way Way Soe lebt nicht mehr!" Ich stand auf und vom Bett ihrer Mutter aus ertönte lautes Weinen und Wehklagen von Freundinnen, Schülerinnen und ihrer Mutter selbst. Tatsächlich. Sie war ganz still. Ich setzte mich neben sie und hielt meine Wange unter ihre Nase. „Sie ist noch nicht gestorben." Da ihr die Kraft zum Atmen fehlte, hatte Htway geglaubt, sie habe aufgehört zu atmen. Ganz wenig Luft aber strömte noch durch ihre Nase. Mein Sohn und die Neffen aus dem Nachbarhaus waren inzwischen auch aufgestanden und gekommen. Ich rezitiere noch einmal das *Bojjhanga Sutta*. Nach dem dritten Vers vom *Acinteyya* des *Kyithe Layta' Sayadaw* starb sie. Es stimmt, dass ein Sterbender, an dessen Seite heilige Texte rezitiert werden, vor seinem Tod dreimal mit dem Kinn zuckt. Zweimal zuckte ihr Kinn. Beim dritten Mal fehlte ihr die Kraft dazu; nur ein leichtes Zittern an der rechten Seite ihres Halses bemerkte ich. Schon als ihr

Kinn das zweite Mal zuckte, wurde meine Stimme tonlos. Ich rezitierte weiter, bis das Leben vollends aus ihr gewichen war. Erst als meine Stimme ganz wegblieb und die Tränen aus meinen Augen strömten, hörte ich auf zu rezitieren.

Nachdem Way Way Soe, die in der ganzen Zeit, da sie der schlimmen Krankheit Widerstand leistete, bis auf zweimal nie geweint hatte, von uns gegangen war, blieben wir alle weinend zurück. Meine Tochter, die stets darauf bedacht gewesen war, dass ihretwegen niemandem Umstände, Kummer oder Leid entstanden, war dem Tod mutig entgegengetreten und hatte überdies ihrem geliebten Vater, auf den sie sich stützte, eine Menge *Kudhou* hinterlassen.

Bekannte von mir und völlig unbekannte Leute haben sie voller Mitgefühl mit insgesamt etwa 250.000 Kyat unterstützt. Dr. Lun Swe, Oberst Hla Moe, Oma Tin Nyo, *Saya* Ye Hpone Khaung, Dr. Lwin Han, Aung Thwin und Dr. Sandar Win aus Taungoo, Mi Mi Lay (Yinmar Pin), mein Freund Myaing, mein Schüler Polizeileutnant Maung Zaw Moe, Polizeileutnant Maung Saw Naing, Dr. Thant Zaw Win sowie Schüler, Verwandte, Kollegen aus der Zuckerfabrik, die sie bis zu ihrem Tod Tag und Nacht begleitet, gepflegt haben, Ärzte, Heilkundige und Krankenschwestern …

Allen diesen Personen sende ich Tag für Tag Wohlwollen, gewinne so ständig an *Kudhou* und säe eine Saat der Tugend. Die Macht dieser Meditation des Wohlwollens hat für mich schon Dinge leicht möglich gemacht, die für andere schwierig oder trotz großer Anstrengungen kaum zu erreichen sind. Davon bin ich überzeugt.

Das Leben meiner Tochter bot weder in Bett 59 noch in Bett 13 Anlass zur Zufriedenheit. Das *Kudhou*, das sie mir hinterließ aber bietet die Chance inneren Friedens, und ich verstehe es als Gewinn aus dem Verlust meiner geliebten Tochter.

(Maung Ko Ko … Die um meine Tochter geweinten Tränen verfliegen nicht als flüchtiger Schauer, sondern sind verwandelt in einen mächtigen Strom des Wohlwollens.)

Die Nacht aus dem Meer ist eine Padaukblüte

Zaw Zaw Aung

ပင်လယ်ထဲကညသည် ပိတောက်ပန်းဖြစ်၏

ဇော်ဇော်အောင်

Zwar sagte jemand, dass der Padauk morgen blüht, doch es ist schwer zu glauben. Das wird wohl jemand sein, der Blumen zum Blühen bringt. Aber die Blumen, die aufblühen werden, sind nicht der, der sie blühen lässt. Es sind eben doch nur Blumen, die blühen. Der glaubhafteste Beleg ihres Aufblühens ist das Blühen selbst.

Ich liebe Padaukblüten. Oh, morgen sollen sie blühen. Wie aufsteigenden Zigarettenrauch sehe ich in der Ferne umgekehrt einen Wasserfall. Braungrüne schleimige Moosschichten nur umhüllen die glatten, runden Steine. Schwach ist das Rascheln des Batiklongyis mit gelbem Rankenmuster im Wind zu hören. Sie hatte es schon mal gesagt. Die Liebe muss unerwartet über einen kommen. Wenn zusammen mit Blitz und Donner vom hohen Himmel unverhofft ein Sturm ins Dasein fegt, wird das ganze Leben bewegt, wandelt sich, wird ruhelos, sehnsuchtsvoll, und es ist, als ob man wie ein wirbelndes Blatt in einen tiefen Abgrund stürzt.

Über den Sturm namens Liebe sagte mal jemand: Da läuft nichts nach Programm. Die Liebe ist planlos. Der Anfang ist Liebe. Die Mitte ist Liebe. Das Ende ist Liebe. Als ich mich in ein Mädchen mit heller Haut, schmalen Augen, doppeltem Eckzähnchen verliebt hatte, war am Anfang Liebe, in der Mitte Liebe, am Ende Liebe. Wenn dem so ist, verschwindet alle Reihenfolge, Anfang, Mitte, Ende sind gar nicht mehr da. Das Blatt, das die Reihenfolge verkündet, habe ich zerrissen und weggeworfen.

Draußen ist es trübe. Vom Regenwasser aufgeweicht liegen die Papierschnipsel nutzlos herum. Der Milchtee in der Schale wird mit der Zeit fad. Ich glaube nicht, dass morgen früh die Padaukblüten aufgehen.

Auf der Sandbank am Rande des Strandes von Maungmakan steht ein kleiner überdachter Getränkekiosk. Ihre Füße sind sehr schön. Sie mag Sandaletten mit schmalen Riemchen. Zumindest die Spur ihres bloßen Fußes, die im Sand zurückbleibt, ist sehr schön. Als ich sage, dass die Welle, die ans Ufer rollt, irgendwann, irgendwo auf ihrem Rücken wie ein Floß die flügellahme Möwe tragen wird, versteht sie es nicht.

Tatsächlich versteht die Kleine mit den schmalen Augen und dem doppelten Eckzähnchen, in die ich mich so verliebt habe, überhaupt nichts. Sie versteht weder, dass man das Glas Limonade mit ein, zwei Blättchen Basilikum trinken soll, noch versteht sie, dass die Hoffnung auf Freiheit mehr wert ist als die so schwer zu erlangende Existenz als Mensch. Sie versteht weder, dass es in der Kunst keine andere Aufgabe gibt, als die Größe des Menschen zu zeigen, noch, dass es nötig ist, das Trinkwassergefäß regelmäßig zu reinigen und mit frischem Wasser zu füllen sowie den Fußboden regelmäßig zu säubern, damit er glänzt.

Möge ein Gedicht bloß ein Gedicht sein, sie versteht auch nicht, wenn ich sage, dass es keinen Reim braucht. Und wenn ich sage, dass manche Menschen nichts als Leere im Kopf haben, versteht sie es nicht. Und wenn ich ihr sage, dass ich sie sehr liebe, versteht sie es nicht. Ich verstehe nicht, warum ich dieses Mädchen mit den schmalen Augen und dem doppeltem Eckzähnchen, das Riemchensandaletten mag und wunderschöne Zehen hat, so sehr liebe. Von der Veranda des Bau-Bungalows am äußersten Rand hat sie mit mir zugeschaut, wie die Sonne im Meer versinkt. Damals hat sie ihren Kopf an meine Schulter gelehnt. Das langärmlige Männerhemd umhüllte gierig ihren winzigen Körper. Ich glaube, ich verstehe, warum Mädchen weite Männerhemden mögen. Das Hemd war ziemlich feucht. Weil von ihrem duftenden kurzen Haar nach dem Bad Wassertropfen rannen, glaube ich. Der frische Duft ihres Körpers kreuzigte den Menschen namens Zaw Zaw Aung auf der Stelle und nahm ihm den Atem.

Als die Sonne untergegangen war, schillerte die Wasseroberfläche von Maungmakan sonderbar. Die hundert Feuer in meiner Brust brennen friedlich. Die Liebe lebt vom Licht. Am Strand von Maungmakan schimmerte das Licht der Liebe. Der weiche, feuchte Sand war noch warm. Unser Altersunterschied war genau zwanzig Jahre, drei Monate und vier Tage. Als ich leidenschaftlich ihren kleinen Körper umfing, ging am östlichen Horizont der Mond auf. Sie nannte mich „U Zaw Aung". Das war lachhaft. Aus dem Meer tauchte ein Fels auf. Ein rotbärtiger Kiebitz rief drei Mal seinen Namen und flog vorbei. Die Wellen schlugen unaufhörlich an Land. Der eintönige Klang der Wellen wurde allmählich tosend. Auf dem nassen Sand waren die verschnörkelten Spuren der Strömung zu sehen.

Das Mondlicht umfasste den dunklen Felsenvorsprung. Ich hörte undeutlich, wie die Elektroorgel ausprobiert wurde. Sie spielte eine Melodie ohne Text. Mir war nicht klar, dass es das Reyamun- Pa'pyou aus dem Stück „Meeresrauschen" war. Als sie fragte: „Was bedeutet „Ich liebe dich.", U Zaw Aung?", habe ich nicht über eine Antwort nachgedacht. Ich wusste nur, dass die Frage lächerlich war. Betäubender Fischgeruch hing in der Luft. Der Duft des welkenden Jasminkranzes, den ich am Morgen in Dawei gekauft hatte, mischte sich mit dem Fischgeruch. Im Duftstrudel, der am Zusammentreffen beider Gerüche entstand, versank ich.

Das Mädchen mit der hellen Haut, den schmalen Augen, dem doppelten Eckzähnchen und Füßchen, denen Riemchensandaletten am besten in Myanmar standen, verwirrte mich total. Rasendes Begehren ergriff von mir Besitz.

Ein Haus ist etwas zum Wohnen. Nach ihrer Meinung gibt es zwei beste Orte, ein Haus zu bauen. Der eine ist auf einem Berg, der andere auf dem Grund einer Schlucht. Ein in der Ebene gebautes Haus ist nicht interessant, sagt sie. Beim Haus auf dem Berg zum Beispiel ist es so: Nachdem man den ganzen Tag gearbeitet hat und abends heimgeht, kann man es von weitem sehen. Um es zu erreichen, muss man hinaufsteigen. Wenn man die Höhe erklimmt, wird man ein wenig außer Atem kommen. Es ist ein Genuss, auf einmal das stille, schöne Häuschen zu erreichen, nachdem man erst Erschöpfung durchlebt hat, sagt sie. Sich mit dem Bewusstsein des eigenen Heims unbeschwert und entspannt auf der untersten Stufe der Treppe niederzulassen, ist Genuss, sagt sie. Sie scheint zu glauben, dass es nötig ist, einen Berg zu besteigen, Anstrengung vorauszuschicken, um in den Genuss zu kommen, sich erschöpft im eigenen Heim niederzulassen.

Analog muss man, um das Haus im Grunde einer Schlucht zu erreichen, hinabsteigen. Obwohl es in die Erde gehauene Stufen geben mag, ist das Hinabsteigen anstrengend. Die Beine werden müde. Es ist zwar nicht sehr schwer, das Tempo beim Hinabsteigen zu kontrollieren und zu bremsen, aber man muss aufpassen. Nachdem man so angespannt hinabgestiegen ist, kann man schließlich drei-vier Schritte zum Haus frei laufen und sich wie oben beschrieben erschöpft auf der Treppe niederlassen. Das ist Genuss.

So wie das Hinaufsteigen auf den Berg ist auch das Hinabsteigen in die Schlucht anstrengend. Diese Erschöpfung steigert die Behaglichkeit des Hauses, erhöht seine Wirkung als Zuflucht, sagt sie. Dass dieses mehr als zwanzig Jahre jüngere Mädchen solche seltsamen, mir nie gekommenen Gedanken hegt, ist beachtlich.

Wenn es auch nicht weiß, dass im Gedicht Reim unwichtig ist oder wer kürzlich als Träger des Literatur-Nobelpreises bekannt gegeben wurde, so weiß es doch, wo man ein Haus bauen sollte. Wenn es auch nicht weiß, dass die klassische Musik von Chopin und Tschaikowski keinen Text enthält, dass es in den Gemälden von Mondrian keine Berge, Wälder, Flüsse, Menschen und andere belebte und unbelebte Formen gibt, dass Dorfstatthalter Sein Beda, der den Ehrentitel Ney-myou-bala-kyo-thu (*Der stärker ist als einer vom Stamm der Sonne*) inne hat, einige Stücke ohne Gesang vorträgt, dass der Ananda-Tempel von Bagan ein Gedicht in Ziegel und Mörtel ist, so ist doch, dass sie über Häuser Bescheid weiß, eine Sache, die man der Welt mitteilen sollte, denke ich.

Eine Ausnahme nennt sie: Wenn sie mit mir zusammenleben würde, dann könnte ihr auch ein einstöckiges Häuschen am Meeresufer gefallen. Und dann sagt sie noch, dass sie so nachgeben kann, weil sie mich liebt. Sie ist mit mir zusammen. Wir treten wieder auf die Veranda an der Vorderseite des Bau-Bungalows und setzen uns.

Der Mond steht ziemlich hoch. Obwohl mir der Wind vom Meer her warm erscheint, ist die Haut meiner Oberarme kühl. Dass der Duft des Orangenshampoos aus ihrem Haar mit der Zeit an Intensität nachlässt, gefällt mir. Ich höre ein Blatt vom Eukalyptusbaum auf den Sandstreifen in der Ferne fallen.

Wieder setzt sie vor meinen Namen die Anrede „U" wie Onkel. Wir hatten von Anfang an einvernehmlich vereinbart, dass sie das tut. Aber ich möchte diese Vereinbarung abschaffen. Wenn ich genau überlege, ist es, als ob mir diese Anrede gefällt. Bei dem Altersunterschied zwischen diesem Mädchen, das seinen Kopf an meine Schulter lehnt und ununterbrochen redet, und mir, ist das vielleicht angebracht. Egal, wie unterschiedlich das Alter ist. Soll sie mich doch Onkel nennen, entscheide ich still für mich. Die kühle Brise trägt peinlichen Tratsch herbei. Ich schütze sie, indem ich sie mit meinem ganzen Körper umarme. Im Blumenkorb ist eine behaarte Raupe mitgekommen. Ihr Bauch ist grün, und ihre vielen Füße sind leuchtendrot und zart.

Morgen wird der Padauk aufblühen, hat zwar jemand gesagt, aber mir fällt es schwer, ihm zu glauben. Mi Mi Wa … in Kalaw möchte sie wohnen. Möchte in einem kleinen, roten Auto mit flachem Dach fahren. Möchte das Video von Conan dem Barbaren immer wieder einlegen und bis zum Morgengrauen sehen. Möchte heißen Reis essen, mit Butter geknetet und etwas Zucker bestreut. An den Abenden, an denen sie keinen Film oder kein Video sieht, möchte sie um halb zehn schlafen gehen, in der Mitte der Nacht drei Mal Wasser trinken, im ersten Morgenlicht noch einmal Wasser trinken und vormittags um halb elf aufstehen.

Wenn sie beim Aufwachen die Augen öffnet, soll direkt vor ihr auf dem Fensterbrett eine Vase mit einem Zweig violetter Orchideen stehen. Wenn sie den Lack von ihren Fingernägeln entfernt, möchte sie, dass es schnell geht. Sie möchte, dass Myanmar ein Land ist, in dem es nicht eine einzige Krähe gibt. Wenn sie mich U Zaw Aung nennt, möchte sie, dass ich ungehalten aussehe und tue, als ob es mir missfällt. Außerdem möchte sie, dass wir zwei ein Häuschen bauen – ob auf dem Berg oder in der Schlucht – und zusammenleben. Obwohl man die Wünsche von Mi Wa nicht absonderlich nennen kann, habe ich manchmal schon überlegt, ob sie nicht chaotisch sind. Oder ob dieses Fehlen von Ordnung selbst Programm ist. Wenn Mi Wa lacht, kneift sie die Augen zusammen, aber ihre Füßchen sind sehr schön.

In dem Moment, in dem ich zum neuntausendsten Mal weiß, dass mein Herz schwarz ist, weiß ich auch, dass das von Mi Wa schneeweiß ist. Die vom Wasserfilter in der Ecke der Veranda fallenden Tropfen klingen sehr rhythmisch. Wenn man sie beschleunigen oder verlangsamen könnte, möchte ich das tun. Einen überaus schönen, gleichmäßigen, geregelten, makellosen Lebensrhythmus mag ich nicht. Deshalb, denke ich. Wenn Mi Was Atem schneller oder langsamer geht, wird mir wohl ums Herz. Mir ist, als ob etwas schön, bezaubernd, schade ist. Wenn auch die Blütenblätter der Rose gleichmäßig und harmonisch sind, gibt es so etwas im Himmel nicht; die Gefühle ergießen sich über den Tellerrand.

Das Licht des Mondes ist fahl. Die Wellen, die ich vorhin nicht gehört habe, werden wieder laut. Ob ich sie wahrnehme oder nicht, hängt von der Aufmerksamkeit ab. Die Ornamente auf Mi Was *Longyi* ahmen ein Lied nach. Den Klang des den Sand durchdringenden heißen, weißen Salzschaums glaube ich laut vom Sandstrand zu hören. Was ist am anderen Ende des Meeres? Was ist am anderen Ende des Lebens? Was ist am anderen Ende der Haare, wenn man aus dem Schädel das Hirn entfernt? Wenn man die schlanken Oberarme Mi Was herausreißt, was wird man dann wohl tief im Innern finden? Was ist auf der anderen Seite der Mündung der 155 Millimeter-Haubitze, auf die eine gelbe Chrysantheme gesteckt ist? Was ist am anderen Ende des Magens eines Kindes, das noch nicht gegessen hat?

Am anderen Ende der Stelle, wo ein roter und ein schwarzer Lederstreifen der Riemchensandaletten Mi Was verbunden sind, befindet sich der glückliche Glaube Zaw Zaw Aungs, dass alles wirklich ist. Weit weg bellen Hunde. Das auf die glatte harte Rückseite der Kokoswedel fallende Mondlicht bildet funkelnd kleine Kreise. Als in einen solchen Mondlichtkreis ein anderer hineingeht und in die Ferne entschwindet, habe ich gut verstanden, dass die verbleibende Stille unnachahmlich friedlich ist.

Ich glaube, die Perle, die süß Lieder singt, hat gesagt, dass sie alles satt hat. Wir sind sehr vergnügt. Einzeln betrachtet, ist die eigentlich gar nicht hübsche Mi Mi Wa alles in allem mit millionenfachem Charme als Bildnis leuchtender Schönheit in den Strand von Maungmakan gemeißelt. Die Liebesgöttin Venus ist breithüftig und hat einen Schmerbauch. Das Lächeln der Mona Lisa ist seelenlos und ihre Brust viel zu flach. Die Schultern von Raquel Welch, die den schönsten Rücken der Welt haben soll, sind viel zu breit. Makel gibt es immer! Die hellhäutige kleine Mi Mi Wa ist nicht nur akzeptabel, sondern sogar ein Mädchen, wie man es sich nur wünschen kann. Mit ihr zusammen zu sein ist ein wunderbares Glück, dem man sich nicht zu entziehen vermag. Manchmal erneuert sich der Duft aus einer alten Blüte. Ich habe schon mal gesagt, dass jene Liebe in allen Dingen ein Gedicht ist. Dass Mi Mi Wa ein reimloses Gedicht ist, erzählen ihre Fußabdrücke im feuchten Sand. Die öden Gedichte, starren Formen und Muster sind feierlich in das lodernde Feuer des Abschiedwinkens zu werfen. Der Vogel Phönix mit leuchtend rotem Gefieder und blutroten Augen wird aufspringen, fliegend die Welt drei Mal umrunden und segnen, glaube ich. Das mit Schande verpfuschte Dasein Mi Mi Was kann ich nicht bestreiten.

Das weiß der Strand von Maungmakan. Das Mondlicht auf den Wedeln der Kokospalme weiß das. Der blaue Dunst, in dem sich Salz- und Fischgeruch mischen, weiß das. Die Wassertropfen, die vom Filter fallen, wissen das.

Ist Liebe Besitz, Rückzahlung, Erlangung, was ist es, Lüge? All das gilt nicht mehr, denke ich. Jemand hat gesagt, dass sie eine Übernahme von Verantwortung ist. Diese Worte sind ungefähr sechstausend Jahre alt. Dass meine Liebe die Verantwortung für die ganze Mi Mi Wa übernommen hatte, ist so seit dem ersten vom Salzwasser des Meeres durchtränkten Traum; dazu ist nichts weiter zu sagen. Ich habe Mi Mi Wa in das Sandelholzkästchen mit Blumenschnitzerei gelegt, trage es in meinem Kopf, in dem sich nichts befindet, und werde zum Ort hinter dem zweiten Horizont reisen. Weil ich die regenbogenfarben leuchtende, großartige Torheit zu hohem Preis für das ganze Leben schon gekauft habe, ist nichts mehr zu bedenken. Mi Wa habe ich bei Meile 21 auf dem Weg nach Pyin Oo Lwin erstmals getroffen.

Blüht der Padauk am Strand von Maungmakan? Die überlange Nacht ist in Stücke zerbrochen. Es ist, als ob mich das laute Schimpfen der Geckos an etwas erinnert. Die Blätter fallen ab. Die Luft verrottet im ganzen in sich abgeschlossenen Ort. Ich weiß nicht, woher das Licht kommt, das immer wieder aufleuchtet. Aber es ist sehr schwach. Der Geruch der Unzufriedenheit hält das bezuglose Kopfkissen umfangen. Die Ziffern auf dem weißen Blatt sind größer als nötig. Begebenheiten, die man wohl nie vergessen kann, bewegen sich. Was geschieht mit wem? Die Früchte von den höchsten Zweigen mögen die süßesten sein. Eine aus Elfenbein geschnitzte Vogelfigur verlässt den Gefährten und bemüht sich, ein Lied zu trällern. Da singt im smaragdgrünen Bambushain der hauslose Vogel nicht mehr.

Obwohl ich weiß, dass ich dem Morgen erst begegne, wenn der Himmel hell wird, suche und lese ich in einem Teil der Nacht ein Gedicht. Der leise Atem Mi Mi Was ist erfüllt von Mitleid wie ein falsch zusammengesetzter Reim. Der Gedanke, die übermäßige Länge der Nacht mit Hoffnung zu bändigen, sollte nicht vergebens sein. Das Mondlicht hat sich in einer angerosteten Kondensmilchbüchse verborgen. Die frische Brise, die die Erschöpfung vertreibt, ist zwischen die Steine, die Algen unter dem Meeresspiegel gegangen. Ich habe Sehnsucht, Sehnsucht. Mein ganzer Kopf ist wund, weil ich immer wieder Worte herausgequetscht habe; und ich habe keinen Ort gefunden, um meinen Kummer sicher zu verwahren.

Am Strand von Maungmakan blüht der Padauk nicht; die Blüten sind abgefallen. Am Strand von Maungmakan blüht der Padauk nicht, und doch blüht er am Strand von Maungmakan. Mi Wa ist ein Zweig Padauk-Blüten. Dieser Zweig Padauk-Blüten hat ein Paar dünne Riemchensandaletten an. Am Strand von Maungmakan genießt Mi Wa sorgenfrei den Schlaf. Ich gehe in die Nacht. Wenn du mitkommst, steh doch auf, Mi Wa …

Die Nacht im Kanal

Zeyya Linn

ရေမြောင်းထဲကည

ဇေယျာလင်း

Durch Vaters Kommentar wurde alles noch schlimmer. „Erschießen wäre das Beste", sagte er.

Solche Bemerkungen waren typisch für Vater. Manchmal, wenn er ganz plötzlich in rasende Wut ausbrach, schrie er: „Ich erschieß dich!"

Anfangs hatte er ziemliche Angst vor Vaters Drohungen gehabt und hatte, ganz fest die Hand der Mutter fassend, bei ihr Schutz gesucht. Er hatte nicht gewagt, den Vater anzusehen. Er hatte Vaters Stimme nicht hören wollen. Aber er hätte ja nirgendwohin weglaufen können. Wenn ihm wegen Vaters Drohungen vor Angst die Tränen gekommen waren, hatte er fürchten müssen, erneut beschossen zu werden, und war in die Arme der Mutter geflüchtet. Und dann hatte Vater auch auf Mutter gezielt.

Später dann hatte er keine große Angst mehr. Nun nahm er seinen Mut zusammen und schoss einfach im Spaß zurück. Wenn Vater wutentbrannt: „Ich knall dich ab!" brüllte, würde er, den Daumen aufgerichtet, mit dem Zeigefinger zielend auf Vater schießen. „Peng." Wenn er Vaters Wut ins Herz traf, dann kam meistens langsam dessen Lächeln wieder durch. Vater hatte als Waffen auch nur seinen Mund und seine Fingerpistole.

Diesmal hatte Vater wohl Recht mit dem, was er sagte. Recht wie so oft.

„Erschießen ist da einfach das Beste. Habt ihr das noch nie in den Cowboyfilmen gesehen? Wenn sich da ein Pferd oder eine Kuh ein Bein brechen, werden die immer erschossen. Der Gnadenschuss, mit dem man ihnen das Leiden erspart."

„Könnte man nicht versuchen, sie mit einem Seil rauszuziehen?" Mutter war anders als Vater. Sie war sanftmütig, empfindsam. Sie wurde niemals laut. Erstaunt hörte er ihre Frage und musste innerlich lächeln. Mutter wusste nur zu gut, was er eigentlich fragen wollte. Überhaupt verstand Mutter meistens, was in seinem Innersten vor sich ging. Obwohl sich Mutters Frage an Vater richtete, fragte sie es wahrscheinlich für ihn, dachte er.

„Und selbst wenn! Was soll's? Sie hat sich doch sowieso alle vier Beine gebrochen. Außerdem, wie soll man in diesen Kanal reinkommen? Und abgesehen davon, wie um alles in der Welt soll man die Kuh da rausholen?" (Vaters Stimme wurde lauter und härter, und seine Augen traten ein wenig aus den Höhlen.) „Die ist doch genauso breit wie der Kanal. Da kann man die gar nicht bewegen."

Danach redete Vater auf Englisch mit Mutter weiter. Ein Wort war dabei, das er verstand. „Shoot." Als er klein war, hatte Mutter immer geschimpft, wenn er kleine Insekten oder Ameisen zum Spaß getötet hatte. Im Kindergarten mussten sie buddhistische Verse aufsagen. Und abends vor dem Schlafengehen rezitierte er mit Mutter zusammen: „*Panatipata ceramani sikkhapadam samadhiyami*." Vater sah man sehr selten beten. Nur wenn zuweilen ein Mönch kam, kniete er vor ihm nieder und verneigte sich ehrfurchtsvoll bis auf die Erde. Woher kam es nur, dass Vater andere umbringen wollte?

„Heißt das denn, dass man gar nichts für die arme Kuh machen kann?", fragte er zaghaft. Vater war sehr klug, klüger als Mutter. Wenn Vater ihn mit aufgerissenen Augen fragen würde: „Bist du verrückt?", müsste er sich schämen. Aber in seiner Brust und im Bauch fühlte er etwas wie Schmerz. Die Kuh, die in den Abflusskanal gefallen war, tat ihm Leid. Er wünschte, es gäbe die gute Fee aus den Märchen wirklich. Vater schüttelte den Kopf. Es sah nicht so aus, als ob er noch weiterreden wollte.

„Erklär es doch so, dass der Junge es versteht.", sagte Mutter in besänftigendem Ton zu Vater. Vater leerte seinen Teller und sagte: „Das versteht er doch sowieso nicht." Dann stand er vom Tisch auf und ging in die Küche. Er hörte dem Plätschern des Wassers und dem Geräusch des Händewaschens zu, und er starrte gedankenverloren vor sich hin. Als er in der Schule war, war eine Kuh von irgendwoher irgendwie in den Kanal gefallen. Seit er aus der Schule zurück war, hörte man das langgezogene Blöken der Kuh aus dem großen Abflusskanal, der entlang der Hauptstraße vor dem Haus verlief. Die

Leute auf der Straße warfen einen Blick in den Kanal hinunter und gingen weiter. Eine Gruppe Männer war gekommen, um es sich anzusehen, und war dann wieder fortgegangen.

Wie sehr er auch versucht hatte, von der Veranda vor dem Haus aus einen Blick zu erhaschen, er hatte nur den Rand des Kanals sehen können. Von dort hatte man immer wieder das Blöken aus dem Kanal hören können. Er hatte hingehen und nachsehen wollen, aber er wusste, das konnte gefährlich sein. Einmal war ein Junge seines Alters zu dicht rangegangen und hineingefallen, hatte sich am Kreuz schwer verletzt und einen Schädelbruch zugezogen.

Er wollte keine Blutstropfen sehen. Er konnte kein Blut sehen. Dass es ein bisschen wehtat, wenn man sich unversehens verletzt hatte, war ja nicht so schlimm. Aber wenn er Blut sah, musste er immer weinen. Und wenn er in Vaters Gegenwart weinte, dann wurde er immer angeschrien: „Was bist du denn für einer? Bist du ein Mann oder ein Mädchen? Soll ich dir die Eier abschneiden? Ich erschieße dich!" Wenn andere sich etwas getan hatten, litt er immer mit. Einmal, als sich Vater an der Hand geschnitten und geblutet hatte, da hatte er weinen müssen. Vater hatte die Wunde mit dem Finger zugedrückt und ihn angeschrien. „Wag es nicht, vor meinen Augen zu heulen! Raus mit dir!", hatte er ihn wütend hinausgejagt. Und er hatte schnell die Tränen abgewischt und schluchzend in seinem Zimmer weitergeweint, ganz leise, so dass Vater es nicht hören konnte.

„Sohn, iss schnell auf. Woran denkst du denn?" Er sah die Mutter an. Vater war jetzt vorne im Haus wahrscheinlich mit seinen Akten beschäftigt. Oder vielleicht las er auch ein Buch. Mutter räumte schon die Schüsseln mit den Essensresten ab.

„Ich habe keinen Hunger mehr", sagte er leise, damit Vater es nicht hörte.

„Iss doch! Oder soll ich dich noch füttern? Los, ich habe extra gekocht, was du so gerne magst. Nun iss schon." Mutter schob ihm einen Happen Reis mit etwas Hühnerfleisch in den Mund. Er horchte angespannt. Es war kein Muhen zu hören. Vielleicht war sie auch schon tot? Noch einen Happen. Während er das Essen langsam kaute und hinunterschluckte, wollten ihm die Tränen kommen. Sein Herz krampfte sich zusammen. Er schüttelte den Kopf.

„Ich will nichts mehr essen, Mama. Ich bin schon satt."

Die Mutter strich ihm über den Kopf. „Das ist doch nicht so schlimm, Kindchen. Kühe sind eben so. Die sind so dumm. Die fallen dauernd irgendwo rein." Als Mutter nicht weiter redete, sah er sie fragend an. „Wenn sie die erst mal rausgezogen haben, ist nach ein, zwei Tagen alles wieder in Ordnung."

„Warum holt man sie dann nicht raus, Mama? Lass uns hingehen, wir ziehen sie zusammen raus!"

Als Mutter den Blick abwandte, war er ihr ein bisschen böse. Sie stellte die Teller übereinander und sagte, ohne ihn anzusehen: „Das würden wir doch nie schaffen, Kindchen… Los, geh' dir den Mund waschen, und dann machen wir zusammen die Mathe-Aufgaben."

Im nächsten Augenblick fuhr ein langgezogener Laut in sein Herz. „Muuuhh". Darauf hatte er gewartet.

„Oh! Hörst du, Mama? Sie ist doch noch nicht tot!" Als ihm dieser Freudenschrei entfuhr, bekam er einen Schreck, weil Vater es vielleicht gehört haben könnte.

„Die stirbt doch nicht. Du bist mir einer… Los, geh' dir die Hände waschen, und dann ab nach vorne."

„Die arme Kuh, nicht wahr Mama?"

Die Mutter brachte, ohne etwas zu erwidern, die Teller in die Küche.

Vorn im Haus lag Vater in seinem Liegestuhl und las. Auf Vaters Gesicht spiegelten sich die Farben des Gemäldes an der Wand wider. Eine winzig kleine Shwedagon Pagode leuchtete blassgelb auf seinem Gesicht. Vater sah auf, warf ihm einen kurzen Blick zu und las dann weiter. Wenn er las, wollte Vater nicht gestört werden. Am liebsten hätte er Vater gebeten, zusammen zum Kanal zu gehen und nach der Kuh zu schauen. Er wusste ja nicht einmal, welche Farbe sie hatte. Ob ihre Hörner noch ganz klein waren oder schon groß? Ob es ein Bulle war oder eine Kuh? Woher sie kam, und ob ihr Besitzer nichts mitbekommen hatte? Aber er traute sich nicht, Vater zu stören. Sicher würde er wieder laut werden. Er ging am Vater vorbei auf die Veranda vor dem Haus.

„Muuuhh".

Es war, als ob sein Körper einen Schlag erhalten hätte. Das Eisengeländer der Veranda umfassend, sah er angestrengt in die Richtung, aus der das Muhen gekommen war. Die Sonne war schon untergegangen, und die Straßenlaternen waren an. Autos und von Menschen überquellende Busse fuhren vorbei. Eine Traube von Kindern und drei, vier Erwachsenen standen da und sahen in den Kanal hinunter. Als ein Junge einen Stein hineinwarf, hörte man wieder ein „Muuuhh".

„Papa, Papa!", entfuhr es ihm laut, und sofort erschrak er wieder. Vater las doch. Gleich würde er ihn anschreien. Er wurde innerlich ganz klein. Ängstlich sah er zum Vater hin. Der hob den Kopf und fragte in strengem Ton: „Was ist los?" Die Augen hinter Vaters Brille verrieten, dass er gleich böse werden würde.

Sein Vorhaben war damit hinfällig geworden. Gerade in dem Moment, als er daran gedacht hatte, Vater ganz ruhig und höflich zu fragen, ob er mit ihm zusammen hingehen und ihm die Kuh zeigen würde, weil er sich allein nicht traute, war ihm der Schrei entfahren.

„Hast du keine Hausaufgaben auf? Was treibst du da eigentlich?"

„Die mach' ich gleich mit Mama zusammen, wenn sie mit dem Abwasch fertig ist, Papa."

„Verschwende keine Zeit! Mach sie jetzt sofort. Oder soll ich dich gleich auch in den Kanal schmeißen?"

Er erwiderte nichts und ging mit gesenktem Kopf seine Schultasche holen. In der Küche hörte man Mutter abwaschen.

„Muuuhh".

Im Geist buchstabierte er das englische Wort: si ou double-yu – cow. Die arme Kuh tat ihm leid.

Als er mit den Mathe-Aufgaben fertig war und sie Mutter zum Kontrollieren gab, waren vier von zehn falsch. Mutter ließ ihn nachrechnen. Bei viermal acht hatte er dreißig rausbekommen. Sie ließ ihn noch einmal das Ein-mal-Vier aufsagen. Normalerweise konnte er das auswendig. Heute ging es nur stockend. Während er überlegte, drang die Stimme aus dem Vorderzimmer: „He! Soll ich erst hinkommen?"

Wenn Vater käme, wäre seine Hand im Spiel. Vielleicht auch der Rohrstock. Mutter gab ihm ein Warnzeichen mit dem Kinn. Da riss er sich zusammen und sagte die Reihe weiter auf. Ein Stein fiel in den tiefen Kanal.

„Muuuhh".

Heute Nacht würde er gern bei Mutter schlafen. Vater war lange nicht auf Dienstreise gewesen. Wenn Vater nicht da war, konnte er immer bei der Mutter schlafen. Mutter erzählte ihm dann Geschichten. Er wollte beim Einschlafen die Mutter umarmen und mit den Beinen umklammern. Nicht etwa, weil er Angst hätte; er traute sich allein zu schlafen. Mutter bereitete ihm immer das Bett, steckte die Enden des Moskitonetzes unter die Matratze, küsste ihn sanft auf die Stirn und sagte: „Jetzt schlaf schon." Dann machte sie das Licht aus, und er schlief ein.

Vater würde schimpfen. „Du Nichtsnutz, du Memme! Ich werd' ihn dir abschneiden!", würde er brüllen. Er wollte kein Mädchen sein. Er wollte keine Memme sein. Er wollte ein tapferer, echter Mann sein. Wenn er einmal groß wäre, würde er Mutter nehmen und mit ihr weit weg gehen. Wenn dann Vater von seiner Reise zurückkäme, würde er weder ihn noch Mutter zu Hause vorfinden. In einem kleinen grünen Wäldchen würden er und Mutter sich ein kleines Häuschen bauen. „Für Papa kein Zutritt" würde er an den Eingang schreiben.

„Muuuhh".

Er sagte leise zur Mutter, so dass Vater es nicht hören konnte: „Mama, ich bin müde. Kommst du noch einen Moment zu mir ins Bett?"

„Du hast ja noch nicht einmal die Hausaufgaben fertig. Mach' die jetzt erst zu Ende."

„Und wenn ich fertig bin, kommst du dann?"

„Ja, aber jetzt los, weiter!"

„Die ganze Nacht?"

„Dann wird Papa aber schimpfen."

„Ach, Papa..."

Mutter sah ihn lächelnd an. Sie hielt beim Nähen der aufgerissenen Achselnaht von Vaters Hemd einen Augenblick inne. Vaters Hemd war riesengroß.

„Wenn du die Prüfung bestehst, wird Papa dir sicher kaufen, was du dir wünschst."

„Und wenn ich Klassenbester werde?"

„Dann würden Papa und ich uns natürlich sehr freuen. Dann kaufen wir dir Spielzeug und Anziehsachen. Papa und ich, wir wünschen uns beide, dass du ein guter Schüler bist."

Er überlegte einen Moment. Dann sagte er mit ernster Stimme ganz leise: „Ich will kein guter Schüler sein, Mama."

„Was…? Warum denn nicht?"

„Ich will nicht Bücher lesen so wie Papa."

„Willst du denn immer nur spielen?"

„Genau. Wenn ich einmal erwachsen bin, werde ich ganz stark sein, nicht wahr, Mama?"

„Klar."

„Kuck mal, ich habe jetzt schon Muskeln", sagte er und spannte seinen dünnen, Oberarm an. „Ich werde sogar mehr Muskeln haben als Papa."

„Na klar."

„Wenn dann wieder mal eine Kuh in den Kanal fällt, kann ich sie selbst wieder herausziehen."

„Gleich wird dein Vater kommen und schimpfen, dass du nicht deine Hausaufgaben machst."

In dem Augenblick ertönte wieder ein ganz langes „Muuuuhh".

„Mama, kann man da denn gar nichts machen?"

Mutter seufzte. Sie schimpfte nicht mehr, dass er auf das Ende des Bleistifts biss. Sie zog den Stift nur sanft zwischen seinen Zähnen heraus. Er wollte in Mutters Armen liegen und von ihr den Kopf gestreichelt bekommen. Als sie den Vater im Vorderzimmer aufstehen hörte, tippte Mutter ein paar Mal mit dem Zeigefinger auf das Buch. In jenem kleinen Wäldchen würden sie sich Rehe halten. Für Mutter würden sie ganz viele verschiedene Blumen pflanzen. Er würde ein tapferer, erwachsener Mann mit Riesenkräften sein. Vater wäre zu der Zeit schon ein hutzliger Greis. Würde ihm dann beim Sprechen der Speichel aus dem Mund laufen wie Opa? Wenn der ankam und ihn in den Arm nehmen wollte, lief er weg. Opa roch nicht besonders gut. Man könnte auch sagen, er stank. Ach du jeh… Vaters Schatten war schon unterm Vorhang zu sehen.

„Einmal zwei ist zwei, zweimal zwei ist vier, dreimal zwei ist sechs…"

Es regnete. Man hörte den Regen auf dem Dach. Er versuchte wieder einzuschlafen, als ihm die Kuh im Kanal einfiel. Bei dem Regen würde Wasser in den Kanal strömen. Und die Kuh würde ertrinken. Ihm war zum Weinen zumute. Neben den Geräuschen des Regens gab es auch die des Windes. Man konnte hören, wie der Sturm die Palmenwedel von nebenan immer wieder gegen das Dach schlug. Er wollte zur Mutter ins Bett gehen. Nicht dass er Angst vor dem Regen hatte. Er war tapfer. Das ganze Haus war dunkel. Und Mutter schlief schon.

„Muuuhh".

Inmitten des Unwetters konnte er ganz deutlich das Blöken vernehmen. Nun würde die Kuh wohl ertrinken. Kühe konnten nicht schwimmen. Außerdem hatte sie sich die Beine gebrochen. Sie würde sicher bald umkommen. Er wollte zur Mutter. Er presste sich ein Kissen über den Kopf und kniff die Augen zusammen. Er hörte das Klopfen der Regentropfen auf dem Dach. Das Licht der Straßenlaterne fiel ins Zimmer. Obwohl das Fenster geschlossen war, bewegte sich das Moskitonetz zuweilen. Er hörte die Palmenwedel gegen das Dach klatschen.

„Muuuhh".

Er wollte nachsehen gehen. Aber er traute sich nicht richtig. Die Kuh tat ihm Leid. Bald wäre er erwachsen. Sogar Muskeln hatte er schon. Und schwimmen würde er auch bald können. Dann würde er im Wasser wie ein riesengroßer Walfisch sein. Er wollte nachsehen gehen.

Er richtete sich auf, ohne ein Geräusch zu machen, rieb sich die Augen. hob das Moskitonetz ein wenig an und kletterte aus dem Bett. Mit leisen Schritten verließ er das Zimmer. Das Schlafzimmer der Eltern war auch dunkel. Er ging ins Vorderzimmer. Da das Licht der Straßenlaternen ins Vorderzimmer fiel, konnte er im Dunkeln den Tisch, den Stuhl und den Liegestuhl ausmachen. Die Tür zur Veranda war verschlossen.

Als er noch einmal das Blöken der Kuh hörte, wollte er schnell hinrennen und nachsehen. Die Verandatür konnte er nicht öffnen. Sie war oben mit einem Riegel zugemacht, an den er nicht rankam. Aber an den Fensterriegel kam er. Er schob den Riegel sacht hoch und drückte das Fenster langsam auf.

Mit dem Öffnen des Fensters waren die Regen- und Sturmgeräusche näher und lauter geworden. Durch den kühlen Wind und die Regentropfen, die ihm aufs Gesicht fielen, wurde es ganz kalt. Er fing ganz plötzlich zu zittern an, als ob er fröre. Gegen die hereinwehenden Tropfen suchte er in der Ecke neben dem Fester Schutz.

Draußen konnte er unter den Straßenlaternen den Kanal sehen. Unter einer Laterne war der Kanal erleuchtet, etwas weiter wurde er dann dunkel, unter der nächsten Laterne wieder hell und dann wieder dunkel. Von einer beleuchteten Stelle hörte er durch Regen und Sturm hindurch wieder das Muhen der Kuh. Er hörte und sah, wie die Regentropfen auf die Straße peitschten. Niemand war mehr auf der Straße. Wegen des Windes klemmte er das Fenster mit einem Keil fest.

Er starrte auf die Straße. Es war das erste Mal, dass er sie bei Nacht sah. Niemand war unterwegs, auch kein einziges Auto. Auf der einsam daliegenden Straße waren nur Regen und Wind zu hören. Staunend blickte er auf die vom Regenwasser überschwemmte Straße. Die Äste der großen Bäume auf der anderen Straßenseite wogten im Wind. Im Licht schimmerten die fallenden Tropfen in den Farben eines Regenbogens. Wo sie auf den Asphalt fielen, sprangen sie wieder hoch und zerbarsten in winzige Spritzer. Dort bildeten sich kleine Regenbogen. Man hörte das Rauschen des abfließenden Wassers aus dem Kanal. Die Kuh würde sich bestimmt erkälten. Und bald würde sie im Wasser ertrinken. „Muuhhh, muuhh", rief sie traurig. Er wusste nicht, was er tun sollte. Gern würde er Vater wecken. Hinterm Haus hatten sie ein paar Seile. Er hatte auch schon ein wenig Kraft. Vielleicht konnten Vater und er zusammen es schaffen, die Kuh zu retten.

Aber er wagte nicht, Vater aufzuwecken. Wenn Vater etwas merkte, würde er ihn anbrüllen und verhauen. Aber er wollte auch nicht wieder schlafen gehen. In Gedanken sah er auf die Straße. Und die Kuh im Kanal muhte. In den Häusern auf der anderen Straßenseite war auch kein Licht mehr. Die um die Straßenlaterne herum fallenden Regentropfen waren schön anzusehen. Die großen Palmenwedel bewegten sich wie eine riesige Spinne. Für einen Moment hatte er die Kuh vergessen und blickte gedankenverloren von der Straße auf zum Himmel.

Plötzlich ließ der Regen nach. Eine große, schwarze Wolkenbank zog am Himmel vorbei, und hinter ihr kam strahlend der weiße Mond zum Vorschein. Und von der weiterziehenden schwarzen Wolkenbank löste sich wie eine kleine Wolke ein schwarzes Etwas.

Gebannt sah er zu, wie dieses schwarze Etwas sich ganz langsam wie fliegend auf die Erde zu bewegte. Strahlend schien nun der Mond. Der Regen hatte ganz aufgehört.

Dann erblickte er etwas, das wie mit den Flügeln schlagend angeflogen kam. Waren das Fledermäuse? Die Vögel schliefen doch schon. Als es in die Nähe der Straßenlaterne kam, murmelte er ganz erstaunt mit offenem Mund: „Oh …!"

Strahlend cremefarben-weiß, eine große Kuh, die Mutterkuh. Mit ihren riesigen Flügeln schlagend schwebte sie herab. Der ganze Körper war blütenweiß. Sein Herz sprang vor Freude. Er war noch glücklicher als damals, als Mutter ihm die Eisenbahn geschenkt hatte, die er sich so sehnlich gewünscht hatte. Die Kuh war gekommen, um ihr Kind zu retten. Sieh, da ist es! Sieh doch! Mit rosaroter Nase, mit klaren, braunen Augen wie die Mutter und mit den taubenweißen Flügeln schlagend und schlagend …

Mit einem Schalterklicken war das Licht angegangen und stach in seine Augen. Als er wieder sehen konnte, stand der Vater da und sah ihn an, die Hände in die Hüften gestemmt. Er blickte zu Vater hoch und fing er an, schreiend loszuheulen, ohne genau zu wissen, wovor er Angst hatte, und bevor es ihm selbst bewusst wurde. Sein Kreischen erhob sich laut über die Geräusche von Regen und Sturm. Er wich zurück und stieß an die Wand. Als er den Vater ansah und auf den Knien um Verzeihung bitten wollte, sah er dessen todernstes Gesicht, bekam es noch mehr mit der Angst zu tun und fing an noch lauter zu weinen. Der Vater kam langsamen Schrittes auf ihn zu. Er wollte weglaufen, aber er wäre wohl kaum am Vater vorbeigekommen. Sein Schreien ließ nach.

„Papa, Papa, bitte nicht hauen! Ich werde nicht mehr böse sein. Bitte, Papa!", flehte er schluchzend und ganz durcheinander. Als der Vater nur noch einen Schritt entfernt war, traf ihn die Angst so tief in seinem kleinen Herzen, dass er mit geschlossenen Augen „Mama, Mama!" schrie.

Der Vater ergriff ihn, umklammerte ihn mit seinen Armen und hob ihn hoch. Er versuchte, sich mit Gewalt wieder freizukämpfen. Er drückte seine Hände in Vaters Gesicht, trat mit den Füßen gegen dessen Brust, versuchte sich nach hinten herauszuwinden. Durch einen starken Windstoß löste sich der Keil aus dem Fenster und es flog laut krachend zu. Vaters Arm hielt seinen Körper fest wie eine Zange. Jetzt würde er ihn bestimmt gleich in den Kanal werfen. Er hörte sich selbst aus Leibeskräften schreien und bekam dadurch noch mehr Angst. Es war ihm, als ob er neben sich die Stimme des Vaters hörte: „Sohn, Sohn, ich bin's, dein Vater, dein Vater." Jetzt würde er ihn in den Kanal werfen. „Mama! Mama!"

Als er Mutter mit zerzausten Haaren herbeieilen sah, versuchte er verzweifelt, sich in ihre Richtung zu drehen, und streckte die Hände nach ihr aus. Mutter zog ihn aus den Armen des Vaters …

„Was ist denn los? Was machst du mit dem Kind?", fragte sie erschrocken und nahm ihn in ihren Arm. „Kind, ganz ruhig, ruhig, Mama ist doch da. Mama ist doch da.", beruhigte sie ihn und versuchte ihn abzulenken, so wie damals, als er noch ganz klein war. Er umschlang fest den Hals der Mutter, umklammerte sie mit seinen Beinen und vergrub sein Gesicht in Mutters Brust. Von seinem Weinen blieb nach und nach nur ein Schluchzen übrig.

„Kind, mein Kind, beruhige dich doch. Kind, ganz ruhig, ruhig."

Gleichzeitig drehte sie sich zum Vater und fragte: „Was hast du nur mit dem Kind gemacht?" Der Vater erwiderte nichts. Er stand einfach nur da. Sein Schatten reichte, groß und schwarz, vom Boden bis an die Wand und rührte sich nicht.

Schluchzend sah er verstohlen zum Vater hinüber. Vater stand da wie versteinert. Solch einen Gesichtsausdruck hatte er bei Vater noch nie zuvor gesehen. Aber weinen tat er nicht. Er wollte den Vater nicht mehr sehen und schmiegte sich ganz fest an Mutters Brust. Das Schluchzen hatte ihn erschöpft. Mutter streichelte ihm den Rücken. In ihren Augen bemerkte er einen seltsamen Ausdruck wie Zorn, wie Sorge. Im Bett konnte er Mutters Herzklopfen hören. Sie streichelte ihm Rücken und Po. Erschöpft entfuhr ihm ein tiefer Seufzer. „Mama?"

Der Regen war nun noch lauter geworden. Mutters Brust war wärmend wie eine Decke. Sie duftete nach *Thanakha*.

„Was ist denn, Junge?"

Mutter hielt ihn in den Armen und sprach leise buddhistische Verse vor sich hin. Er hatte vor Angst geheult wie ein Mädchen. Dafür schämte er sich nun.

„Ich traue mich auch allein zu schlafen."

Sein unerklärliches Verhalten hatte ihn durcheinander gebracht. In den warmen Armen der Mutter fühlte er sich sicher.

„Ist schon gut, mein Kind. Mama schläft heute bei dir."

Plötzlich sah er das Gesicht des Vaters. Eine weiße, harte Steinfigur.

„Papa so allein tut mir Leid."

„Ist schon gut. Er ist ja erwachsen."

Er war ein tapferer Junge. Er traute sich, allein zu schlafen. Er hatte keine Angst allein in der Dunkelheit.

„Mama." – „Ja?"

Er blickte zur Mutter auf und berührte mit seiner kleinen Hand ihre Wange. Mutter lächelte ihn liebevoll an.

„Wenn ich groß bin, werde ich nicht mehr weinen, ja?"

„Bestimmt."

Als er am Morgen aufwachte, lag Mutter nicht mehr neben ihm. Er hörte Geräusche in der Küche. Er stand auf und ging in die Küche. Normalerweise machte Mutter Essen, und Vater saß da und trank Kaffee. Oft las er auch in der Zeitung. Vater schien nicht im Hause zu sein. Mutter sagte, er sei morgens ganz früh ins Büro gefahren. Er wusste nicht, was er Vater sagen wollte. Aber irgendwie wollte er ihn sehen.

Während er auf den Schulbus wartete, war aus dem Kanal nichts mehr zu hören. Noch bevor er aufgestanden war, hatten die Leute die Kuh aus dem Kanal geholt, hatte Mutter gesagt. Dann hatten sie der Kuh die Beine verbunden, und sie war nach Hause gelaufen, so hatte Mutter erzählt.

Er wollte von dieser Sache, von dem ganzen Vorfall, nichts mehr hören und nichts mehr wissen. Er wollte es verdrängen und vergessen.

Die Straße war sauber wie frisch gewaschen. Er beobachtete, wie Menschen und Autos sich darauf bewegten, als wäre überhaupt nichts geschehen.

Glossar

Abhidhamma (Pali)	Der Abhidhamma ist der dritte Teil der heiligen Schriften der Buddhisten. Die Lehren des Buddha und seiner Hauptschüler erhalten in diesem Werk eine psychologische und philosophische Begründung und Ausformulierung. Lehre, Welt- und Menschenbild werden systematisiert und in zahlreiche Kategorien und Unterkategorien eingeteilt.
Acinteyya (Pali)	Text, der (meist von buddhistischen Mönchen) am Bett eines Sterbenden rezitiert wird, um einen reibungslosen Übergang ins nächste Leben zu gewährleisten.
Anicca (Pali)	Vergänglichkeit, nach der buddhistischen Lehre eines der drei Merkmale (neben *Dukkha,* Leidhaftigkeit und *Anatta*, Unpersönlichkeit/Seelenlosigkeit) alles Seienden.
Ashin Gyi, Ashin Lei	Zwei der in Myanmar verehrten Nat (Gottheiten bzw. Geister).
Bo Bo Aungs Kreis	Bo Bo Aung war ein berühmter *Wei'za,* der vor langer Zeit in Myanmar gelebt hat und durch Meditation zu übernatürlichen Kräften gelangt war. Auf die Probe gestellt, zeichnete er einen Kreis und forderte seinen Herausforderer auf, diesen zu zerstören (d.h. wegzuwischen o.ä.). So sehr dieser sich auch bemühte, aufgrund von Bo Bo Aungs übernatürlichen Kräften führte jeder Versuch den Kreis zu zerstören lediglich dazu, dass zusätzliche, neue Kreise entstanden. Bo Bo Aungs Legende ist in Myanmar jedem bekannt und es gibt zahlreiche Bilder, Statuen und Schreine zu seiner Verehrung.
Bojjhanga Sutta	Text in der mittelindischen Sprache Pali, Bestandteil des Kanons buddhistischer Schriften die auf Siddharta Gautama, genannt „Buddha" (der Erleuchtete), zurückgeführt werden. Die Rezitation dieser Texte wehrt nach Vorstellung myanmarischer Buddhisten Gefahren aller Art ab.
Dhamma (Pali)	Die Lehre des Siddharta Gautama, genannt „Buddha" (der Erleuchtete). (Im Westen ist der teilweise gleichbedeutend gebrauchte Sanskritbegriff „*Dharma*" bekannt. Dieser ist jedoch in Südostasien unüblich und aufgrund von Bedeutungsunterschieden oft unpassend.)

Doppelzahl	Glücksspiel, bei dem auf die letzten beiden Ziffern internationaler (meist thailändischer) Aktiennotierungen gewettet wird. Der Buchmacher muss denjenigen, die die Zahl richtig geschätzt haben, das Achtzigfache ihres Einsatzes auszahlen. Die übrigen Einsätze behält er.
Drei Juwelen	*Buddha* (der Erleuchtete), *Dhamma* (die Lehre), und *Sangha* (der buddhistische Mönchsorden) sind die drei „Juwelen" des Buddhismus, die für Buddhisten das höchste und heiligste Gut darstellen, zu dem sie sich bekennen.
Fußseite (eines Hauses)	Dem Hausaltar gegenüberliegende Seite des Hauses, in der Regel die Nord- oder Westseite.
Hsipyu-Beeren	Früchte eines in Süd- und Südostasien verbreiteten Baumes (bot. *Emblica officinalis*), die auch als Amalaki, Myrobalane oder indische Stachelbeere bezeichnet werden.
Htamein	Sarongähnliches Beinkleid (Longyi) myanm. Frauen.
Ikya-kwei	frittiertes Gebäck chinesischen Ursprungs (chinesisch: *youzha guî*).
Jatakas (Pali)	Erzählungen, die in märchenähnlicher Weise von den vielen früheren Existenzen des Buddha berichten. Sie spielen in Myanmar eine wichtige Rolle zur Vermittlung moralischer Standards an Kinder und Jugendliche, aber auch als Motive in der Kunst (viele Gemälde in Tempeln und Pagoden zeigen Episoden aus den *Jatakas*) und Literatur (ein Großteil der vorkolonialen Dichtung, Musik und Schauspiele basiert auf den *Jataka* -Stoffen).
Jambudipa (Pali)	Südliche der vier Hauptinseln um den mythischen Berg Meru, der in der buddhistischen Kosmologie den Mittelpunkt der Welt bildet. Auf ihr wohnen die glücklichsten Wesen und wirklichen Menschen, da nur hier der Buddhismus blüht und Buddhas erscheinen.
Kala	Abfälliger Ausdruck für Menschen indischer Herkunft, die in Myanmar oft verachtet und gemieden werden.
Kamma (Pali)	Eine Tat oder ein Handeln (und oft implizit seine Auswirkungen in diesem oder einem nächsten Leben). (Im Westen ist der teilweise gleichbedeutend gebrauchte Sanskritbegriff „*Karma*" bekannter. Dieser ist jedoch in Südostasien unüblich.)

Kopfseite (eines Hauses)	Die Seite des Hauses, wo der Hausaltar ist. Meist die Ost- oder Südseite.
Kou'kou Baum	Bezeichnung für eine Reihe verschiedener Schirmakazien, die in der Regel sehr groß werden und mit weißen oder rosafarbenen Mimosenblüten blühen. Dazu gehören der Lebbekbaum (*Albizia lebbek*), die Seidenakazie (*Albizia julibrissin*), aber auch der ursprünglich aus Südamerika stammende Regenbaum (*Samanea saman*), der seit der Kolonialzeit recht häufig gepflanzt wird.
Kudhou	verdienstvolles Handeln, also eine gute Tat, die das (von Sanskrit *kuśala*) Kamma des Handelnden verbessert. Der Arzt z.B. tut mehr für die Patientin, als es seine Pflicht ist, und verbessert dadurch sein Kamma.
Le'pan	Ein dekorativer, leuchtend rot blühender Baum (bot. *Salmalia malabarica* oder *Bombax ceiba*).
Le'Pe'	Ein myanmarischer Salat aus fermentierten Blättern des Teestrauches.
Le'pe'yei-hsain	Eine Art Straßencafé, in dem vor allem der in Myanmar beliebte Milchtee ausgeschenkt und verschiedene Snacks serviert werden. Auf Englisch oft als „Teashop" bezeichnet. Ein Männertreffpunkt, an dem gewettet, Karten gespielt oder Fußball gesehen wird. Von Frauen meist gemieden, da die hier geführten „Männergespräche" oft eher derb sind und Frauen in Verlegenheit bringen würden.
Longyi (Loun-gyi)	Von Männern und Frauen auf jeweils spezifische Art getragener Wickelrock.
Meru	Name eines Berges, der nach dem traditionellen Weltbild der Buddhisten das Zentrum der Welt bzw. des Universums darstellt.
Mingalaba	Respektvoll-formelle Grußformel („Glück mit dir"), die traditionell nur bei der Begrüßung von Würdenträgern, Mönchen und Lehrern Anwendung fand. In den letzten Jahren wird „Mingalaba" Touristen oft als myanmarisches Äquivalent von „Guten Tag" angeboten da unter Myanmar Begrüßungen sonst nicht üblich sind – wenn man nicht gleich zur Sache kommt – wird allenfalls ein einleitendes „Schon gegessen?" oder „Gut geht's, oder?" vorausgeschoben.

Moun-hinga	Eine myanmarische Fischsuppe mit Reisnudeln, die gerne zum Frühstück oder als Stärkung zwischendurch gegessen wird.
Moun Le'hsaung	Eine myanmarische Süßigkeit; ein Getränk aus Eiswasser, Palmsirup, Kokosmilch und darin herumschwimmenden kleinen Klümpchen eines Gelees aus Reisstärke.
Nat	Eine Art Geister, die von vielen Myanmar verehrt und gefürchtet werden. Gegen entsprechende Opfergaben helfen sie gelegentlich den Menschen oder verzichten zumindest darauf, ihnen übel mitzuspielen.
Ngapi Htaung	Fischpaste, gebacken mit getrockneten Garnelen und scharfen Gewürzen.
Padauk	Botanisch *Pterocarpus macrocarpus*. Ein Baum, der zur Zeit des myanmarischen Neujahrsfestes im April leuchtend gelb und stark duftend zu blühen pflegt. Da um diese Zeit im Rahmen des ausgelassenen Festes auch viele Liebesbeziehungen ihren Anfang nehmen – oft indem der junge Mann seiner Angebeteten einen Strauß Padaukblüten überreicht – ist der Padauk auch in besonderem Maße ein Symbol der Liebe – etwa wie die rote Rose in Europa.
Palaung	Eine der ethnischen Minderheiten Myanmars. Die Palaung leben im wichtigsten Teeanbaugebiet des Landes und stellen einen großen Anteil der Arbeiter in den Teeplantagen.
Pali	Die Sprache der heiligen Schriften des in Südostasien verbreiteten Theravada Buddhismus. Eine mittelindische Sprache, die aus dem Vedischen hervorgegangen und somit ein enger Verwandter des klassischen Sanskrit ist. Der Legende nach soll es die Sprache des Buddha gewesen sein, dies wird von der gegenwärtigen, westlichen Wissenschaft jedoch angezweifelt. Als Gelehrtensprache hat Pali in Südostasien etwa die gleiche Bedeutung erlangt, wie das Lateinische in Europa. Entsprechend viele Lehnworte aus dem Pali gibt es in allen Sprachen der Region. Anders als das Lateinische im christlichen Europa ist Pali jedoch nach wie vor die einzig gültige Sprache in buddhistischen Zeremonien und Rezitationen geblieben.

Pawa (von engl. „power")	Begriff aus der Welt des myanmarischen Glücksspiels. Mittels traditioneller Astrologie und Numerologie wird eine Zahl berechnet, die die Erfolgschancen einer durch anderweitige Orakel vorhergesagten Zahl im (illegalen) Zweizahlenlotto erhöht, wenn sie mit dieser kombiniert wird.
Pipalbaum	Der in Süd- und Südostasien verbreitete Pipalbaum (auch Pappelfeige, Bot. *Ficus religiosa*) genießt in der ganzen Region besondere Verehrung als Wohnstätte von Baumgeistern und Göttern. Der Buddha hatte unter einem Pipalbaum meditierend die Erleuchtung (Pali: Bodhi) erlangt. Deshalb wird der Pipalbaum gelegentlich auch als Bodhibaum (oder Bo-Baum), also Baum der Erleuchtung bezeichnet.
Pyinsa ukan ahangami, asiya ukan ahangami	eigentlich *Pyinsa guna aham wundami, asariya guna aham wundami*. Myanmarische Aussprache einer buddhistischen Formel in der altindischen Sprache Pali (transkribiert *pañca guṇaṁ ahaṁ vandāmi ācariya guṇaṁ ahaṁ vandāmi*), die bedeutet: Ich verneige mich vor den fünf Edlen (Buddha, Dhamma, Sangha, Eltern und Lehrer), ich verneige mich vor den edlen Lehrern).
Pyi	Hohlmaß insbesondere beim Handel mit Reis; 1 Pyi = 2,273 Liter
Samoosa:	frittierte Teigtaschen, ursprünglich aus Indien stammend.
Sangha	der buddhistische Mönchsorden.
Saya	„Meister" – gebräuchliche Anrede und Titel für Lehrer, Ärzte, Heilpraktiker, Gelehrte, Schriftsteller und jede Art von Vorgesetzten.
Sayama	weibliche Form von *Saya*.
Sayadaw	„Edler Meister"; Titel von Äbten oder hochrangigen buddhistischen Mönchen,
Shinpyu	Novizenweihe. Ein wichtiges Initiations- und Übergangsritual für myanmarische Jungen, die im Grundschulalter für einige Tage oder Wochen zu Novizen geweiht ins Kloster geschickt werden, um dort Meditation und religiöse Bildung zu erlernen. Da die Familie nicht nur viel Geld benötigt, um ein oft sehr pompöses Fest zu veranstalten, sondern auch symbolisch ihren Sohn dem Buddha opfert, ist ein *Shinpyu* auch für

	die Eltern und Großeltern außerordentlich verdienstvoll (d.h. gut für ihr *Kamma*) und gilt als wichtigste Möglichkeit der Söhne, ihre Eltern für die um ihretwillen ertragenen Mühen zu entschädigen. Und: Nur jemand, der einmal im Kloster war, kann nach traditionellem Verständnis als zivilisiert, reif und mannhaft gelten.
Thanakha	Das Holz des indischen Holzapfels (bot. *Limonia acidissima*), das mit Wasser zu einer Paste zerrieben von myanmarischen Frauen zur Schönheitspflege, vor allem für die Kühlung und den Schutz des Gesichtes vor Sonne verwendet wird.
Uposatha	Tag, an dem buddhistische Laien in Myanmar innere Einkehr halten und mehr als die fünf grundlegenden Regeln befolgen.
Vorderzimmer	Der öffentliche, für Gäste jederzeit frei zu betretende vordere Teil eines Hauses. Vergleichbar einem Wohnzimmer, von allen Hausbewohnern benutzt. Oft auch „Gästezimmer" genannt, da hier Besuch empfangen wird und gelegentlich auch übernachtet.
Wei'za	Meister edler Magie mit buddhistischem Hintergrund.
Wan Chein (von engl. „change one"):	Begriff aus der Welt des myanmarischen Glücksspieles. Zwei vorhergesagte Zahlen, von denen jedoch eine (beliebige) ausgetauscht werden muss, damit der Spieler, der auf diese Kombination setzt Erfolg hat.

Kurzbiographien

Die Autoren

(In alphabetischer Reihefolge, in der auch die Erzählungen erscheinen)

Die meisten Schriftsteller veröffentlichen ihre Werke unter einem Künstlernamen, dem einige noch den Heimatort hinzufügen, wie z. B. Ma Wint (Myit Nge), die ihren Künstlernamen Ma Wint um ihren Heimatort Myit Nge erweiterte. Über einige Schriftsteller, gerade die jüngeren, ist nur wenig bekannt, so dass ihre Lebensläufe recht kurz ausfallen.

Aung Nay Thway, geboren 1951 und verstorben 2011, studierte Jura und war hauptberuflich als Rechtsanwalt tätig. Schon in seiner frühen Jugend interessierte er sich für Literatur. Im Jahr 1969 gelang es ihm, ein erstes Gedicht mit dem Titel „Revolution" in dem damals sehr beliebten Oway Magazin zu veröffentlichen. Bis zu seinem Tode lebte er in Mezaligon, in der Provinz Ayeyarwady.

Gyo Zaw, geboren 1957 in Amarapura, Provinz Mandalay, studierte Medizin und ist hauptberuflich als niedergelassener Arzt in Amarapura tätig. Seine schriftstellerische Karriere begann 1985 mit der Veröffentlichung einer Kurzgeschichte im Sabephyu Magazin. Seitdem veröffentlichte er regelmäßig Kurzgeschichten in den beliebtesten Magazinen des Landes wie Pepuhlwar, Mahaythi, Han Thit, Dagon Magazine und Sabephyu. In Jahr 1997 erschien eine Sammlung seiner Kurzgeschichten in Buchform. Dem folgte in 2004 ein weiteres Buch mit dem Titel „You'shin" (Film). Sein bürgerlicher Name ist Soe Win.

Hpe Myint (auch **Pe Myint**), geboren 1949 in Thandwe, Rakhine Staat, studierte Medizin in Yangon, wo er anschließend mehrere Jahre als Arzt tätig war und nebenher schriftstellerisch tätig wurde. Seine erste Veröffentlichung war eine Übersetzung aus dem Englischen von Arthur Haileys Roman „Letzte Diagnose". Seit 1988 arbeitet er hauptberuflich als Schriftsteller und Übersetzer. So veröffentlichte er neben zahlreichen eigenen Kurzgeschichten und Erzählungen auch eine große Zahl von Übersetzungen aus Belletristik, Sachbüchern und Ratgebern. 1995 erhielt er den staatlichen Literaturpreis in der Kategorie „Beste Kurzgeschichte". Er lebt in Yangon.

Ju, geboren 1958 in Yenangyaung, Provinz Magway, studierte Medizin in Mandalay und begann bereits während ihrer Studienzeit mit dem Schreiben. Im Jahr 1979 konnte sie eine erste Kurzgeschichte veröffentlichen. In ihren Erzählungen experimentierte sie gelegentlich mit neuen, modernen Erzählformen – wie in der hier vorgestellten Geschichte. Ihre Romane und Erzählungen sind teilweise vom Werk Simone de Beauvoirs inspiriert und erzählen von für myanmarische Verhältnisse ungewöhnlich selbständigen Frauen; Frauen, die es immer wieder wagen, gegen gesellschaftliche Tabus zu verstoßen und neue Lebensformen jenseits des allgemein Akzeptierten zu erproben. Ju, die einen eigenen Verlag betreibt und außerdem daneben erfolgreich als Filmregisseurin ist, gehört zurzeit zu den meistgelesenen – und umstrittensten – Autoren Myanmars. Mehrere ihrer Werke, darunter die bekannten Romane *ahma'taya* („In Erinnerung"), *myi'tou i maya* („Die Windungen der Flüsse") und *pinle hnin tu tho meinma mya* („Frauen, die dem Meer gleichen") wurden verfilmt. In zahlreichen Magazinen veröffentlicht sie Artikel über Frauen und deren Lebenssituationen, über ausländische Literatur und andere Künste. Darüber hinaus verfasst sie philosophische Essays und schreibt Beiträge zu Fragen der Gesundheit und des Umweltschutzes. Sie hat Europa mehrfach bereist, einige Zeit in Kalifornien (USA) gelebt und verschiedene Filme in Myanmar, Thailand, Indien und anderen asiatischen Ländern gedreht. Sie lebt in Yangon. Ihr bürgerlicher Name ist Dr. Tin Tin Win.

Khin Khin Htoo, geboren 1965 in Myingyan, Provinz Mandalay, schloss ihr Studium an der Universität Mandalay mit einem Bachelor of Science in Chemie ab. Im Jahr 1993 betrat sie die myanmarische Literaturszene mit der Veröffentlichung einer Kurzgeschichte. Zahlreiche weitere Kurzgeschichten und drei Romane folgten. Darüber hinaus veröffentlichte sie elf Anthologien mit eigenen Erzählungen, die vorher in verschiedenen Magazinen erschienen waren. Ihre Erzählungen schildern auf liebevolle Art das Leben und die Traditionen im ländlichen Obermyanmar. In 2002 wurde sie mit dem staatlichen Literaturpreis in der Kategorie „Beste Anthologie gesammelter Kurzgeschichten" ausgezeichnet. Die in diesem Buch enthaltene Geschichte stammt aus dieser Anthologie. Khin Khin Htoo lebt in Mandalay und ist mit dem bekannten Schriftsteller Nyi Pu Lay (siehe unten) verheiratet.

Lai Twin Thar Saw Chit, geboren 1941 in dem Dorf Htantaw nahe Kyaukse, Provinz Sagaing. Nach dem Tod seines Vaters wurde der Halbwaise, auch weil die Schulen in seiner Region wegen des Bürgerkrieges geschlossen waren, von seinem Großvater für drei Jahre in das buddhistische Waisenheim für Jungen (MBOA) nach Mandalay geschickt. Es ist ein Zufall, dass es sich dabei um gerade jenes Waisenheim handelt, dass seit zehn Jahren von der Myanmar Kinderhilfe e.V., einem wohltätigen Verein in Frankfurt unterstützt wird; einem Verein, den der Mitherausgeber Klaus Schröder gegründet hat und dem er als Vorsitzender vorsteht. Lai Twin Thar Saw Chit verließ die Oberschule in Mandalay ohne Abschluss, konnte danach aber eine Anstellung als Lehrer für untere Klassen an einer Dorfschule finden. Nachdem er später seinen Schulabschluss nachgeholt hatte, studierte er myanmarische Philologie in Mandalay. Bereits während seines Studiums erhielt er verschiedene Auszeichnungen für besondere Leistungen. In dieser Zeit veröffentlichte er auch die ersten Erzählungen. Bis heute sind von ihm fünfzehn Anthologien mit Kurzgeschichten, zweiunddreißig Romane sowie neunzehn Sachbücher erschienen. Hauptberuflich war er im öffentlichen Bereich unter anderem als Mittel- und Oberschullehrer, Universitätsdozent,

Bezirksleiter in einer Verwaltungsbehörde und als Verwaltungsdirektor des Kachin Staates tätig. Inzwischen befindet er sich Ruhestand und widmet sich ausschließlich der Literatur, unter anderem durch seine Tätigkeit in der Zentrale des myanmarischen Schriftsteller- und Journalistenverbandes. Lai Twin Thar Saw Chit ist ein Pseudonym, das sich als „Saw Chit, Sohn der (Reis-) Felder" übersetzen lässt. Sein bürgerlicher Name ist Tin Hlaing.

Ma Sandar, geboren 1947 in Yangon als Tochter eines hochrangigen Beamten, der sich unter dem Pseudonym Man Tin literarisch betätigte und zu den bedeutendsten Schriftstellern seiner Zeit gehörte. Sie studierte Architektur in Yangon und gehört heute zu den erfolgreichsten Architekten in Myanmar. Viele der großen Gebäude und Einkaufszentren in Yangon entstanden nach ihren Entwürfen. Von ihrem Vater früh an das Schreiben herangeführt, veröffentlichte sie bereits mit Achtzehn eine erste Kurzgeschichte in dem damals beliebten Magazin Ngwetaryi. Inzwischen sind von ihr über hundert Kurzgeschichten und vierzehn Romane erschienen, von denen viele verfilmt wurden. Sie ist bekannt für ihre liebevollen Milieustudien, für ihr Feingefühl bei der literarischen Darstellung der Charaktere von Menschen aus unterschiedlichen sozialen Schichten, für ihren Patriotismus und für ihre kritischen Stellungnahmen zu ausländischen Einflüssen auf die myanmarische Kultur und Gesellschaft. In den Jahren 1994, 1999, 2002 und 2006 wurden verschiedene ihrer Werke mit staatlichen Literaturpreisen ausgezeichnet. Einige ihrer Romane wurden ins Japanische übersetzt, verschiedene Kurzgeschichten erschienen in englischer Übersetzung in internationalen Literaturzeitschriften und einige in Anthologien für asiatische Literatur. Als Vorstandsmitglied des myanmarischen Schriftstellerverbandes nahm sie des Öfteren an internationalen Literaturkongressen in der Volksrepublik China, den ehemaligen sowjetischen Republiken (GUS), Singapur und anderen Ländern teil. Ma Sandar lebt in Yangon und heißt mit bürgerlichem Namen Cho Cho Tin.

Ma Wint (Myit Nge), geboren 1957 in Myit Nge, Provinz Mandalay, studierte Jura in Mandalay und war anschließend als Bibliothekarin in Myit Nge tätig. Ihre erste Kurzgeschichte erschien 1985 in dem damals sehr beliebten Sabephyu Magazin. Sie schreibt regelmäßig Kurzgeschichten für verschiedene Magazine und wurde 1995 mit dem Preis für die beliebteste Erzählung ausgezeichnet, ein Preis, der durch die Leserschaft in Mandalay bestimmt wird. Sie lebt heute in Mandalay. Ihr bürgerlicher Name ist Kyi Win.

Maung Aye Mya, geboren 1951 in Mezaligone, im Ayeyarwady Delta, studierte Wirtschaftwissenschaften in Yangon und arbeitete anschließend bei Sarpay Beikman (lit. Haus der Literatur), dem führenden Herausgeber von Büchern und Zeitschriften aller Art. Seine erste Kurzgeschichte konnte er bereits 1971 veröffentlichen. Im Jahr 1995 verließ er den Verlag und gründete ein Unternehmen, das andere Gesellschaften in dem Bereich „Buchführung" berät und Nachwuchskräfte für dieses Fach ausbildet. Auf diesem Gebiet ist er auch als

Dozent und Verleger tätig. Daneben veröffentlicht er weiterhin Kurzgeschichten in verschiedenen Magazinen. Bei der Auswahl der Kurzgeschichten für diesen Band hat er eine führende Rolle gespielt; darüber hinaus hat er die Gespräche mit den Autoren geführt und die Copyrights mit ihnen vereinbart. Er lebt und arbeitet in Yangon unter dem bürgerlichen Namen Than Soe.

Maung San Win (Bhamo), geboren 1973, ist Diplomlandwirt und ging nach seiner Ausbildung in der Stadt Bhamo zurück aufs Land um dort als Landwirt seinen Lebensunterhalt zu bestreiten. Er lebt in einem Dorf im Bezirk Mansi, Kachin Staat, im Norden des Landes und schreibt in seiner Freizeit.

Min Lu, geboren 1954 in Yangon als Sohn des Schriftstellers, Filmregisseurs und Kinobetreibers Thadu. Er war der jüngste von vier Söhnen, die alle eine künstlerische Laufbahn einschlugen: als Filmdirektor, Schauspieler und der dritte, Thu Maung (siehe unten) als Musiker und Schriftsteller. Min Lu studierte Philosophie in Yangon, versuchte sich anschließend zunächst Verleger und nahm Jobs auf dem Gebiet der Literatur an. In 1976 wurde seine erste Kurzgeschichte veröffentlicht, weitere folgten bald darauf. Er wurde zu einem der meistgelesenen Schriftsteller mit seinen zahlreichen Romanen, Kurzgeschichten und brillanten Satiren. Gerade die letzteren beschreiben in sehr sensibler und humorvoller Form die Sorgen und Freuden der Menschen unter der Militärdiktatur. Er schreckt dabei nicht vor Kritik an unreflektierten Traditionen, sozialen Ungleichheiten und Problemen sowie politischen und wirtschaftlichen Missständen zurück. Anfang der 90er Jahre verbrachte er einige Zeit in Haft, nachdem er ein armeekritisches Gedicht veröffentlicht hatte. Zeitweilig gab es sogar ein Veröffentlichungsverbot gegen ihn. Viele seiner Erzählungen und Romane wurden verfilmt, wobei er auch als Drehbuchautor sehr gefragt war. Min Lu lebte mit seiner Familie, seinen Brüdern und deren Familien auf einem von seinem Vater geerbten Grundstück in Yangon. Die Familien betrieben dort eine Art Teestube, die oft zum Ort literarischen und künstlerischen Austausches der lokalen Szene war. Sein bürgerlicher Name war Nyan Paw. Er verstarb im August 2013; drei Jahre nach seinem Bruder Thu Maung.

Myu Myu, geboren 1961, studierte Agrarwissenschaften und lebt heute in Yangon. Ihre erste Kurzgeschichte veröffentlichte sie 2005, weitere folgten. Myu Myu gehört zu den viel versprechenden Neuen in der myanmarischen Literaturszene.

Nay Win Myint, geboren 1952 in dem Dorf Kone Zaung, Provinz Magway. Besuchte die Schule bis zur zehnten Klasse und arbeitete anschließend in einer staatlichen Ziegelfabrik. Gleichzeitig versuchte er sich als Schriftsteller und Übersetzer. In 1970 veröffentlichte er seinen ersten Artikel und zwar über traditionelle Theateraufführungen in dem damals sehr verbreiteten Moway Magazin. Danach widmete er sich zunehmend der Schriftstellerei. Dutzende von Artikeln und weit über hundert Kurzgeschichten hat er inzwischen veröffentlicht. In

1992 erhielt er den staatlichen Literaturpreis für eine 1990 erschienene Sammelausgabe seiner Kurzgeschichten. Inzwischen ist er nur noch als Schriftsteller tätig und gehört zu den bekanntesten Vertretern der Mandalayer Literaturszene. Seine Geschichten sind landesweit für ihr herzhaftes, obermyanmarisches Lokalkolorit beliebt, das oft durch nur schwer zu übersetzende Redensarten und Ausdrücke geprägt werden. Einige seiner Erzählungen erschienen, von der britischen Myanmaristin Anna Allott ins Englische übersetzt, in verschiedenen Anthologien. Er lebt in Mandalay.

Nu Nu Yi (Innwa), geboren 1957 im Innwa, unweit von Mandalay, studierte Mathematik in Mandalay. Anschließend machte sie an der Universität Yangon eine Ausbildung als Bibliothekarin. Bereits 1984 konnte sie eine erste Kurzgeschichte im Pehpuhlwar Magazin, das in Literatenkreisen sehr angesehenen war, unterbringen. Seitdem hat sie über fünfzehn Romane und zahllose Kurzgeschichten veröffentlicht. In 1993 wurde sie mit dem staatlichen myanmarischen Literaturpreis ausgezeichnet. Zwischenzeitlich erhielt sie Stipendien für einen Studienaufenthalt am *Oxford University Centre for Cross Cultural Research on Women* und für eine Teilnahme am International Writers Program der Universität Iowa (USA). Außerdem schrieb sie Hörspiele zur Aufklärung über AIDS für das myanmarischsprachige Programm von BBC. In 2007 war einer ihrer Romane für den in Hong Kong verliehenen Man Asian Literary Price nominiert worden. Dieser Roman wird im Herbst 2008 unter dem Titel „Smile As They Bow" in englischer Übersetzung in den USA erscheinen. Nu Nu Yi (Innwa) lebt mit ihrer Familie als hauptberufliche Schriftstellerin in Yangon.

Nyi Pu Lay, geboren 1952 in Mandalay als Sohn der bekannten (kommunistisch orientierten) Autoren Ludu Daw Amar und Ludu U Hla. Er studierte Geographie an der Universität Mandalay. In den 70er Jahren wurde er wegen Verbindungen zur Kommunistischen Partei, die im Untergrund gegen die Regierung kämpfte, länger inhaftiert. Sein Bruder war Mitglied dieser Partei. Nach dem Tod seines Vaters in 1982 begann er mit dem Schreiben und konnte 1985 im Sabephyu Magazin eine erste Kurzgeschichte veröffentlichen. Zahlreiche weitere folgten in verschiedenen Magazinen und in mehreren Sammelbänden. In 1990 wurde er erneut angeklagt, diesmal wegen angeblicher Kontakte zur verbotenen Opposition. Dafür verurteilte man ihn zu zehn Jahren Haft. Das lange bestehende Publikationsverbot gegen ihn wurde jedoch inzwischen wieder aufgehoben. In 2006 wurde eines seiner Bücher vom Literaturverein Mogok mit dem Preis für das Buch des Jahres ausgezeichnet. Nyi Pu Lay, bürgerlich Nyein Chan, ist mit der Schriftstellerin Khin Khin Htoo (s.o.) verheiratet und lebt mit ihr in Mandalay. Er arbeitet dort als Schriftsteller und im Verlag seiner verstorbenen Eltern.

Nyo Thi San, geboren 1982, hat einen Bachelorabschluss in Pädagogik und ist hauptberuflich als Lehrer an der Tat Kyi Gone State High School in Hmawbi, einem Ort nördlich von Yangon tätig. Nyo Thi San ist noch relativ neu in der myanmarischen Literaturszene und trat erstmals 2004 mit einer im Shwe Ahmyutay Magazin veröffentlichten Kurzgeschichte in Erscheinung. Er lebt in Yangon.

Pain Soe Way, geboren 1947 in dem Dorf Aung Thar nahe Myingyan, Provinz Mandalay, studierte in Mandalay myanmarische Philologie. Heute unterrichtet er Lyrik an der Musik- und Theaterakademie Mandalay. Seit 1983 veröffentlicht er regelmäßig Gedichte und gelegentlich auch Kurzgeschichten in verschiedenen Magazinen. Zwei Bücher mit epischen Gedichten und einige Anthologien mit Lyrik und Kurzgeschichten hat er ebenfalls publizieren können. Pain Soe Way lebt in Mandalay.

Thet Htun (Hsay Theippan), geboren 1953 und gestorben 2009; studierte Medizin in Yangon. Er praktizierte als niedergelassener Arzt. Bereits während seines Studiums entdeckte er sein Interesse an der Literatur und konnte schon 1974 eine erste Kurzgeschichte veröffentlichen. Zahlreiche weitere Kurzgeschichten in verschiedenen Magazinen folgten. Er lebte und arbeitete in Bago. Der Zusatz „Hsay Theippan" bedeutet Medizin oder medizinische Wissenschaften und war ein Hinweis auf seine Tätigkeit als Arzt.

Thitsar Ni, geboren 1946 in Yangon, besuchte die Schule in Yangon bis zur zehnten Klasse. Danach betätigte er sich vor allem als freischaffender Autor. Er schrieb und übersetzte Gedichte, Kurzgeschichten und Essays. Besonders interessierten ihn internationale literaturwissenschaftliche Theorien, über die er nach intensivem Selbststudium zahlreiche Artikel schrieb. Obgleich er zunächst dem Marxismus zuneigte (daher möglicherweise sein Pseudonym Thitsar Ni, das „Rote Wahrheit" bedeutet) orientierte er sich später an Theorien über experimentelle Erzähltechniken und über die Literatur der Postmoderne. Er gehört zu den Begründern des literarischen Modernismus in Myanmar und zählt zu den wichtigsten Teilnehmern an gegenwärtigen Debatten über Literatur in Myanmar. Dabei beeindruckt er immer wieder durch seine profunden Kenntnisse der internationaler philosophischer und literarischer Theorien und der Weltliteratur. In seinen literarischen Texten gibt es dafür immer wieder Referenzen. Thitsar Ni lebt in einem Vorort von Yangon. Sein bürgerlicher Name ist Ye Myint.

Thu Maung, geboren 1951 als dritter von vier Söhnen des Schriftstellers und Kulturunternehmers Thadu. Wie bereits in der Biographie seines jüngeren Bruders Min Lu (siehe oben) erwähnt, waren alle vier Brüder hauptberuflich als Künstler tätig, wenn auch in unterschiedlichen Metiers. Thu Maung (mit bürgerlichem Namen Bala) ist vor allem als Sänger und Interpret der klassischen „Großen Lieder" (thachin gyi) der myanmarischen Musik bekannt. Daneben konnte er sich auch als Schriftsteller und Schauspieler einen Namen machen. Zwar studierte er Maschinenbau und schloss sein Studium mit einem Ingenieursdiplom ab, doch arbeitete er anschließend als Lektor für eine

Zeitschrift. Während dieser Zeit begann er auch selber zu schreiben und veröffentlichte 1970 eine erste Kurgeschichte gefolgt von einem Roman in 1973. Danach folgten über zwanzig weitere Romane, einige Ausgaben gesammelter Kurzgeschichten und verschiedene Essays. Er erhielt 1995 den „Academy Award" als bester männlicher Darsteller in einem myanmarischen Film. In 1995 unternahm er eine Konzertreise als Sänger und trat unter anderem in Hong Kong und Macao auf. In 2001 erhielt er ein Stipendium für die Teilnahme am International Writers Program der Universität Iowa (USA). Thu Maung lebte bis zu seinem Tod im Mai 2010 mit seiner Familie, seinen Brüdern und deren Familien auf einem von seinem Vater geerbten Grundstück in Yangon, wo die Familie ein Teehaus betrieb.

Thwin San Maung, geboren 1971, ist ein buddhistischer Mönch mit dem Ordensnamen U Tayzebatha. Er besuchte die Schule bis zur neunten Klasse und lebt seitdem in einem buddhistischen Kloster in der Stadt Bago. Im Juli 2004 veröffentlichte er seine erste Erzählung in einem Magazin.

U Tin Oo (Tuition), geboren 1941, studierte Philosophie an der Universität Yangon. Hauptberuflich ist er Journalist und Übersetzer für die „Myanmar Times" und war zeitweilig nebenher als Nachhilfelehrer tätig. Er schreibt hauptsächlich Artikel und Essays über verschiedene kultur- und gesellschaftsbezogene Themen, die in bislang sieben Sammelbänden zusammengefasst unter seinem Namen veröffentlicht wurden. Seine Werke werden in Myanmar viel gelesen und diskutiert, da er es versteht, auf sensible Weise aktuelle gesellschaftliche Probleme aufzugreifen und ebenso kritisch wie treffend darzustellen. U Tin Oo (Tuition) lebt und arbeitet in Yangon. Der Zusatz „Tuition" (engl. Privatunterricht) ist ein Hinweis auf seine frühere Tätigkeit als Privat- und Nachhilfelehrer.

Zaw Zaw Aung, geboren 1937 in der Stadt Salingyi, Provinz Sagaing, erhielt einen Bachelors und Masters Abschluss in myanmarischer Philologie von der Universität Yangon, wo er anschließend lange als Dozent tätig war. In den 70er Jahren begann er, intensiv zu publizieren, vor allem im Bereich der Literaturkritik und Literaturtheorie. Zaw Zaw Aung hat das Verdienst, in seinem äußerst einflussreichen Werk, „Einführung in die Literaturtheorie" (1998), die myanmarische Literaturszene an die Ansätze des französischen Poststrukturalismus (Barthes, Derrida, Baudrillard, Lyotard, Foucault u.a.) herangeführt zu haben. In seinen Kurzgeschichten und Gedichten versucht er, die aus der Beschäftigung mit den oben genannten Theoretikern erwachsenen Erkenntnisse literarisch umzusetzen. Er gehört zu den führenden Köpfen einer breiten Bewegung des literarischen Modernismus in Myanmar und damit sicherlich zu den einflussreichsten – und umstrittensten – Autoren im Land. Aufgrund seines politischen Engagements hatte er nach eigener Aussage zeitweilig Schwierigkeiten, seine Texte zu veröffentlichen; ein offizielles Publikationsverbot gegen ihn gibt es jedoch nicht. Sein bürgerlicher Name ist Zaw Myint Thet.

Zeyya Linn, geboren 1958, studierte Anglistik, unter anderem an der University of Hawaii (USA) und arbeitet inzwischen als Englischlehrer und Übersetzer. Als Dichter wurde er 2003 mit dem „Pyinmana Mid-Yoma Poetry Award" ausgezeichnet. Er veröffentlichte bereits sechs Bände mit Übersetzungen und Erläuterungen englischsprachiger Lyrik sowie zwei Bände mit eigenen Gedichten. Darüber hinaus erscheinen vom ihm hin und wieder auch Kurzgeschichten und Erzählungen in verschiedenen Zeitungen und Magazinen. Zeyya Linn lebt und arbeitet in Yangon.

Die Übersetzer

Georg Noack hat 15 der 25 Kurzgeschichten übersetzt. Die übrigen zehn wurden übersetzt von:

Dr. Uta Gärtner
„Moskitos" von Aung Nay Thway,
„Die Früchte der Bosheit" von Thu Maung,
„Die Nacht aus dem Meer ist eine Padaukblüte" von Zaw Zaw Aung;

Gunnar Peters
„Mein Vater und ich" von Maung Aye Mya,
„Das ist doch nicht Vater" von Nu Nu Yi (Innwa),
„Kohle ist eben schwarz" von Nyi Pu Lay,
„Die Nacht im Kanal" von Zeyya Linn;

Caroline Büchel
„Hoffnungswolken" von Myu Myu;

Thomas Kienberg
„Ein lebender Leuchtturm" von Thwin Hsan Maung;
und Caroline Büchel und Thomas Kienberg gemeinsam
„Yurou tu thaun-sin" von Min Lu.

Der Maler

Moat Thone, geboren 1956 in Pakokku, studierte Kunst an der Staatlichen Kunstschule in Mandalay, wo er sein Studium mit dem Diplom abschloss. Seit 1977 ist er als freischaffender Maler und Illustrator tätig, mit Ausstellungen in Myanmar und im Ausland. Er gehört zu den führenden Malern in Myanmar und lebt in Yangon. Sein bürgerlicher Name ist Zaw Win.

Die Fotografin

Ingrid Horstmann lebt als freie Fotografin in München. Ost- und Südostasien stellen besondere Schwerpunkte in ihren Arbeiten dar. Ihre zahlreichen fotografischen Entdeckungsreisen durch Myanmar führten zu folgenden Veröffentlichungen:

1999 Der Kalender: „Entstehen einer Zeitreise"
2000 Ein Bildband: „Burma. Eine Entdeckungsreise in die Welt von Myanmar"
2007 Ein weiterer Bildband: „Burma. Abseits ausgetretener Pfade"

Homepage: www.horstmanningrid.de

Die Herausgeber

Klaus R. Schröder hat unter anderem in Japan und China studiert und dort viele Jahre gearbeitet. Ost- und Südostasien blieben auch nach dem Ausscheiden aus dem Berufsleben seine „zweite Heimat".

Über seine zahlreichen Reisen durch die verschiedenen Gebiete Myanmars veröffentlichte er die Reiseerzählung: „Myanmar/Burma – Reisen im Land der Pagoden", die Ende 2008 in einer dritten, überarbeiteten Auflage im Reise Know-How Verlag erschienen ist. Auf seinen jährlichen Entdeckungsreisen hat er 13 der insgesamt 14 Provinzen des Landes bereist, darunter die Jadestadt Hpakant und das Tal der Rubine, Mogok.

Vor zehn Jahren gründete er zusammen mit Freunden einen wohltätigen Verein für Kinder- und Jugendhilfe in Frankfurt. Diese Organisation, die Myanmar-Kinderhilfe e.V., die er als Vorsitzender mitleitet, unterstützt in Myanmar etwa 1.300 Kinder in fünf buddhistischen Waisenheimen und vier Grundschulen. Ein Teil des Erlöses dieses Buches kommt der Kinderhilfe zu Gute. Mit Myanmar verbinden ihn insbesondere die persönlichen Kontakte zu den jungen Menschen in den Heimen, aber auch die engen freundschaftlichen Beziehungen zu den Leitern (Äbten und Äbtissinnen), Lehrern und Ehemaligen.

Kontakt:
Fürstenbergerstraße 171, 60322 Frankfurt/Main
Telefon +49 - (0)69 – 596 45 76
e-Mail: ks-frankfurt@gmx.net
Internet: reisebuch.de/myanmar
www.myanmar-kinderhilfe.org

Georg Noack Dr. Georg Noack studierte in Hamburg, Berlin und Yangon myanmarische Philologie, Südostasienwissenschaften, Indologie und Ethnologie. Zwischen 2001 und 2013 verbrachte er mehr als drei Jahre mit Studien- und Forschungsaufenthalten in Myanmar. Seit Jahren setzt er sich intensiv mit der myanmarischen Literatur auseinander, über die er auch weiterhin forscht. Zu seinen Interessen gehören darüber hinaus die Künste und die religiösen Traditionen Myanmars und seiner Nachbarländer in Süd- und Südostasien. Derzeit als Süd- und Südostasienreferent im Linden-Museum Stuttgart tätig, kuratierte er 2014 die große Sonderausstellung „Myanmar: Das Goldene Land".

Kontakt:
e-Mail: georg.a.w.noack@gmail.com

Klaus R. Schröder
REISE KNOW-HOW
Myanmar / Burma
Reisen im Land der Pagoden
EDITION
REISE KNOW-HOW

Klaus R.-Schröder

Myanmar/Burma

Reisen im Land der Pagoden

Myanmar, wie Burma heute offiziell heißt, öffnete sich erst vor einem Jahrzehnt wieder für den Tourismus. Seither bereist der Autor regelmäßig erneut das Land, dessen Kultur und Menschen ihn schon früher fasziniert hatten. Unter anderem war er wochenlang in einem individuell gemieteten Salonwagen mit eigenem Personal unterwegs, der ganz nach den Wünschen des Fahrgastes an normale Linienzüge gehängt wurde. Diese ungewöhnliche Art des Transports inklusive Bett und Mahlzeiten im „eigenen" Luxuswaggon kostete nicht mehr als bei uns ein normales Hotelzimmer für den gleichen Zeitraum.

An dieser und weiteren unkonventionellen Reisen durch die landschaftlich und kulturell herausragenden Regionen Myanmars läßt Klaus Schröder den Leser hautnah teilhaben und vermittelt ihm mit großem Engagement landeskundliches Wissen bis hin zur aktuellen politischen Situation und der Rolle Burmas als Opiumlieferant. Wer sich für das Myanmar von heute interessiert, kommt an diesem umfassenden und kenntnisreich geschriebenen Titel nicht vorbei.

Nebenbei unterstützt der Leser durch den Kauf des Buches burmesische Waisenkinder. Der Autor führt den Verein Myanmar-Kinderhilfe e.V., der 1.300 Mädchen und Jungen in fünf Waisenheimen und vier Grundschulen unterstützt.

Erschienen im Reise Know-How Verlag in der »Edition Reise Know-How«

ISBN 978-3-89662-251-8 · € 17,50
3. Auflage, 365 Seiten, Karten u. 3 Farbteile

MYANMAR-KINDERHILFE e.V.

Myanmar ist ein wunderschönes, aber unterentwickeltes und armes Land. Wir unterstützen vor Ort fünf Waisenheime für Mädchen und Jungen, sowie zahlreiche Grundschulen. Die Waisenheime und ihre kostenlosten Grundschulen unterhalten kaum staatliche Unterstützung. Sie finanzieren sich fast ausschließlich über private Spenden, überwiegend lokale Sachspenden. Wir helfen bei dringenden Reparaturen und Neubauten, sowie in den Bereichen Gesundheit, Hygiene, Erziehung und praktische Ausbildung. Nach der Nargis Wirbelsturmkatastrophe haben wir drei Waisenheime und zwei Grundschule wieder aufgebaut. So erreichen wir über 1.300 Kinder und Jugendliche, die unterschiedlichen ethnischen Minderheiten und verschiedenen Religionen angehören.

Wir haben bewiesen, dass wir benachteiligte Kinder und Jugendliche aus dem entwürdigenden Kreislauf von mangelnder Bildung, Arbeitslosigkeit und Armut herausführen können.

Unser Verein ist berechtigt, Spendenquittungen auszustellen. Alle Mitarbeit im Verein ist unentgeltlich. Die meisten Kosten des Vereins werden vom Vorstand übernommen, so dass die Spenden unserer Förderer die Heime und Kinder erreichen.

Wir sind der Meinung, dass unsere Förderinnen und Förderer wissen sollen, was mit ihrem Spenden geschieht. Deshalb legen wir unsere Zahlen auf den Tisch; sie finden sie auf unserer Homepage:

www.myanmar-kinderhilfe.org

Das Deutsche Zentralinstitut für soziale Fragen (DZI) hat unserem Verein nach einer ausführlichen Prüfung auch 2015 das Spendensiegel zuerkannt.

DZI Spenden-Siegel

Ihre Spende kommt an!

Myanmar-Kinderhilfe e.V.

Anschrift: Fürstenbergerstraße 171, D-60322 Frankfurt am Main
Telefon: +49-(0)69 - 596 45 76
E-Mail: myanmar-kinderhilfe@t-online.de
Internet: www.myanmar-kinderhilfe.org
Vorstand: Klaus R. Schröder, Inge Semmler, Dipl.-Ing. Constantin Schuster

Bankverbindung: Commerzbank AG, Frankfurt am Main
Konto 04 014 042 00 · BLZ 500 800 00
SWIFT-BIC: DRES DE FF
IBAN: DE 47 5008 0000 0401 4042 00